숫자가
된
사람들

숫자가

된
사람들

형제복지원구술프로젝트 지음

오월의봄

차례

2부 시간을 찾는 사람들

온 마음을 다해
귀를 기울여주길……

78-374, 80-3038, 82-2222, 82-4714, 86-1360……

입소 연도에 이어지는 일련번호. 형제복지원에 수용된 모든 이에게 부여된 번호다. 시설에 들어서면서 상품에나 매겨질 법한 일련번호로 간주된 그이들은 이제 인격과 존엄을 지닌 인간이 아니다. 이들은 원장의 통장에 찍히는 정부보조금 액수이자 이를 위한 관리 품목으로 셈해지는 숫자일 뿐이었다. 형제복지원 피해생존자들에게 그날의 고통은 숫자로 남아 잊히지 않는다. 아니 잊을 수가 없다. 30여 년 전의 과거는 언제나 오늘이다.

형제복지원은 1961년 전후 전쟁고아들을 수용하는 보육시설로 설립되었다. 1971년 부랑인 보호시설로 바뀌었다가 1975년 12월 '부랑인의 신고·단속·수용·보호와 귀향 및 사후관리에 관한 업무처리 지침'(내무부 훈령 410호)이 제정되면서 정부보조금을 받아

운영됐다. 수용 인원에 따라 정부보조금이 책정되자 이를 악용하여 형제복지원의 관리자들은 사람들을 마구잡이로 끌어와 강제수용했다. 최대 3,146명에 이르렀던 사람들을 효율적으로 관리하려면 군대 시스템이 적격이었다. 박인근 원장을 정점으로 총무, 중대장, 소대장, 조장에 이르는 권력체계는 모욕과 차별, 기합과 구타를 통해 유지되었다. 반항이나 탈출은 죽지 않을 만큼의 매질로 이어졌고 때때로 죽음에 이르기도 했다. 1975년부터 1987년 폐쇄되기까지 12년 동안의 공식 사망자 수만 최소 513명에 이른다.

'형제복지원 구술 프로젝트'는 이러한 형제복지원 피해생존자들의 목소리를 '온전히' 기록하기 위해 시작되었다. 형제복지원에서 벌어진 잔혹한 인권유린은 각종 언론 보도를 통해 사회화되었고 '형제복지원 사건 진상규명을 위한 대책위원회'와 '형제복지원 피해생존자/실종자/유가족모임'의 활동을 통해 널리 전파되고 있다. 하지만 피해생존자들의 경험과 삶에 깊이 각인된 그날의 흔적이 그들 자신의 목소리로 사회에 전달되었다고 보긴 어렵다. 우리가 피해생존자 실태조사와 인터뷰를 통해 만난 대다수가 우리와의 만남이 스스로 형제복지원의 피해생존자임을 고백한, 그리고 그날의 기억을 털어놓는 첫 자리라고 했다.

내가 왜 여기에 들어오게 됐을까. 몇 정거장만 가면 바로 우리 집인데, 어머니는 아버지는 왜 날 찾지 않는 걸까. 고아인 게 죄는 아니잖아. 후회와 원망, 그리고 자책 위로 '부랑아(인)'라는 사회적 낙인이 찍혔다. 생활이 불안전하고 생계를 위한 지원이 필요한 사람들을 정부와 사회는 '건전한 사회 및 도시질서를 해하는' 부랑아

(인)라고 지목했다. '사람'이 문제로 지목되면서 인간의 존엄이 들어설 자리는 없었다. 사회에서 치워져야 할 무리에 불과했다. 부정되고 모욕당하는 인간다움에 대한 갈증, 이곳을 벗어나야 한다는 절박함, 그리고 벗어날 수 없으리라는 절망이 매순간 찾아들었다. 때때로 그런 인간다움을 찾는 일도 사치스러웠다. 어떻게 하면 덜 맞을까, 어떻게 하면 배고픔을 달랠 수 있을까, 살아남을 궁리만으로도 지치고 고단한 날들이 이어질 뿐이었다.

　동시대를 살지만 비동시대적인 공간, 형제복지원. 한 사람의 인생이 교육과 다양한 경험, 그리고 사람들 사이의 관계 속에 성숙하고 성장하는 것이라면 형제복지원에 인간의 삶은 없었다. 그건 생물학적 생명의 유지였다. 지시와 복종, 권력관계를 확인케 하는 폭력의 악순환 속에 살아남고자 하는 몸부림이 전부였다. 그래서 '사회'에 나왔을 때 피해생존자들은 좋으면서도 두려웠다. 이미 무너져버린 사람에 대한 신뢰, 무뎌지고 둔화된 어떤 공통의 사회문화적 감각은 '사회' 사람들 속에서 이질감을 빚었다. 숫자로 살아온 시간은 많은 것을 앗아갔고 메울 수 없는 공백으로 남았다. 형제복지원 안에서는 매일매일 공포와 폭력의 시간을 견뎌야 했다면 사회에서는 그 시간이 잉태한 차별, 불안의 시간들과 싸워야 했다. 그래서 그이들은 오늘도 누구보다 더 치열하게 하루를 살아내고 있다. 그것이 그이들의 말 속에, 끊어진 이야기 사이사이에 담겼다.

　고군분투하는 피해생존자들에게 우리는 너무 쉽게 말했는지도 모른다. 이제 그만 잊으라고. 과거는 과거일 뿐, 이미 지나간 일에 매달리지 말고 현재와 미래를 챙기는 게 현명한 일이라고. 우리

8

의 이 충고 혹은 핀잔 속에 그이들이 견딘 고통의 순간들이 허물어진다. 그이들에게 필요한 건 그럴싸한 훈계가 아니라 말할 수 있는 장소와 시간이다. 내가 한 이야기들이 타인들에게 들리고 확인됨으로써 공백의 삶이, 숫자로 호명된 시간들이 존엄을 획득할 수 있다. 그래서 우리는 그이들의 이야기를 듣고 전하려고 한다. 이 글을 읽는 이들이 온 마음을 다해 그이들의 목소리에 귀 기울여주길 바란다. 듣는다는 것은 말하는 사람의 마음에 가닿을 수 있도록 온 정성과 심혈을 기울이는 일이므로. 그리고 각자의 방식으로 응답해주면 좋겠다. 그때 비로소 여기에 실린 '소리'들은 말이 될 수 있다. 이야기가 들려질 때 비로소 말할 권리도 실현된다.

형제복지원 피해생존자들은 그 권리를 행사하기를 주저했다. '말을 해도 사람들이 믿어주지 않았'던 시절의 경험들은 그이들에게 재갈을 물렸고 상처를 후볐다. 권리를 빼앗겼을 때 비로소 그 권리를 앗아간 사람들 혹은 그 권리를 누릴 수 있는 사람들과 자신의 위치를 가늠하게 된다. 그 위치에 따라 말할 권리의 크기가 정해졌다. 아주 작고 보잘것없는 권리는 '고아만 아니었더라면' '그때 집을 나오지 않았더라면' '그날 부산으로 가는 기차를 타지 않았더라면' 하는 내 탓과 책망으로 돌아왔다. 그마저도 없는 자신에 대한 수치심과 부끄러움을 강요했다. 그래서 말을 한다는 것은 사실 '권리'가 아니라 권력이었음을 발견하게 된다.

형제복지원을 가능하게 했던 권력이 지금, 여기에 살아 있기에 피해생존자들은 여전히 자신의 경험을 말하길 망설였다. 그이들을 잡아가둔 사회구조와 폭력이 현재에도 작동하므로. 형제복지원의 법적 근거인 내무부 훈령 410호는 폐기되었고, '부랑아(인)'라는 말은 이제 쓰지 않지만 사회 안전을 위협하거나 사회에 나쁜 영향을 주는 사람들을 '정화'하려는 권력은 지금도 살아 있다.

지난 2010년 11월 선진 20개국(G20) 정상회의를 앞두고 정부는 외국 정상들에게 깨끗한 환경을 보여주겠다며 노점상 강제철거를 시도했다. 경찰청은 'G20 정상회의의 치안 확립'을 위한다며 외국인 범죄에 대한 집중단속을 벌였으며 법무부 역시 2010년 6월부터 8월 말까지 미등록 이주노동자에 대한 집중단속을 진행했다. 지난 2011년 철도공사는 '노숙인'이라는 신분을 특정해서 강제퇴거조치를 내리기도 하고, 2013년에는 공공장소에서 구걸해 다른 사람의 통행을 방해하거나 귀찮게 하는 행위를 처벌하려는 경범죄처벌법 시행령이 통과됐다.

국가권력이나 자본은 다수의 이익과 안전이라는 그럴싸한 외피를 두르고 필요에 따라 사람들을 골라낸다. '쓸모'가 없음이 확인되면 다양한 방식으로 분리, 격리해왔다. 시설 수용은 교화와 복지, 그리고 일반(?) 시민을 안전하게 지킨다는 명분 아래 폭력을 품은 채 유유히 맥을 이어간다. 지금은 노숙인, 고아나 장애인으로 표적이 달라졌을 뿐이다. 얼굴을 바꾼 내무부 훈령 410호와 형제복지원은 여전히 호시탐탐 우리의 삶을 위협하고 있다.

그래서 이 이야기는 그이들의 이야기가 아니라 우리의 이야기이다. 우리가 그이들의 이야기를 기록하고 전하고자 하는 또 하나의 이유이기도 하다. 지난날의 실수를 반복하지 않기 위해, 권리주체로 함께 살아가기 위해 이제라도 그이들의 삶에 귀를 기울여야 하지 않을까.

　밀란 쿤데라는 "권력에 대한 사람들의 투쟁은 망각에 대한 기억의 투쟁"이라고 했다. 언제나 권력자들은 자신들에게 유리한 역사만을 기록했고 유리하게 각색해왔다. 그 속에서 그이들을 포함한 우리의 삶은 별것 아닌 일쯤으로 여겨지고 언제든 가두거나 치워졌다. 그러나 누구의 삶도 그렇게 삭제되어서는 안 되고 삭제될 수도 없다. 우리는 국가권력이 삭제하기 위해 만들었던 야만의 시간과 공간 속에서도 사람으로서 존엄을 지키며 살아남은 세계를 담고 싶었다. 이런 욕심으로 많은 피해생존자들을 만나면서 우리는 마음의 문을 수없이 여닫았다. '진짜' 피해생존자인가(사실 이 질문은 외부에서 제기되었다. 이 질문에 우리가 어떻게 대처할 수 있을지 막연하기도 했다), 소위 '정치적 올바름'에서 이탈된 삶의 행로가 있더라도 괜찮은가, 어떤 이야기를 얼마만큼 전해야 하며 어떤 방식으로 전할 수 있을까, 우리의 선택과 해석이 틀린 건 아닌가. 모든 게 조심스럽고 또 조심스러웠다. 우리는 서로의 고민을 나누며 답을 찾기도 하고, 또 다른 질문으로 이어가며 답이 아닌 질문이 형성되는 지점을 바라봤다. 여전히 많은 질문은 남아 있다. 그이들이 하고픈 이야기가 제대로 전달되고 있나, 구술자와 인터뷰어라는 관계 속에 삼키거나 유예한 이야기들은 없는가. 그러나 주제를 명확히 설정한 이 구술작업의 특성상 우리의 한계를 인정하면서 남은 질문들도 찬찬히 바라보기로 했다.

　이 책에 담긴 인터뷰는 하나의 기준으로 선택된 것이 아닌 복잡다단한 마음과 과정을 거치면서 만들어진 우연의 결과물이다. 열한 명의 구술자들은 입소 시기와 경위, 입소 당시의 연령, 형제복지원 안에서 처한 상황이 모두 다르다. 그리고 형제복지원 안에서 맺은 관계와 위치가 제각각이므로 그이들의 기억이 다른 것은 당연한 일이다. 앞서 밝힌 것처럼 우리는 그이들의 이야기를 통해 어떤 하나의 진실을 쫓거나 사건의 퍼즐을 꿰맞추려는 것이 아니다. 오히려 한 사람 한 사람의 이야기가 다르게 형성되는 상황과 조건을 드러내면서 좀 더 충분한 이해를 구성하려는 시도로 읽어주길 바란다. 덧붙여 피해생존자의 이야기 속에 등장하는 실존 인물의 이름은 대체로 가명으로 표기했다. 다만 형제복지원 사건에 직접적이고 명확한 책임이 있는 이들의 이름은 실명 그대로 놔두었다.

이야기를 듣다보면 종종 고개를 돌리고 싶은 이야기, 예외적인 일로 믿고 싶은 사실들을 만나지만 외면하지 말고 비정상적이고 야만적인 일들이 어떻게 정상적인 것으로 둔갑했는지, 우리가 평범하다고 여기는 것의 이면에는 무엇이 있는지 봐줬으면 좋겠다. 이 불편함을 딛고 마주할 때에야 비로소 온전한 듣기, 그이들의 말할 권리가 가능하다는 걸 기억해주길 바란다.

피해생존자들의 용기 있는 증언이 있기에 우리 사회가 품고 있는 모순을 밝히고 인간의 품격을 생각할 수 있었다. 깊은 감사의 말을 전한다. 동시에 더 많은 이들의 목소리를 고대한다. 형제복지원으로 유명을 달리한 분들, 실종된 분들, 고통에 심신이 병들어 병원에서 생을 이어가는 분들, 그리고 각기 다른 사정과 조건으로 인해 미처 전해지지 못한 소리들까지. 여전히 우리 사회가 듣지 못한 이야기들은 너무 많다. 이 공백이 채워지길 기대한다.

마지막으로 형제복지원의 실태를 알리고 잊혀진 권리를 회복하고자 했던 '형제복지원사건 진상규명을 위한 대책위원회', '형제복지원 피해생존자/실종자/유가족모임'의 의지와 49통일평화재단의 도움이 있었기에 피해생존자들이 목소리를 낼 길을 열 수 있었다. 그리고 프로젝트의 처음과 끝을 함께해준 '인권재단 사람'이 있어 그 목소리가 세상에 전해질 수 있었다. 이제 그대들이 건네는 마음까지 더해 세상에 잘 뿌리내리면 좋겠다.

2015년 6월
형제복지원구술프로젝트팀을 대표하여
이묘랑

1부

숫자에
갇힌
시간

잃어버린 13년,
그게 내 인생의 전부예요

박경보 구술 • 홍은전 기록

소년 박경보는 부산역 대합실에서 붙잡혀 단속차에 태워졌다. 아무런 절차도 없었다.
(출처: 형제복지원 운영자료집)

박경보 씨는 여섯 살에 고아원 생활을 시작했고 열아홉 살에 '사회인'이 되었다. 그사이 여섯 번 도망치고 네 번 붙잡혔으며 총 7곳의 고아원을 '부랑'했다. 처음으로 도망쳤을 때 그의 나이는 일곱 살이었다고 했다. 일곱 살이라. 하루하루가 고통스럽지만 울어봤자 매만 더 맞을 뿐이라는 걸 깨달은 일곱 살의 아이는 어떤 표정을 하고 있을까. 나는 올해 일곱 살이 된 조카의 얼굴 위에 그 표정을 얹어보았다가 얼른 눈을 감아버렸다. 상상하기조차 괴로운 폭력과 모독을 온몸으로 받아냈던 아이는 이제 오십 줄에 들어섰다.

인터뷰를 하기 위해 그를 두 번 만났다. 처음 만났던 날, 그는 무슨 말을 해야 할지 모르겠다고 하면서도 막상 입을 떼자 끼어들 틈도 없이 숨 가쁘게 이야기를 이어나갔다. 그는 담담하게 말을 잘했지만 이렇게 길게 자신의 이야기를 해본 것은 처음이라고 했다. 숨길 것도 아니지만 부러 말할 것도 아니었던 삶. 그에게선 험한 세상을 오직 혼자만의 힘으로 뚫고 온 자 특유의 자부심과 자존심이 느껴졌다.

그를 두 번째 만났을 때 나는 지난번에 들었던 이야기를 다시금 확인하기 위해 몇 가지 질문을 던졌다. 그의 대답을 들은 나는 무언가에 머리를 세게 얻어맞은 것처럼 아득해졌다. 내 짐작의 상당 부분이 '완전히' 틀렸음을 깨달았기 때문이었다. 가령 이런 것이었다. 그가 고아원에서 가졌다던 '자유 시간'이란 사실 '점호 자세로 앉아 있는 것'이었고, 그에게 '별것 아니므로 말할 필요조차 없었던 일'에는 '손가락을 잡고 부러뜨리는 일' 따위가 포함되어 있었다. 그가 쓰는 언어가 내가 아는 뜻과 너무도 달라서 끊임없이 각주를 달아야 할 판이었다.

언어란 그 언어를 사용하는 사회 구성원들의 약속인 것이다. 그가 속했던 사회와 내가 속했던 사회가 그토록 달랐음을 새삼스럽게 깨닫는 순간 정신이 번쩍 들었다. 너무도 당연하여 내가 묻지 않은 것과 너무도 별것 아니므로 그가 말하지 않은 것들 사이에 어떤 이야기들이 버려졌을까. 다 끝났다고 생각했던 인터뷰가 다시 시작되었다. 나는 그가 쓰는 단어 하나하나의 의미를 물으며 그가 풀어놓은 이야기들을 헤집었다. 그러자 벌어진 틈새 속에서 여전히 아물지 않은 상처를 부여잡고 피를 흘리는 그가 보였다. 그날 그에게선 한 번도 타인에게 기대어 편히 쉬어본 적 없는 자 특유의 예민함과 고단함이 느껴졌다.

인터뷰가 끝났을 때 나는 완전히 나가떨어졌다. 아니, 내가 나가떨어졌으므로 인터뷰가 끝났다고 하는 편이 옳을 것이다. 그는 아직도 해야 할 말이 많이 남았다는 표정이었다. 그러니 내가 제대로 묻지 않아서, 그가 아직 꺼내놓지 않은 이야기가 얼마나 많을지 가늠조차 할 수 없음을 미리 밝혀두어야겠다.

서울에서 태어났어요. 부모님하고 큰형, 누나, 작은형, 그리고 저 이렇게 살았어요. 아버지는 이북 사람이라 호적이 없었어요. 북쪽에 부모도 있고 원적도 있다고, 남쪽에서 호적을 안 만들겠다고 고집을 부렸던 거 같아요. 내일모레 통일될 줄 알았던 시절이니까요. 공무원 같은 사람이 찾아와서 자식들 학교 안 보낼 거냐고 실랑이하던 장면이 어렴풋이 기억나요. 여섯 살 때 아버지가 중풍에 걸려서 일을 못하게 되니까 엄마가 큰형하고 누나를 데리고 집을 나갔어요. 어느 날부터는 아버지도 집에 안 들어오셨어요. 하루는 배가 고파서 울다 지쳐 눈을 떴더니 작은형이랑 내가 고아원에 있었어요. 그곳의 정식 이름은 서울시립아동보호소였어요.

고아원 생활은 힘들었어요. 군대식이어서 정해진 시간표대로 움직여야 했어요. 화장실 가려면 손들고 허락받아야 하고 떠들면 맞았어요. 가장 괴로웠던 건 잠잘 때였어요. 좁은 공간에 200명 정도가 뒤엉켜서 칼잠을 자니까 어떤 때는 다른 애 밑에 깔려서 자기도 해요.

1년 정도 후에 형과 함께 대전시립아동보호소로 이송됐어요. 그곳도 힘들긴 마찬가지였죠. 나는 형을 두고 혼자 도망쳤어요. 형은 나보다 두 살 위였는데 소아마비 장애가 있어서 다리를 많이 절었어요. 어린 나이에 춥고 배고픈데 형이 무슨 소용이 있었겠어요. 기차 타고 천안에 내렸다가 공무원들한테 붙잡혀서 어느 보육원으로 보내졌어요. 형이 보고 싶어서 눈물을 뚝뚝 흘리고 있으니까 며칠 뒤에 대전아동보호소에서 나를 데리러 왔어요. 그런데 그 보육원이 대전아동보호소보다 환경이 더 좋았거든요. 어린 마음에 '대전 가기 싫다, 여기서 그냥 지냈으면 좋겠다'고 생각했던 기억이 나요. 그 나이엔 형보다 그런 것이 더 간절하니까요. 대전아동보호소에 돌아와서 지내다가 2년쯤 후에 형이랑 같이 천안 신생보육원이라는 곳으로 보내졌어요. 나는 거기서 또 형을 두고 도망쳤어요.

그때 떠돌다가 기차에서 어떤 아주머니를 만났어요. 자기를 따라가서 일을 도와주면 먹고 자는 건 해결될 거라고 했어요. 그래서 갔던 곳이 옥천이에요. 아주머니 친척 집에 살면서 그 집 농사일을 도왔어요. 주인집 딸들이 학교에 가고 나면 이제 막 아장아장 걷기 시작한 그 집 막내아들도 돌봤고요. 그렇게 한 2년쯤 지냈던 거 같아요.

어느 날 경운기에 치여서 다리를 다쳤어요. 한 달이 지나도 나아지질 않으니까 주인집 형님이 병원에 데려갔죠. 뼈가 부러졌는데 이제야 데려오면 어떻게 하느냐고 의사가 형님을 야단쳤어요. 형님이 미안했던지 중국집에 데려가서 짜장면을 사줬어요. 얼마나 맛있었는지 그 맛을 잊을 수가 없어요.

깁스를 하고 집에 돌아와서 한동안 일을 못했어요. 그런 날이 길어지니까 주인집 아주머니가 구박을 하더라고요. 하루는 너무 서러워서 집을 나왔어요. 아직도 기억나요. 깁스한 다리를 질질 끌고 작대기를 짚으면서 걸어가던 길. 눈물을 뚝뚝 흘리면서 철로를 넘어가는데 지나가던 동네 아주머니가 "어디 가냐?" 물으시길래 "형 찾으러 갈랍니다" 했어요. 아주머니가 그때 돈으로 500원인가를 줬어요. 그걸 여비 삼아 또 기차를 탔죠. 그해가 아마 1975년쯤 됐을 거예요. 옥천에서 지낼 때 육영수 여사가 돌아가셨고 남대문시장에서 큰불이 났다고 했거든요.

이번에는 서울로 갔어요. 서울역에 내렸을 때 곧바로 역전 파출소로 붙들려갔죠. 당시 역전 파출소에는 공무원들이 상주하고 있어서 우리 같은 아이들을 상담했어요. 나한테 "공부하고 싶으냐" 묻기에 그렇다 했더니 '소년의집'으로 보내주더라고요. 소년의집은 환경이 좋았어요. 교육도 받을 수 있었고요. 거기서 반년 정도 지내다가 다시 도망쳤어요. 형을 찾고 싶었거든요.

그날의 목적지가 부산은 아니었을 거예요. 도둑 기차를 탔을 것이고 그 차의 종착역이 부산이었겠죠. 아직도 생생해요. 부산역 대합실을 빠져나오자마자 두 사람이 나를 붙잡아서 단속차에 태웠어요. 아무런 절차도 없었어요. 차 안에는 아이가 하나, 남자가 둘, 여자가 하나 있었어요. 사무실에 도착한 건 오후 2~3시 정도였던 것 같아요. 형제원이라고 하더라고요. 당시에는 용당동에 있었어요. 거기 사람들이 신상카드를 만들고 내 머리를 깎았어요. 세면장에서 옷을 다 벗으라고 한 다음에 호스로 물을 뿌리면서 결핵이 있는지, 그런 걸 물었어요.

그때 다른 사람들은 많이 맞았는데 나는 별로 안 맞았어요. 저항을 안 했거든요. 사람들은 나 이런 사람이다, 그러니 집에 보내달라, 울고불고 난리를 쳤으니까 많이 맞았죠. 나는 그런 생활을 오래 했으니까 눈치가 빨랐어요. 뭣도 모르고 잡혀온 사람들하고는 다르죠. 시설에 처음 들어가면 어떻게 앉아야 되고 어떻게 움직여야 되는지부터 파악해요. 형제원은 다른 고아원하고는 차원이 다르게 사람을 압도하는 분위기였어요.

형제원에 들어가서 얼마 안 되었을 때 식당에서 밥을 먹고 있었어요. 누가 나를 툭 치기에 봤더니 형이었어요. 형도 나를 찾으려고 고아원에서 도망쳤대요. 하늘 아래 혈육이라고는 둘밖에 없었으니까요. 그렇지만 우리는 소대가 달라서 거의 만날 수가 없었어요. 아우슈비츠 수용소에 대한 영화를 보면 가족이라도 따로 수용돼서 이동할 때 잠깐 스칠 뿐이잖아요. 그런 거라고 생각하시면 돼요. 게다가 우리는 따로 들어왔기 때문에 서류상으로는 형제도 아니었어요. 그래서 나중에 다시 헤어졌죠.

1년에 한두 번 정도 형제원에서는 다른 고아원으로 아이들을 보냈어요. 우리끼리는 그걸 '용꿈 꿔야 되는 일'이라고 했어요. 아동소대에 수백 명이 있는데 그중에 선택받은 아이들은 딱 10명 정도였으니까요. 그날도 그런 날이었어요. 누구누구 나오라고 하는데 내 이름도 있었어요. 옷을 챙겨 입고 나갔어요. 식당을 돌아서 걸어가고 있는데 식당에서 나오던 형이 나를 본 거죠. "너 어디 가냐?" 형이 물었는데 나는 뒤를 한번 슥 돌아보고는 막 달렸어요. 어떻게든 거길 벗어나고 싶었어요.

내가 가게 된 곳은 부산 가덕도에 있는 작은 고아원이었어요. 거기서 1년 정도 생활했어요. 그런데 또 형이 너무 보고 싶은 거예요. 다시 도망쳤죠. 그 후에 거제도의 어느 할머니 집에서 일을 도와주면서 살다가 얼마 안 돼서 부산으로 왔어요.

부산역 광장을 돌면서 고민을 많이 했어요. 형제원으로 돌아갈까, 그냥 서울로 갈까. 세 바퀴쯤 돌았을까. 아직 결단을 내리지도 못했는데 형제원 단속반에 붙잡혔어요. 그때가 78년 초반이었을 거예요. 내 번호가 78-374번이었으니까. 78년에 374번째 들어온 사람이라는 뜻이에요. 형제원에는 그렇게 많은 사람들이 붙잡혀 왔죠. 그렇게 형제원에 돌아갔는데…… 형이 없었어요.

두 번째 형제원, 두 번의 탈출

78년인가 79년에 같은 소대에 있던 8명과 함께 도망쳤어요. 형제원이 용당에서 주례로 이사한 지 얼마 안 됐던 때라서 한창 건물을 짓고 있었어요. 성인들과 친해지면 쇠톱을 구하기는 쉬웠어요. 장난감 칼을 만든다고 하면 그냥 줬으니까요. 그걸로 한 달에 걸쳐서 쇠창살을 조금씩 잘랐어요. 도망 나온 게 새벽 2시, 비가 굉장히 많이 오던 날이었어요.

주례산을 넘으면 사상역이 나와요. 거기서 기차를 타고 낙동강을 넘으면 성공하는 거죠. 산을 타고 사상으로 넘어갔는데 새벽에 방범대원과 마주쳤어요. 그 사람들이 호루라기를 부니까 금세 경찰차하고 오토바이가 오기 시작했어요. 우리는 뿔뿔이 흩어졌죠. 나는 지나가던 화물차를 세워서 사상역까지만 태워달라고 했어요. 역 바로 앞은 위험하니까 기사님께는 역에서 조금 떨어진 곳에 내려달라고 당부했어요. 그런데 일이 안 되려고 그랬던 모양인지, 그 짧은 새에 까무룩 잠이 들었어요. 몇 시간 동안 비를 맞고 뛰다가 따뜻한 차에 타니까 긴장이 풀렸나봐요. "다 왔다, 내려라" 하는 소리에 눈을 떴는데 사상역이 바로 코앞에 있는 거예요. '어!' 하는 순간에 벌써 저쪽에서 서너 사람이 튀어나오더니 트럭을 가로막더라고요. 그 사람들이 차 문을 열고 나를 끄집어 내렸어요. 그때 심정이야말로 다 표현할 수가 없죠.

곧바로 성인소대로 보내졌어요. 교도소로 치자면 독방 같은 거예요. 아동소대에서 격리해서 근신시키기 위한 거죠. 성인소대 소대장이 다른 아이들도 다 잡혀왔다면서 옷이나 많이 껴입고 있으라고 했어요. 매타작에 대비하란 뜻이죠. 점호 시간이 되었는데 옆 소대 점호가 참 길었어요. 퍽퍽 얻어맞는 소리가 들렸어요. 그 소리가 끝나고, 중대장이 이쪽 소대로 넘어왔어요. 그날 맞아서 오른쪽 허벅지 뼈가 부러졌죠.

도망쳤던 9명 중에 8명이 바로 그날 잡혀왔어요. 성공했던 아이도 6개월 뒤에 잡혀왔죠. 그 넓은 부산 바닥에서, 눈칫밥 먹고 살아온 아이들이 말이에요. 형제원의 조직력은 그만큼 대단했어요. 경찰, 군대, 공무원과의 유착이 아주 긴밀했다는 뜻이죠. 어떤 사람들은 그것도 모르고 목숨 걸고 기껏 도망쳐서는 군부대로 달려갔다가 바로 형제원으로 돌아오기도 했어요.

80년 여름에 다시 탈출하려고 마음을 먹었어요. 소대장을 끌어들이는 게 가장 우선이었죠. 소대장은 언제 검사가 나오는지도 알고, 경비들하고도 친했어요. 심지어 밖으로 나갈 수도 있었어요. 그 사람들이 도망치지 않는 건 그 생활에 길들여졌기 때문이에요. 소대장 김성일한테 도망치자고 했더니 자기는 나가봤자 지낼 곳도 없다면서 망설였어요.

　　마침 형제원 안에 있던 요지 공장(칵테일에 꽂는 종이우산을 만듦)이 계약 기간이 끝나서 철수를 앞두고 있었어요. 사장님한테 도와달라고 부탁했어요. 나가면 당분간 지낼 곳이 필요한데 우리에게 일을 달라고요. 위험하긴 했지만 사장으로서도 이 도주가 성공만 한다면 밑질 게 없는 제안이었어요. 밖에서 공장을 차리면 어차피 새로운 직원을 구해야 할 텐데 우리 같은 기능공을 어디서 구하겠어요? 그러니 거래가 됐던 거예요. 사장은 공장을 철수하면서 우리한테 찾아올 곳의 주소와 돈을 얼마쯤 주고 갔어요. 그 돈을 받아서 김성일한테 주면서 설득했죠. 며칠 동안 생각해보더니 마음을 먹더라고요.

　　탈출은 어렵고 위험해요. 모의 단계에서 탄로 나는 경우가 많죠. 치밀하게 준비해야 돼요. 먼저 믿을 만한 사람들을 포섭해요. 발각되더라도 불어버리지 않을 사람, 눈치가 빠른 사람. 나가고 싶은 열망이 강하고 욕구가 구체적인 사람이어야 해요. 막연하게 나가고 싶어하는 사람들은 피해야 돼요. 문제가 생기면 쉽게 체념하거든요.

　　처음에는 문을 뚫으려고 했어요. 보기엔 그냥 베니어판인 줄 알았는데 잘라보니 그 속에 쇠로 된 큰 판이 있더라고요. 이번에도 창살을 자르는 수밖에 없었어요. 한 달에 걸쳐서 6개인가를 잘랐어요. 표시가 나면 안 되니까 많이 자르지도 못했어요.

　　그날도 비가 많이 오는 날이었어요. 나를 포함해서 10명이 탈출했죠. 주례산을 넘어서 숨어 있다가 아침에 택시를 타고 사장이 가르쳐준 주소로 찾아갔어요. 부산 감천이라는 동네였는데 도착했더니 사장이 밥을 해놓고 기다리고 있더라고요. 3년 만에 먹어보는 따뜻한 밥이었어요. 허겁지겁 밥을 먹고 있는데 박인근이 사장한테 전화를 했어요. 김성일이 애들 데리고 도망을 쳤는데 혹시 연락 없었냐고요. 그 목소리가 우리한테까지 들렸어요. 텔레비전을 트니까 뉴스에 우리 소식이 나오더라고요. 형제원에서 아이들이 도망쳐서 찾고 있다고.

사장은 우리가 일할 공장을 따로 마련해둔 상태였어요. 두 달 정도 그곳에서 숨어 지냈어요. 그 주위를 형제원 단속차가 계속 왔다 갔다 했어요. 우리는 들키기 않으려고 먹을 때도 그 자리에서 먹고, 먹고 나면 흔적도 없이 치웠어요. 반년쯤 지났을 땐 어느 정도 자유롭게 지낼 수 있게 됐는데 그때 2명이 찬거리를 사러 국제시장에 갔다가 한 명이 형제원 단속반에게 붙잡혔어요. 그 친구를 볶아치면 우리까지 위험해지잖아요. 나머지 9명은 부랴부랴 짐을 싸서 부산진역으로 갔어요. 그리고 서울로 왔죠.

형제원을 탈출한다는 건 다른 고아원을 도망치는 것과는 질적으로 다른 거예요. 형제원의 감시와 통제는 정말 말도 못하죠. 하루에도 대여섯 번씩 점호를 해서 인원을 파악해요. 이동할 때는 열을 지어 움직이고요. 개인행동의 여지가 전혀 없어요. 구타의 주된 명분도 '개인행동을 했다'는 거였어요. 교도소를 탈옥하는 것과도 차원이 다르죠. 탈옥하다 잡히면 기껏해야 형량이 늘어나겠지만 형제원을 탈출하다 잡히면 진짜 죽을 수도 있어요.

죽을 수도 있는데, 그런데도 사람들은 자꾸 도망을 쳤어요. 왜 그랬을까요. 이곳을 벗어나야겠다는 마음, 자유에 대한 그리움 같은 게 있었어요. 교도소는 출소할 기약이라도 있지만 형제원은 그것마저도 없었으니까. 인생을 이렇게 살 수는 없다고 생각했어요. 사회인으로 살고 싶었어요. 배우고 싶었고, 돈도 벌고 싶었고, 무엇보다 가족을 찾고 싶었어요. 가족을 찾아야 제대로 된 인간으로 살아갈 수 있다고 믿었거든요.

폭력, 그리고 기약 없음

형제원 안에서 맞고 기합받는 건 일상이었어요. 손가락을 잡고 부러뜨리는 건 흔한 일이었어요. 따지고 보면 다 특별한 일이죠. '엎드려뻗쳐'를 시킨 후에 때리는 건 양반이에요. 조장이 소대원들한테 멀리서 뛰어오라고 시켜요. 그 어린애들이 종종걸음으로 뛰어올 거 아니에요? 그러면 몽둥이로 목을 쳐요. 맞은 아이는 아프고 숨이 막히니까 팔딱팔딱 뛰죠. 좀 있으면 목이 퉁퉁 부어올라요. 형제원에서 오래 있었던 아이들 중에는 하도 많이 맞아서 정수리에 머리가 안 나는 경우가 많았어요.

어딜 가나 유별나게 둔한 애들이 있죠? 형제원에서 그런 애들은 노다지(언제나) 기합받고 노다지 맞는 거예요. 위생 검사에서 걸리면 그 추운 겨울에 운동장에 세워놓고 꽁꽁 얼어붙은 아이들한테 물을 뿌렸어요. 더 심한 경우에는 물이 담긴 드럼통에 들어갔다 나오게 했어요.

어딜 가나 약자를 보호하려는 사람이 있고, 밟아대는 사람이 있고, 그걸 묵인하는 사람들이 있잖아요. 형제원도 마찬가지였어요. 아동소대에서도 나이 어린 꼬마들을 유별나게 괴롭히는 형들이 있었어요. 꼬마들에게 2미터도 넘는 복도를 껑충 뛰어넘어보라고 시키고는 못하면 때리는 거예요. 굵은소금을 한 그릇 가득 퍼서 먹게 하기도 하고요. 어린아이들은 피부가 약하니까 입에서 피가 나요. 자기는 장난이라지만 어린애들에게는 치명적이죠.

그런데 이렇게 무자비한 폭력보다 더 무서운 게 있어요. 그건 바로 이곳을 나갈 희망이 없다는 사실이에요. 사람들의 심신을 쇠약하게 만드는 것은 바로 기약 없음이죠. 그건 살아갈 이유를 잃는 것과 마찬가지잖아요. 바깥에서 멀쩡하게 잘 살던 사람들이 한순간 잡혀와서는 벗어날 기약이 없어졌어요. 바깥에 연고가 없는 사람들의 절망감은 더 심했겠죠. 처음에는 발버둥을 치지만 그럴수록 돌아오는 건 매질뿐이에요. 사람들은 금방 체념해요. 그곳 분위기가 그래요. 체념한다는 건 그만큼 심신이 쇠약해졌다는 뜻이에요.

어느 날 밤에 사람들이 웅성거리는 소리에 잠에서 깼어요. 내 자리는 침대 2층이었는데 11시 방향의 1층 침대에 아이가 누워 있었어요. 경비가 와서 이불을 걷어냈더라고요. 이미 죽어 있었던 것 같아요. 그 아이는 나보다 한두 살 위였는데 형제원에 들어온 지는 그리 오래되지 않았어요. 몸이 쇠약해져서 한동안 의무과를 들락거렸어요. 그렇다고 특별한 조치가 있었던 것은 아니고요. 어지간히 아파서는 병원으로 데리고 나가지 않는데 그날 그 애는 병원으로 갔어요. 살았다면 돌아왔겠죠. 그 애는 돌아오지 않았어요.

형제원에서는 죽을 만큼 아파야 병원에 데려갔어요. 그 말은 죽을 만큼 다치면 형제원 바깥으로 나갈 수 있다는 뜻이죠. 그러니까 사람들은 어떻게든지 나가려고 숟가락을 삼켰어요. 젓가락도 삼키고, 면도칼도 삼키고, 자기 손가락을 자르기도 했죠. 정신만 잃지 않으면 병원 문지방을 넘을 힘만 남아 있어도 도망칠 수 있어요. 인간의 정신력은 놀라운 거예요. 99퍼센트가 실패하고 1퍼센트만 성공하는데도 사람들은 목숨 걸고 도망쳐요. 말이 안 되는 것 같지만 그때 우리에겐 말이 됐어요. 1퍼센트도 엄연한 가능성이잖아요. 그곳을 벗어나고 싶은 열망, 자유롭게 살고 싶은 희망이 그만큼 강했어요.

유명한 꼴통이 있었어요. 우리가 '꼴통'이라고 불렀어요. 그 친구는 서너 번쯤 도망치다 잡혔어요. 맞는 데 이골이 나서 웬만큼 맞으면 '아야' 소리도 안 냈어요. 머리 박으라고 하면 코 골고 자던 친구였죠. 아무리 때려도 말을 안 듣고 때리는 사람들만 힘 빠지니까 조장들도 웬만해선 안 때렸어요. 꼴통의 얼굴은 어딘가 일그러져 있었어요. 지금 생각해보면 하도 맞아서 두개골이 함몰됐던 거 같아요. 그렇게 맞고 터지면서도 그 친구가 왜 그랬겠어요. 그만큼 벗어나고 싶었던 거겠죠.

공장에서 일할 때 특히 많이 맞았어요. 일을 늦게까지 시키지는 않았는데 대신 하루 할당량이 있었어요. 무슨 수를 써서라도 채워야 되죠. 낚시 공장에서 일할 때 특히 고통스러웠어요. 낚싯바늘에 줄을 묶는 일이었는데 1시간에 500개 이상 묶었어요. 할당량을 못 채우면 엄청나게 맞아요. 맞는 방법도 "너, 이리 와!" 해서 때리는 게 아니라 뒤에서 몽둥이를 내리치는 식이었어요. 머리가 깨지고 뼈가 부러지는 일이 비일비재했어요. 많이 맞는 아이들은 하루 종일 정수리가 호빵처럼 부풀어서 말랑말랑했어요. 머리가 터져서 갈라진 아이들도 있었고요. 그러면 치료를 한답시고 담배 가루를 부어줬어요.

낮에는 테이블을 펴놓고 일하고 밤에는 그걸 치우고 그 자리에 군용 담요 같은 걸 깔고 잤어요. 바닷가라서 아침에는 정말 추웠어요. 담요 하나를 네다섯 명이 같이 덮으니까 서로 끌어당기느라고 이불은 다 해져 있었죠. 그 작은 아이들이 그 추운 아침에 얼마나 일어나기가 싫었겠어요. 조장들은 그런 애들을 깨우겠다고 몽둥이로 두들겨팼어요. 그래도 안 일어나니까 꾀를 낸 것이 사장이 포상으로 주는 건빵을 남겨뒀다가 아침에 아이들 자는 이불 위에 뿌리는 거예요. 우리는 눈이 회까닥 뒤집혀서는 건빵을 허겁지겁 입에 욱여넣어요. 그러다보면 이불에 붙어 있던 낚싯바늘이 입에 걸리고 목구멍에 걸렸죠. 우리는 너무너무 배가 고팠어요. 애들이 하도 못 먹어서 장티푸스에 많이 걸렸죠. 장티푸스에 걸리면 온몸에 버짐이 펴요. 머리에 버짐이 피면 머리카락도 다 빠지고요. 꼴통의 모습도 그랬어요.

열아홉, 사회인이 되다

부산에서 서울로 올라온 게 1981년, 열여덟 살 때였어요. 다른 아이들은 용산역에서 내리고 나 혼자 서울역에 내렸어요. 가족을 찾겠다고 생각했거든요. 대우빌딩 뒤에 인력시장이 있었어요. 거기서 서부경찰서 구내식당을 연결해줬어요. 식당에서 먹고 자면서 일했어요. 소장들 커피 타주고 쌍화탕도 배달해주면서요. 서글서글하게 말 잘하고 똘망똘망하다고 형사들이 나를 예뻐했어요.

그해 연말인지 명절인지 확실치는 않은데 남들이 다 고향집에 갈 때였어요. 내가 안 가고 있으니까 당직 서던 형사님이 내 사정을 물어보더라고요. 자초지종을 설명했더니 가족들의 이름을 알면 자기가 찾아보겠다고 했어요. 이틀 동안 조회해서 찾았어요. 인천 가좌동에 엄마와 큰형이 살고 있었어요.

주소를 들고 찾아가서 동네 구멍가게에 들어갔어요. 큰형 이름을 대면서 '이런 사람이 동네에 살고 있느냐'고 물었어요. 그때 한 사람이 가게 안으로 들어왔는데 가게 주인이 "마침 왔네" 하더라고요. 그게 바로 우리 형이었어요. 드라마 같은 이야기죠. 형이 나를 위아래로 천천히 훑어봤어요. 대번에 알아보지요. 여섯 살짜리가 열아홉이 돼서 찾아왔으니 기가 찼을 거예요. 그렇게 엄마하고 큰형, 누나를 만났어요. 아버지도 찾아 나섰어요. 우리 형제가 처음 보내졌던 서울시립아동보호소에 가보니 아버지는 그 당시 서울갱생원에서 1년 정도 지내다가 돌아가셨다고 기록돼 있었어요.

그다음에는 작은형을 찾기 위해서 형제원으로 갔어요. 형은 내가 가덕도 고아원으로 간 후에 천안에 있는 어느 보육원으로 보내졌다고 기록되어 있었어요. 천안으로 찾아갔더니 형은 중학교를 마친 후에 서울로 취업을 나가고 없었어요. 다행히 동생이 자기를 찾으러 오거든 전해주라고 주소를 남겨뒀더라고요. 롯데상사라는 핸드백 공장에서 패턴사로 일하고 있었어요. 그때 형을 만나서 같이 호적에 올렸어요. 82년 2월이에요.

그 뒤에 낚싯바늘 묶는 일을 다시 시작했어요. 남대문에 낚시 가게가 많이 있어서 자주 갔어요. 하루는 길을 가다가 누가 툭 쳐서 봤더니 김성일이었어요. 나머지 아이들하고 같이 재건대에서 생활하고 있다고 했어요. 재건대는 고아나 넝마주이들이 모여서 살던 곳이었는데 지금의 연세빌딩 옆에 있었어요. 소위 '인생 막장'이라고 말하던 곳. 거기에는 세상 어디에도 기댈 데 없는 사람들이 살았어요. 그런 사람들이 범죄에 잘 빠졌어요. 자주 가서 어울리다가 그중에 6명을 데리고 나왔어요. 작은 방을 구해서 한동안 같이 살았어요.

그중에 준오라는 친구가 있었는데 호적이 없었어요. 준오를 내 동생으로 입적시켰어요. 호적이 없는 생활이 얼마나 어려운지 잘 알고 있었으니까요. 사회인으로 제대로 살기 위해선 호적이 꼭 있어야 해요. 통장 하나를 만들려고 해도 그게 필요하니까요. 내가 가족을 찾으려고 했던 중요한 이유도 바로 호적이었어요.

준오는 이제 막 "엄마" 소리 할 나이에 이미 고아원에 버려졌던 아이였어요. 네다섯 살에 형제원 들어가서 꼬마소대 조장도 했고, 입소한 사람들 사진을 찍는 일도 했다고 했어요. 배우진 못했지만 똘똘하고 사람들하고도 잘 어울렸어요. 좀 커서는 축구부를 했는데 외부 시합이 있었던 날 나왔다가 그길로 도망쳤다고 했어요.

준오가 떠돌지 않고 자리잡고 살았으면 하는 마음으로 내가 일거리를 줬어요. 나중에는 우리 작은형 내외랑 같이 살면서 형 일을 도왔어요. 사회생활을 곧잘 하던 아이였는데 97년에 자살했어요. 죽기 1년 전부터 트라우마가 몰려왔어요. 사회에 대한 원망도 커지고 망상에 사로잡혀 있었어요. 박인근이 자길 잡으러 온다면서 자전거에 야구방망이를 싣고 다니고, 잠잘 때도 머리맡에 칼을 놓고 잤어요. 박준오. 우리 준오 이야기를 꼭 써주세요.

그들은 왜 침묵했을까

한종선이 쓴 책《살아남은 아이》는 제목을 참 잘 지었어요. 같은 조건 위에서도 삶을 힘들게 사는 사람이 있고, 조금 쉽게 살아가는 사람이 있잖아요. 암흑 같은 공간에 갇혀 살았어도 그 안에서 살아가는 방법은 사람마다 달랐어요. 눈치 빠른 사람들은 한 대라도 덜 맞고 한 개라도 더 찾아 먹어요. 나는 그런 생활에 익숙했으니까 그나마 쉽게 살아온 편이죠. 그 생활을 못 견디고 자해하는 아이들도 있었어요.

나는 그것이 내 운명이라고 수긍하며 살았어요. 텔레비전 속의 사람들, 부모하고 놀러가는 아이들은 나와 다른 사람들이라고 생각했죠. 어떻게 살아남을까. 아주 어렸을 때부터 그게 가장 우선이었어요. 우리 같은 사람은 어떤 기회도 갖지 못했어요. 누구도 우리한테 "형제원 갈래, 공부할래?"라고 묻지 않았어요. 우리 스스로의 힘으로 그 세계에서 살아남을 방법을 터득해야 했어요.

이번에 국회에 올라간 특별법안은 형제복지원뿐만 아니라 다른 시설에서 입은 피해까지도 포함한다고 하던데, 그건 정말 옳은 일이에요. 박인근뿐만 아니라 서울아동보호소 소장, 대전아동보호소 소장도 모두 똑같았어요. 나는 지금도 참 궁금한 게 있어요. 부산 '소년의집'이라는 굉장히 큰 고아원이 있었어요. 천주교에서 운영했고 규모도 컸어요. 아이들에 대한 처우도 좋았어요. 국제적으로 유명한 자선단체와도 연결돼 있었고 교황청에서 표창도 받았다고 했어요. 내가 궁금한 건 그곳 수녀님들은 분명히 형제원에서 일어난 일들을 알고 있었을 텐데 왜 침묵했을까 하는 거예요. 우리는 힘이 없어서 어쩔 수 없었다지만 그분들은 종교인이잖아요. 그분들은 왜 방관했을까. 그분들 또한 이 문제에서 자유로울 수 없다고 생각해요.

여섯 살에 버려져서 열아홉 살에 가족을 찾았어요. 보통의 아이들이 유치원, 초·중·고등학교를 다니는 시기에 참 말도 안 되는 생활을 했죠. 13년의 고통도 물론 중요하지만 그보다 더 중요한 건 그 후의 삶이에요.

나는 생존 본능이 강해요. 의지할 데라곤 없었으니까 더 그렇겠죠. 어디 가서 분식집을 하라고 해도, 커피를 팔라고 해도, 배추 장사를 하라고 해도 다 해낼 자신이 있어요. 대인관계도 잘할 자신이 있고요. 그런데 가족한테만은 안돼요. 엄마하고 2년 정도 살았는데 잘 안 되더라고요. 우리 같은 사람들의 아킬레스건이에요.

원망하지 않으려고 애를 쓰다가도 어떤 계기를 만나면 분노가 확 치솟아올라요. 작은형도 그랬어요. 어떻게 그 어린것들을 버리고 떠날 수 있느냐고, 엄마를 이해할 수 없다고 했어요. 그런데 큰형은 오히려 우리더러 엄마를 이해하라고 했어요. 많이 싸웠죠. 처음 몇 년은 노력했는데 우리는 안 되겠다고 깨닫고 집을 나왔어요. 지금은 남남이다시피 지내요. 결혼을 못했던 것도 그런 이유예요. 자신이 없어요.

작은형은 달랐죠. 동지 같은 존재였죠. 함께 고생했으니 서로에 대해 너무 잘 알잖아요. 내가 어떤 잘못을 해도 이해해줄 사람이었어요. 형이 늘 그런 말을 했어요. 자기는 몸은 불편해도 배우기도 했고 결혼도 했는데 나는 노력한 거에 비해서 참 행복하게 살지를 못했다고요. 형이 나를 참 안타까워했어요. 올해 초에 폐암으로 돌아가셨어요.

형제원 피해자들은 가슴속에 억울함과 분함이 있어요. 그걸 묻고 사니까 화병이 생기는 거예요. 다들 조금씩 피해망상이 있을 거예요. 누가 자기한테 조금만 서운하게 해도 굉장히 크게 상처받아요. 별것 아닌 일에도 크게 화를 내고요. 형제원 나와서 처음 몇 년은 나도 그것 때문에 고생을 많이 했어요. 사람들하고 많이 싸우고 문제도 많이 일으켰어요. 그런데 사회에 나와 살아보니 사람들과 어울려 살아가는 데는 이해와 양보가 필수적이더라고요. 그걸 몸에 익히려고 많이 노력했어요.

준오는 사회에 대한 원망이 많았어요. 차라리 금전적인 문제였다면 어찌해볼 수 있었을 텐데, 마음의 문제는 옆에서 할 수 있는 게 없더라고요. 나도 그 마음을 잘 알죠. 그래서 오히려 더 힘들었어요. 나중에는 일부러 멀리했어요. 그 애가 그렇게 된 데에는 내 책임도 있어요. 가슴이 너무 아프죠. 형은 투병생활을 오래 해서 돌아가실 땐 40킬로그램도 안 나갔어요. 다른 피해자들의 삶도 아마 크게 다르지 않을 거예요. 이 문제가 잘 해결돼서 조금이나마 그런 분들한테 위로가 되었으면 좋겠어요. 사실 아무리 잘 해결된다 한들 우리가 겪는 고통의 100분의 1이나 되겠어요? 그래도 자신들의 바람이 조금이나마 이루어지면 그걸 통해 살아갈 힘을 얻지 않을까요.

그 세월이 우리에게서
무엇을 빼앗아 갔는지 기억해달라

교도소에 두 번 갔다 왔어요. 한 번은 짝퉁 가방을 만들다가 걸렸고, 한 번은 오락실을 했을 때 단속에 걸렸어요. 합쳐서 1년 넘게 실형을 살았죠. 변명 같지만 나는 기댈 곳이 없었어요. 초등학교를 반년 다닌 게 전부니까 학연도 없고 지연도 없어요. 인맥이라고는 잘 찾아봐야 건달뿐이죠. 장사를 하려고 해도 대출을 받을 수가 없어요. 우리 같은 사람은 장벽에 가로막히면 빠져나갈 대책이 없어요. 손 벌릴 데는커녕 상의할 사람조차 없어요. 내 과거를 아는 사람은 다섯 손가락에 꼽을 정도예요. 숨길 생각은 없지만 부러 말할 일도 아니잖아요.

밥만 먹고 살려면 그냥저냥 살 수도 있었겠죠. 하지만 나도 꿈이 있고 야망도 펼치고 싶었어요. 돈을 벌고 싶었어요. 그러니 유혹에 넘어가는 거죠. 나는 13년을 잃어버렸다는 생각에 늘 조급했어요. 그건 어른의 13년하고는 다르잖아요. 인생에서 가장 예민한 시절, 부모한테 보살핌받고 배워야 하는 시기를 그렇게 보내고 나니까 성인이 돼서도 살기가 벅차더라고요. 솔직히 말하면 지금도 벅차요.

이번 추석에도 어머니가 전화를 하셨는데 안 받았어요. 그게 잘 안돼요. 이것도 변명이네요. 사실은 내가 마음의 문을 열지 않았어요. 잃어버린 13년, 그게 내 인생의 전부예요. 내 나이가 오십이 넘었어도 나는 그 시기에서 벗어나지 못하고 있어요. 그때 배운 눈치를 무기 삼아 살아왔지만 억울하고 분해요. 형제원 피해자들의 문제는 다만 그 몇 년의 고통이 아니에요. 우리는 밖에 나와서도 사회 구성원으로서 통합되지 못했어요.

피해자들은 준오처럼 타인에 대한 불신이 강하죠. 마음의 문이 있어서 그 문을 딱 걸어 잠그면 절대 뚫을 수가 없어요. 부모와 사회에게 보살핌을 받지 못한 사람들은 자기 외에는 모두 적이에요. 일상적으로는 잘 못 느끼지만 위기 상황에 맞닥뜨리면 그 문을 쾅 닫아요. 자신을 방어하기 위해서요. 동물적인 생존 본능이죠. 그런 건 돈으로 해결되는 게 아니에요.

우리에게 진짜 따뜻한 위로는 사회로부터 인정받는 거예요. 이 사건은 박인근 개인의 문제가 아니에요. 부산시 공무원, 경찰 몇몇의 문제도 아니고요. 그 시대, 부산시, 언론, 지식인들, 경제인들 모두가 한통속이 돼서 묵과했어요. 87년에 형제원 사건이 터졌을 때 잠깐 시끄러웠다가 결국 다 침묵했잖아요.

남대문에 살았을 때 박종철 고문치사 사건도 봤고 6월항쟁도 봤어요. 그때 우리도 뭔가를 해보려고 했어요. 물론 아무것도 못했지만요. 민주화운동, 노동운동, 그런 것과 우리 문제는 좀 다르잖아요. 우리 피해자들은 문제를 제기할 방법도 몰랐고 기회도 없었어요. 언론에 투서한 사람들도 모두 문전박대당했죠. 박종철은 그렇게 죽어서 열사가 되었는데 우리는 그 안에서 수백, 수천 명이 가혹한 고문을 당하면서 죽어갔는데도 이렇게 묻혔어요.

박인근이 재판받을 때의 기사를 봤어요. 박인근은 자기가 오갈데 없는 부랑인들, 사회적으로 문제를 일으키는 사람들을 모아놓고 먹여주고 재워줬다고 주장했어요. 참 분하죠. 나는 피해자들이 누구보다도 열심히 살아야 한다고 생각해요. 그래야 박인근이 틀렸다는 걸 증명할 수 있으니까요.

난 열심히 살았어요. 남들한테 베풀 정도까진 못 돼도 내 앞가림은 하면서 살아왔어요. 3일 동안 서너 시간만 자면서 낚싯바늘에 실을 묶었어요. 이 절룩이는 다리로 그 납덩어리를 양쪽으로 60킬로씩 메고 인천에서 버스 타고 전철 타고 남대문까지 다녔어요. 짜장면 한 그릇 사 먹는 돈이 아까워서 점심도 굶어가면서. 살아보니까 살아졌어요. 화려하지 못해도 부끄러울 것도 걱정할 것도 없어요. 아쉬운 게 있다면 작은형과 준오를 그렇게 떠나보낸 거예요.

다시 돌아가고 싶은 순간이 있다면 그건 소년의집 시절이에요. 그때 도망치지 않았다면 형제원도 안 갔을 것이고, 공부도 했을 텐데. 그랬다면 지금하고는 삶이 좀 달랐을 텐데. 하지만 그때 도망치지 않았다면 형을 영영 못 만났을 수도 있었겠죠.

살면서 좋았던 기억은 특별히 없어요. 즐겁다, 슬프다, 감동적이다, 하는 감정을 잘 못 느끼면서 살았어요. 내 힘으로 살아남아야한다는 강박에 사로잡혀 있었어요. 병이죠. 살면서 어떻게 기쁨이없었겠어요? 야구를 좋아해서 가끔 부산에 가기도 하는데 그것도 혼자 가요. 이기면 좋죠. 하지만 돌아서면 그뿐이에요.

작은형을 떠나보내고 나서 마음이 많이 안 좋았어요. 그때 인터넷에서 형제원 피해자 모임이 있다는 걸 알았어요. 피해생존자모임 한종선 대표를 만나러 갈 때 가슴이 쿵쿵 뛰었어요. 살면서 그렇게 가슴이 뛴 적이 별로 없었던 것 같아요. 82년에 작은형을 찾아서 만나러 가던 그날처럼요. 피해자들 한 사람 한 사람 만날 때마다 진짜 형제를 만난 것처럼 기뻤어요. 큰 시련을 함께 겪은 사람들이잖아요. 동지를 얻는 기분이었어요.

형제복지원 대책위 활동가들을 만났을 때도 좋았어요. 어린 친구가 내 손을 잡아주고 안아주는데 그 체온이 참 좋더라고요. 그친구들 따라 장애인들 농성하고 집회하는 데도 가봤어요. 그 사람들이 장애인을 대하는 태도가 얼마나 예쁘던지. 한 번 다녀올 때마다 사람을 대하는 방법에 대해서 많이 배우고 생각하게 돼요. 그게 말도 못하게 좋아서 하루에도 몇 번씩 달려가고 싶었어요.

도움이 되고 싶어서 한 달에 한 번 운전을 해주고 있어요. 활동가들이 청주 어느 요양원에 있는 장애인을 대전에 있는 병원으로 데려가서 치료를 받도록 도와줘요. 거기가 대중교통으로 오가기힘들어서 내 차로 하는 거예요. 갈 때마다 많은 생각을 해요. 이 활동가들이 아니라면 산골 요양원에 장애인이 살고 있다는 걸 누가 알아줄까, 이 사회에는 꼭 나쁜 사람만 있는 게 아니구나, 하는 생각. 다녀오면 하루가 다 가지만 고생스러운 게 아니라 오히려 기뻐요. 나의 존재감이 느껴져요. 사회에 나와서 한 일 중에 제일 보람 있고 잘한 일인 것 같아요. 나는 남을 도울 여력도 없었고 기회도 없었어요. 13년이라는 세월을 제대로 보냈다면 나도 그 사람들처럼 남을 도우면서 살아갈 수 있지 않았을까. 우리는 그런 꿈마저도 꾸지 못했던 사람들이니까요.

돈을 많이 벌고 싶다는 꿈은 접었고, 지금은 가난한 사람들에게 도움이 되고 싶어요. 요즘 월세를 못 내서 자살하는 사람들이 많잖아요. 그 사람들은 가난한데 수급자가 아니에요. 차상위 계층이라고 하는데 그런 사람들이 나락으로 떨어지는 건 한순간이거든요. 형제원 피해자들이 그랬듯이 많은 사람들이 살아갈 방법을 잘 몰라요. 그런 사람들을 위한 재무 컨설팅을 하고 싶어요. 배운 건 없지만 그 어려움을 잘 알고 겪어봤잖아요. 장애인 활동가들이 나보다 더 어려운 조건에서도 상담하고 강의하는 모습을 보고 많은 걸 깨달았어요. 나도 할 수 있을 거라고 생각했어요. 피해자들이 우리 문제를 뛰어넘어서 이 사회에 도움을 주고 감동을 주는 그런 일을 했으면 좋겠어요.

문득문득 1978년 부산역 광장을 돌고 있는 열다섯 살의 경보를 생각했다. 형이 너무나도 보고 싶은 경보는 다시 형제원으로 돌아갈지 말지 갈등하고 있다. 도대체 그리움이 얼마나 사무치면 지옥마저도 제 발로 가게 되는 것일까. 그에게 형은 세상천지에 기댈 수 있는 단 한 사람이었고, 모진 수모를 당할 때마다 울면서 부를 수 있는 유일한 이름이었다. 그런데 그는 왜 그토록 간절히 그리웠던 형을 번번이 버리고 도망쳤을까. 광장을 돌고 있는 그의 뒤를 따라 돌며 나도 한참 생각했다. 그는 왜 그랬을까.

그러다 어느 순간 나는 그만 허탈해져 그 자리에 멈춰 서버렸다. 아이는 그저 맞지 않을 자유와 눈물을 닦아줄 사람이 절실했을 뿐이구나. 그러나 형과 함께 있기 위해서는 무자비한 폭력을 견뎌야 했고, 폭력에서 벗어나고 나면 세상천지에 저 혼자라는 외로움을 견뎌야 했다. 그는 어디에도 머물지 못하고 그 사이를 부랑하며 살았다. 그는 왜 둘 다 가질 수 없었을까. 그 여린 나이에 왜 그토록 가혹한 선택을 하며 살아야 했을까. 갈등하고 있는 그의 덜미를 잡기 위해 소리 없이 다가오는 단속반의 얼굴을 보고서 나는 눈을 질끈 감아버렸다.

국가에 관한 한 이토록 생생하고 구체적인 이야기를 어디에서도 들어본 적이 없다. 작은 아이의 뒷덜미를 낚아채는 유능한 경찰의 손아귀에 국가가 있었고, 아이를 인계한 후 성실하게 쌓여가는 공무원의 승진 가산점에도 국가가 있었으며, '갱생'을 외치면서 아이들의 월급을 착복하는 사회사업가의 금고 안에도 국가가 있었다. 그리고 사라진 아이들이 어디로 갔는지 묻지 않는 사람들의 태연한 일상 속에도 국가가 있었다.

이 글에 대한 의견을 듣기 위해 그를 세 번째 만났을 때, 그는 나에게 부산 ㅂ병원에 대한 이야기를 해주었다. 산비탈에 세워진 형제원에서는 아랫마을이 훤히 내려다보였다. 정전이 되어 사위가 어두워진 밤, 마을을 내려다보면 유일하게 불이 꺼지지 않는 건물이 있었는데 그게 바로 병원이었다는 것이다. 그런 날이면 철길 하나를 사이에 두고 병원과 형제원이 마주보고 있는 듯했다며 그가 한숨을 쉬듯 말했다.

"거기서도 형제원이 잘 보였을 텐데, 그 사람들은 왜 한 번도 '저긴 뭐 하는 곳이지?' 하고 묻지 않았을까요? 왜 누구 하나 우리한테 관심을 갖지 않았을까요? 그렇게 마을 가까이 있으면서 어떻게 그 많은 사람이 그 오랜 시간 무방비 상태로 맞고 죽어갔을까요……"

마침 그 순간 테이블 하나를 사이에 두고 그와 나는 마주보고 있었다. 내가 앉은 자리가 마치 불 꺼진 형제원에서 그가 망연히 바라보던 ㅂ병원의 자리처럼 느껴져서 나는 그의 얼굴을 제대로 쳐다보지 못했다.

가난하고 힘없고 누추한 사람들은
다 제거 대상이었는가

김희곤 구술 • 박희정 기록

형제복지원은 당시 김희곤의 집에서 고작 다섯 정거장 떨어져 있었다.
그러나 그 거리는 천국과 지옥 사이보다 멀었다.
(제공: 형제복지원사건진상규명을위한대책위원회)

김희곤 씨와 인터뷰를 하기 위해서는 최소한 오전 10시가 지나서 연락을 해야 한다는 단서가 붙었다. 류머티즘을 앓고 있는 그는 잠을 잘 자지 못하고, 밤이면 특히 그를 괴롭히는 통증은 오전이 지나서야 조금이나마 가시기 때문이었다. 외출을 하기 어려워서 모든 인터뷰는 김희곤 씨의 집에서 이루어졌다. 그는 건설 현장에서 일하던 시절 친해진 친구와 월세로 얻은 방 하나를 나누어 쓰고 있었다.

첫 만남이 예정된 전날 그에게서 먼저 전화가 왔다. 그는 내 방문 여부를 확인했다. 보통 이러한 일정을 챙기는 것은 인터뷰어인 나의 역할이다. 떠올리기만 해도 식은땀이 솟구치는 아픈 기억을 이야기해야 할 만남을 두고 김희곤 씨가 설레었을 리는 없다. 아마도 그가 꼼꼼하고 준비성 있는 사람이기 때문이리라 생각했다.

다음날 만난 그는 첫눈에도 예의바르고 단정한 느낌을 주는 사람이었다. 다정한 말투에 글씨마저 반듯했다. 한때 80명이나 되는 목수들을 관리하는 위치에 있으면서 꽤 괜찮은 리더로서 사회생활을 잘 해내었던 것 같다. 일을 쉬고 누운 지 오래된 지금도 따르는 사람이 많다고 했다. 그는 인터뷰를 위해 방을 정돈하고 기억을 미리 더듬어 할 이야기를 준비해두었다고 말했다. 그러나 형제복지원 안에서의 삶을 이야기하는 중간중간 자신의 말이 흐름 없이 산만해지는 것 같다며 긴장감을 내비쳤다. 그 긴장은 인터뷰가 끝날 때까지 계속되었다. 그는 인터뷰 내내 차분한 어조로 말을 이어갔는데, 고통을 표현할 때조차도 감정을 크게 터뜨리지 않았다.

그러나 꾹꾹 눌러쓴 글씨일수록 팬 자국은 깊게 마련이다.

∷

그때가 1969년, 혹은 1970년쯤이었을 거야. 나는 부산 서면에 있는 광무국민학교에 다니고 있었어. 4학년 때인지, 5학년 때인지 정확히 기억나지 않아. 1960년 1월 2일생이라 생일이 빨라서 일곱 살에 입학을 했지. 그러니까 나이로 말하면 열 살이나 열한 살 무렵이야. 그날 나는 친구들과 서면로터리에 놀러나갔어. 이것저것 구경하며 신나게 거리를 쏘다니다 친구들과 헤어져 혼자서 집으로 돌아오는 길이었지.

"친구야, 어디 가나?" 등 뒤에서 누군가 내 어깨를 덥석 붙잡았어. 돌아보니 낯모르는 남자 어른 셋이 서 있더라고. "여기, 극장 구경 나왔는데요."

말을 마치기 무섭게 내 옆으로 차가 한 대 섰어. 아무런 표시도 없는, 일반 승용차보다 조금 더 큰 차에 나는 강제로 태워졌어. 타자마자 주먹과 발이 날아왔어. 영문도 모른 채 겁에 질렸지. 차 안에는 이미 내 또래의 애들이 5명 정도 있었어. 그길로 바로 끌려간 곳은 부산시 남구 용당동에 있는 형제육아원이라는 곳이었어. 나를 납치한 사람들은 형제육아원의 원장과 총무, 그리고 삼촌이라 불리는 사람이었지. 삼촌이라는 사람은 원장 부인의 오빠인가 남동생인가 그랬을 거야.

도착하자마자 내 머리를 빡빡 밀고 '장군의 방'이라는 곳에 집어넣더라고. 집에 보내달라고 울었어. 스무 살이 넘어 보이던 소대장이 우는 나를 몽둥이로 두들겨패기 시작했어. 세상에 태어나서 그렇게 맞아본 것은 처음이었을 거야. 그 사람 별명이 '사또'야. 하는 짓이 악질 사또 같다고.

그때 나는 함께 사는 가족이 있었어. 누나 둘 밑에 장남이었고 밑으로 배다른 남동생이 둘 있었지. 어머니는 세 살 때 돌아가셨지만 새어머니가 계셨고, 아버지가 스뎅(스테인리스) 공장을 운영해서 살림살이는 괜찮은 편이었어. 그 당시 수저며 밥그릇을 다 스뎅으로 할 때니까. 나는 아버지 공장에 자주 놀러갔는데 기계를 뜯으면 나오는 쇠구슬을 얻기 위해서였지. 다른 애들은 유리구슬을 가지고 놀 때 나는 쇠구슬을 가지고 놀았어. 쇠구슬은 인기가 참 좋았으니까. 쇠구슬 하나 주면 유리구슬은 15개에서 20개나 줄 정도였지.

아버지는 엄했지만 정의감이 있고 사람들을 잘 챙겼어. 직원에게 어려운 일이 생기면 우리 집에 데려와서 재우고 먹이는 일이 많았지. 집에서 직원들과 회식을 할 때면 그때 흔히 먹기 힘들었던 아나고회를 상에 곧잘 올리셨는데, 참 고소하고 맛있었어. 용돈 받는 것보다 아나고회 먹던 기억이 더 좋게 남아 있지. 그때 그 아나고회 맛이 그리워 나중에 어른이 돼서도 가끔씩 사다 먹고는 했어.

아버지는 귀하게 여기던 장남이 갑자기 사라져서 방방곡곡 나를 찾아 헤맸다고 해. 나를 잃어버린 아버지의 마음은 지옥 같았겠지. 그런데 나도 그때 아버지를 그리워하며 '지옥' 속에 있었어.

죽음이라는 말이 정말 자주 떠올랐어

용당에 있던 형제육아원은 돌담과 쇠문으로 둘러쳐져 있었어. 뒤로는 산이 있고, 앞으로는 바다. 납치된 아이들은 운동장 한쪽에 있는 '장군의 방'과 '희망의 방'이란 이름의 숙소에 나뉘어 배치되었어. 방은 군대 내무반 식으로 중간에 복도가 있고, 양쪽으로 사람이 잘 수 있는 공간이 있어. 방 뒤쪽은 화장실인데, 변기 부분은 밖에서 보면 커다란 바께스를 넣었다 뺐다 할 수 있게 돼 있어서 그 구멍으로 탈출을 시도하는 사람이 많았어. 한 방에는 60명가량 있었어. 군대식으로 소대장과 조장이 있고, 야간에는 불침번도 섰지.

기상 시간은 매일 5시. 일어나서 30분간 점호 준비를 하고 5시 30분에 점호를 하는데 원장, 총무, 서무가 함께 와서 소대장의 보고를 받고 일장 연설을 해. 6시에는 바닷가로 가서 짠 바닷물에 세수를 하는데, 이는 그냥 손가락으로 대충 닦아내는 거야. 목욕은 1년에 한 번 정도는 한 거 같아. 7시에 아침을 먹는데 밥은 쌀 한 톨 섞이지 않은 꽁보리밥에 물에다 된장만 풀어 끓인 국이 나와. 다른 반찬은 없고. 점심시간에는 수제비를 주는데, 대충 만드느라 밀가루 덩어리를 커다랗게 떼어 넣으면 밖에만 익었지 안에는 거의 생밀가루인 게 걸리기도 해. 그런 거 먹고 살았지. 가끔 가다가 기름 기라고 된장국에다가 쇼팅(쇼트닝)을 뿌려주는데 그걸 먹고 나면 며칠씩 설사를 했어.

아침을 먹고 나면 내무반에서 주기도문, 사도신경, 국민교육헌장, 원훈을 암기해. 이때부터 죽음의 시간이지. 갑자기 지목을 받았을 때 어물거리면 호박 깨지는 소리가 퍽퍽 나기 시작해. 구타와 기합. 지옥이 따로 없어. 오후에는 제식훈련. 훈련, 기합, 연속적인 구타에 혼이 다 나간 상태가 돼. 어린 나이였지만 죽음이라는 말이 머릿속에서 정말 자주 떠올랐어. 저녁을 먹고 나면 또 점호 시간. 번호 연습을 하는데 3열씩 앉아서 맨 앞 사람이 "하나!"를 외치는 순간 모두가 자기 번호를 외쳐서 끝자리에 앉은 사람이 "열아홉, 하나, 결!" 이런 식으로 동시에 끝나지 않으면 몽둥이찜질을 당하지. 긴장을 절대 늦출 수 없어. 워낙 구타가 심하고 기합이 심하니까 내가 왜 여기에 잡혀왔는지, 왜 이런 고초를 당하는지 생각할 틈이 없었어. 오로지 거기서 살아남아야 된다는 생각밖에 없었지.

끌려간 지 1년 정도 되었을 때 어느 날 연병장에 '부랑인 단속차'라는 글씨가 붙은 차량 한 대가 생겼어. 그때부터 본격적인 단속이 시작되었어. 밤만 되면 신입들이 잡혀오고, 잡혀온 신입들 기를 꺾기 위한 폭행이 이루어졌지. 정말 지옥이었어. 불안, 초조 이런 거밖에 없는 나날들. 얼마 있다가 단속차가 한 대 더 생겼고 나중에 주례로 넘어가서는 버스까지 생기더라고.

처음에 내가 형제육아원에 들어갔을 때는 가장 나이 많은 애들이 열다섯 살 정도 되었을까. 본격적인 단속을 시작하면서 어른이고 어린애고 다 잡혀왔지. 똑바로 누워 잘 공간이 부족해서 모두 옆으로 누워 칼잠을 자야 했어. 낚시 만드는 반 아동들만 해도 식당 그 큰 데가 꽉 찰 정도였는데, 사람들은 매일 단속되어 들어오지…… 용당에서는 잘 곳이 장군의 방, 희망의 방 두 군데 밖에 없는데 둘 다 주례의 한 소대 내무반 크기보다 작잖아. 한 방에 거의 100명 가까이 집어넣었을 거야. 보통 점호 칠 때 번호가 3열로 앉은 상태에서 삼십 몇 번까지 갔으니까.

내 옆 사람들은 머리 방향을 나와 반대로 눕고, 그렇게 지그재그로 누워 모든 사람들이 물샐틈없이 붙어서 자는 거야. 소대장이나 조장들이 누워 있는 사람들의 몸 위를 밟고 지나가면서 "틈 사이로 내 발이 빠지면 죽여버린다!" 한다고. 그 정도로 밀착해서 자야 해. 화장실도 갈 수 없었지. 일어나면 내 자리가 없어지니까. 원생들이 콩나물시루처럼 끼여서 자는 동안 소대장과 조장들은 엄청나게 넓은 공간에서 편히 잠을 잤어.

제대로 먹지도 못하고 잠도 편하게 자지 못하니 영양실조와 피부병으로 온몸에 고름이 줄줄 흘렀지. 옷도 갈아입히지 않으니 이가 들끓었고. 자고 일어나면 몸에서 보리쌀만 하게 부푼 이를 떼어내는 게 일이었어. 툭 터지면 피가 퍽. 낮에는 1시간씩 이 잡는 시간을 따로 줄 정도였으니까. 옷 솔기 부분에 알을 잔뜩 낳아놓는데 그걸 손톱으로 죽 밀어내면, 따다다닥, 따다다닥.

그런 세계에서 살았으니 자기 앞날에 대해서 생각이나 해봤겠어? 이러다가 죽는 거 아닌가. 오늘은 쟤가 맞는구나. 하여튼 누가 맞더라도 단체 기합은 일단 받는 건데. 그 와중에 내가 오늘 선택이 돼서 소대장이 "너 나와!" 이랬을 때는…… 빠따 같은 거는 열 대, 열다섯 대 정도는 거의 매일 맞다시피 한 거 같아. 그래서 지금 관절이 더 안 좋아졌는지 모르겠어. 빠따하고 '원산폭격' 같은 거는 달고 살았으니까. 그 안에서 원산폭격은 최고 쉬운 기합에 속했지. 나중에는 운동장에 돌이 삐쭉삐쭉 튀어나와 있어도 거기에 머리를 대고 원산폭격을 하면서 잠을 잘 정도가 되었으니까.

들어가자마자 구타와 폭행을 당하고, 왜 내가 강제로 납치당해서 이렇게 된 건지 모르는 상태에서 생활을 하고. 누구한테 하소연할 수 있는 상황도 아니고. 옆에 또래들한테 무슨 이야기라도 하고 있으면 "야! 니들 뭐 해! 도망가려고 역적모의하고 있어?"라고 불호령이 떨어졌어. 옆 사람과 함부로 말도 제대로 못하고, 친구를 사귈 수도 없는 상태지. 서로가 서로를 의심해야 되니까. 한 사람이 도망가면 나머지 사람들이 다 기합과 폭력을 당하니까. 그래도 원생들은 끊임없이 탈출하고, 탈출하려고 노력했어. 그러다 성공하면 다행인데 잡히면 개 맞듯이 맞는 거지.

어느 날 내가 있던 장군의 방 소대장이던 사또가 도망을 쳤어. 이제는 평화가 오나 했더니 새로 소대장이 된 서성근이라는 사람은 더 지독하고 악랄하더라고. 덩치도 크고 힘도 좋은데, 사람 때리는 일을 꼭 취미처럼 여기는 놈이었어. 어느 날 송기윤이라는 친구가 나랑 같이 생활을 하다가 도주, 즉 '역적모의'를 했다고 해서 서성근에게 무지막지한 구타를 당했어. 나는 뒷짐 진 상태에서 가슴에 주먹 100대를 맞았지. 고작 열두 살 된 어린애가 스물 몇 살 먹은 성인한테 주먹으로 가슴을 맞으니 한 대만 맞아도 고꾸라지는 거지. 바닥에 쓰러진 나에게 서성근의 발길질이 날아왔어. 엄살 부린다고 얼굴을 많이 차여서 앞니도 부러지고 코뼈가 완전히 주저앉아버렸지. 아주 끝까지 때리더라고. 상대가 어린아이니 어느 정도 때리다가 그만 때릴 법도 한데, 서성근은 100대를 끝까지 때리는 인간이었어. 맞고 나서 1시간 정도 지나니 가슴 전체가 빨갛게 피어오르더라고. 다음날 빨갛고 파랗게 멍이 든 상태가 되었다가 이틀 지나니까 새까맣게 변했는데, 그 상태가 한 달을 넘게 간 거 같아. 치료는 받을 수가 없었지. 어지간했으면 죽었을 건데 안 죽고 산 게 천운이라고 할까, 아니면 불행이라고 해야 할까. 차라리 죽었으면 편했을지도 모르지. 그날 같이 맞은 송기윤이라는 애는 다음날 아침 식사 하러 가는데 같이 방에서 나와서 걸어가는 도중에 갑자기 탁 쓰러지더니만 죽어버리더라고.

그렇게 한 2년 정도 지났나 싶은데 어느 날부터 모아놓고 일을 시켰어. 처음에는 조각품을 만들었지. 석고를 반죽해서 틀 안에 집어넣어 굳혀가지고 금빛 나게 칠을 하는 식으로. 예수와 열두 제자, 사자탈, 호랑이탈 같은 것들을 만들었어. 만든 물건은 차로 싣고 나가고. 식당에서는 일본 수출용 낚시 제품을 만들었어. 각 조별로 7~8명씩 1개 조가 되는데, 20개 조 이상이 일을 했던 것 같아. 낚싯바늘 구멍에 줄을 끼워서 일곱 바퀴 감아가지고 딱 당기면 완성품이 되는 거야. 책받침을 오려서 거기다 완성품을 다섯 개씩 끼우고 봉지에 포장을 해서 50개 묶음으로 만들어. 낚시 감는 애 있고, 포장하는 애 있고, 완전히 기계식으로 착착 되는 거지.

어린애들이니까 숙달되면 손이 빨라질 거 아니야. 거짓말 아니고 낚싯줄 감는 손이 안 보일 정도로 빨라. 그러니까 점점 작업량이 늘어났어. 조끼리 경쟁을 붙여서 각 조별로 개수를 못 채우면 구타가 심한 거지. 이 조는 몇 개 했는데, 너희 조는 몇 개 했다. 잠잘 때도 일할 거를 들고 가야 돼. 미리 많이 해두어야 하니까. 작업 해놓은 거를 서로 간에 막 훔쳐가기도 해. 생사가 걸린 문제니까. 우리가 나름대로 요령을 피운답시고 일곱 바퀴 감아야 하는 낚싯줄을 두 바퀴, 세 바퀴만 감게 되고, 5개를 넣어야 완성품이 되는데 3개, 4개를 넣어 완성품이라고 속였어. 나중에 일본에 수출한 수십만 개가 불량품으로 되돌아온 거야. 그래서 한 20일 동안 개 맞듯이 맞고 혼났지. 당시 낚시 작업 책임자는 원장의 친동생이었는데, 일명 '마카오박'이라고 동래 쪽에서 유명한 깡패였어. 나중에 주례에 형제복지원 지을 때 책임자로도 있었지.

우리한테 돌아오는 임금은 전혀 없었어. 주례에 넘어가서까지 낚시 작업을 3~4년을 시켰어도 돌아오는 거는 구타밖에 없었으니까. 어린아이 데려다가 먹을 거 안 먹이고, 입힐 거 안 입히고, 사회하고 단절을 시킨 상태에서 작업시켜가지고 다 착취를 해먹은 거지. 나는 거기서 집이나 가족들이나 이런 걸 생각할 수 있는 여유도 없었어. 머릿속에 그런 게 떠오를 수 있는 거 자체가 사치고 오로지 '어떻게 하면 오늘 하루 안 맞고 잘 넘어가나' 하는 생각밖에 안 남아 있는 상태였어.

누구든 착한 종이 되는 수밖에

그렇게 내가 용당에 있던 형제육아원에 끌려간 지 4~5년, 아니 5년 이상 지났을 땐가? 주례로 갔어. 개척을 하기 위해서 1차로 사람들이 가고, 두 달인가 있다가 내가 열다섯 살인가, 열여섯 살 때쯤 2차로 가게 된 거지.

주례에 처음 갔을 때는 군용텐트 두 동에서 생활을 했어. 산을 깎아서 평지를 만들어야 되는데 어린 나한테도 곡괭이하고 삽을 주더라고. 그때 당시에는 정말 죽고 싶은 심정밖에 없지. 어린애가 무슨 힘이 있다고 곡괭이질, 삽질을…… 지금 열다섯, 열여섯 먹은 애들한테 곡괭이질을 하라 그러면 못한다고. 그런데 거기서는 초인적인 힘이 생기는지 하게 되더라고.

산을 깎고 생기는 흙으로 보로꾸(벽돌)를 찍어가지고 수백 장, 수천 장 쟁여놓고 산턱을 계속 깎아가는데 사람이 많이 다치고 죽었지. 비탈진 산 밑으로 파고들어가는데, 밑으로 50센티 이상을 계속 깎고 들어가서는 위에 올라가 쇠파이프를 박아. 거기다 오함마(큰 망치)질을 해. 그러면 흙이 집채만 한 게 후르르륵 무너질 거 아냐. 이게 능률이 높으니까. 그 산이 마사토(굵은 모래)로 되어 있는데 이 마사토라는 흙은 무너진다 소리도 없이 훅 무너질 때가 있으니까 흙 속에 파묻히는 사람도 있고. 그런 사건이 비일비재하게 일어났지.

경비들이 삥 둘러서 포위를 한 상태에서 일을 하니까 힘이 달리든 어쨌든 무조건 일을 해야 돼. 예를 들어서 아침에 내무반에서 구타를 당한 상태라 몸이 안 좋아서 누워 있으면 엄살 부린다고 더 맞으니까 아픈 몸을 이끌고도 나가야 되는 거지.

산을 깎아서 그 흙을 마대에 잔뜩 짊어지고 저 밑에 운동장까지 날라야 되는데, 거기까지 내려갈 때마다 조장들이 중간에 서서 체크를 해. 바를 정(正) 자로. 저녁에 그걸 세서 많이 못한 사람한테는 구타가 시작되지. 그냥 뭐, 발길질. 때리고 싶은 대로. 어디를 때리면 어디가 터지고 그런 거 생각도 할 줄 모르는 인간들이 거기서 사람을 함부로 때리면서 쾌감을 느끼게 되는 모양이야. 그러면 지켜보는 나머지 사람들은 불안과 초조에 떨지. 바짝 긴장한 상태로 애 뚜드려맞고, 그다음에 누구 나오라 그러면 또 그 사람이 뚜드려맞는 걸 보는 거지.

이 체계에 단속반이 있고, 소대에 가면 소대장이 있고, 소대 관리하는 중대장이 있고, 그다음에 식당에서 일하는 취사반이 있고, 관리를 하는 경비대가 있어. 주례에서는 일하다가 흙이 무너졌다든지 삽에 찢겼다든지 하면, 의무실이라고 있기는 있는데 군대에 있을 때 의무병이었던 사람이 거기서 의사 역할을 하면서 빨간약 발라주고 연고 같은 거 주고 그런 거밖에 없어.

소대장은 잡혀온 사람들 중에서 체격 크고 힘 좀 쓸 수 있고 통솔력 있는 사람이 뽑혀. 자기 소대원들을 통솔하고 탈출 못하게끔 감시해야 되니까. 소대장, 중대장 전부 다 잡혀온 원생 중에서 뽑았어. 단속반들도 잡혀왔던 사람들 중에서 차출되어 나가고. 내가 있을 때는 사회에서 온 일반 직원들은 없었던 거 같아. 박인근 원장의 친척인가 누군가가 총무를 보고. 그때 당시 고등학교 다니던 원장 아들 두선이하고 명상이가 단속할 때 따라나가 같이 사람을 잡아오기도 하고 그랬어.

　주례에서는 1975년도부터 집을 짓기 시작했는데 내가 있을 때는 2층이 아니고 다 1층 건물이었어. 철문을 들어서면 사무실이 있고, 대운동장과 식당이 있고, 운동장 바로 옆으로 공장동을 만들어서 풍선 공장, 케미슈즈 공장 같은 공장들을 놓고, 신입소대, 1소대, 2소대 이런 식으로 쭉 소대 건물이 있지. 새로운 사람이 잡혀오면 신입소대에 이틀인가 있다가 각 소대로 배치되는 거지. 나이 어린 애들은 아동소대로 가고, 여자들은 여자소대로 가고. 18세 이상은 성인소대로 가게 되어 있는데 나는 열여섯 살 때부터 성인소대에서 일을 했어. 내가 거기에 워낙 초창기 때부터 있어서 왕고참이 된 상태라 남들보다는 쪼끔 자유가 있었지. 일을 할 때도 열외를 가끔씩 시켜주더라고.

　신입소대에 들어오면 국민교육헌장, 사도신경, 원훈, 군가, 점호 받는 동작 등등 아침 기상부터 시작해서 저녁 취침 때까지 그것만 교육받는 거지. 딱 일자로 서서. 까딱 잘못하면 구타가 엄청 심한 거야. 소대에 배치되기 전에 주입식으로 교육하고 얼을 빼는 거지. 한번은 조직폭력배들이 단속되어 들어왔어. 걔들은 신입소대로 안 넣고 처음부터 각 소대로 두세 명씩 갈라서 넣었어. 우리 소대에 두 명이 들어왔는데 온몸에 문신을 해가지고 덩치는 산만해. "여기도 사람 사는 데 아이가" 하면서 들어온 순간, 이불을 뒤집어씌우고 구타가 시작됐어. 거의 바보로 만들기까지 1시간도 안 걸렸지.

여기는 전국에서 이상한 사람들이 다 모여 있고, 이불 한번 뒤집어쓰는 순간 누구든 착한 종이 되는 수밖에 없어. 시키면 시키는 대로. 대화가 안 되는 데니까. '내가 왜 끌려왔는지 모르겠다. 왜 끌려 왔는가?' 이런 말을 할 수도 없지. 눈 바로 뜨고 말 이상하게 하면 양쪽 옆에서 조장들 주먹부터 날아오니까. 오로지 통하는 건 폭력. 폭력이 통하니까 눈치를 보게 되는 거지. 내가 있었던 소대에는 이충렬이라는 소대장이 있었는데, 저녁이면 내무반 양쪽에서 하나씩 사람을 뽑아가지고 수건을 감겨서 격투기를 시켜. 소대장이 "진 놈은 오늘 죽을 줄 알아라" 그래. 그다음에 돌아올 게 두려우니까 말도 못하게 둘이서 치고 박고 하는 거야. 서로 원수진 사이도 아닌데. 다른 소대는 모르지만, 내가 있었던 소대에서는 그런 걸 계속 겪고 그랬어.

우리 같은 사람들은 그 안에서 모두 잠정적 피살자가 되는 거지. 언제 어느 때 맞아서 죽을지도 모르는 상황이 되는 거니까. 맞아서 쓰러졌는데 안 돌아오면 죽은 거잖아. 쓰러져서 거품을 토해내고 그런 상태에서 조장이나 소대장이 그 사람을 데리고 나가면, 우리는 볼 수 있는 자유가 없으니까 어떻게 되는지 아무도 모르는 거지. 근데 이 사람이 실려 나가고 나면 때리던 인간들도 담배 피우고 앉아 조용해지는 거야. 죽었다고 생각할 수밖에 없는 거지.

그 당시에는 맞고 쓰러지고 하는 과정을 보면 막…… 하…… 뭐 어떻게 해줄 수도 없고. 그 과정을 지켜만 볼 때는 사람이 미치는 거지. 때리는 인간들은 자기 주먹에 한 대 맞고 사람이 쓰러지면 엄살 부린다고 더 때리고, 안 쓰러지면 '어쭈, 이거 봐라' 하면서 더 때리거든. 그 장단에 맞출 수가 없어. 때리는 사람들은 쾌감을 느끼니까 그게 중독 아닌 중독이 되어가지고 심심하면 "너 나와, 너 나와" 해서 때리고 또 때리고. 그러니 쓰러져서 의무실에 실려가 그 다음날 안 오면 그냥 죽었는가보다 생각하지. 거기서는 사람이 빠져나가면 또 보충을 하고 계속 잡아오고 하잖아.

나는 주례에 있을 때 탈출 시도를 무지무지하게 많이 했어. 한 번은 성공했는데 이틀 만에 산에서 내려오자마자 잡혀버렸지. 1976년도에 26명이 철창문을 뜯고 탈출을 한 거야. 다 죽을 각오를 하고. 소대원들이 한 130명 되었는데 작전을 짜가지고 다 같이 도망을 가기로 했어. 나가보니까 26명만 나왔더라고. 나머지 사람들도 나올 수 있었는데 겁이 나서 못 움직였던 모양이지.

산으로 넘어가서는 계속 산을 타고 구포 방향으로 가서 사상 쪽에서 하룻밤 지내고 몇 명씩 흩어져서 내려왔어. 그러다 거기 파출소 순경들한테 잡혔지. 빡빡머리를 하고 있으니 형제복지원에서 나온 표가 났으니까. 이틀 만에 다시 끌려 들어와서는 말도 못하는 고초를 당했지. 원장이 식당 앞에다 꿇어앉혀놓고는 이틀을 꼬박 굶기고, 지나가면서 툭툭 발로 차고. 탈출 사건은 원장이 최고 싫어하는 거잖아. 자기의 돈줄인데. 국가에서 지원금을 받아내는 돈줄이 하나 없어지면 또 잡아와야 하니까. 탈출 사건이 일어났다 하면 원장이 책임자들을 구타했지. 형제복지원 안의 모든 것들은 원장에 의해서 지시가 내려지고 굴러가고 있는 상황이었으니까.

원장이 몇 개월에 한 번씩 원생들을 식당에 다 모아놓고 자기가 구상한 거를 쫙 일장 연설을 해. 이곳을 개간하고 건물을 짓고 그러면 글자 그대로 '꿈을 꿀 수 있는 왕국'을 건설한다고 말했어. 결혼도 하게 해주고 직장도 갖게 해준다고. 내가 1978년도에 거기서 나왔는데, 그러고 나서도 1987년도까지 그렇게 악랄하게 사람 많이 죽이고 그런 거 보면 그 원장은 정말 천벌을 받아야 될 사람인데……

1978년 3월 6일, 다시 세상 밖으로

형제복지원 안에서의 기억은 잊어버리려야 잊어버릴 수가 없지. 내 인생을 송두리째 다 바꿔놓은 기억이니까. 내가 거기서 나온 날짜는 1978년 3월 6일이야. 작은아버지랑 사촌형, 그리고 우리 큰누나가 형제복지원으로 나를 찾아왔어. 그때 그 안에 김희곤이라는 이름이 2명 있었어. 나보다 세 살인가 두 살인가 어린 김희곤이 하나가 들어왔다 먼저 나가고. 그러고 나서 내 가족들이 찾아왔다 그러더라고.

77년도부터 78년에 나오기 전까지 케미슈즈 공장에서 일했어. 케미슈즈 공장에 사회에서 들어오는 기술자 중에 염 씨 아저씨라고 있었어. 염씨 성을 가진 사람. 그 사람이 나한테 기술을 전수하는 사람이어서 같이 마주앉아서 일을 했거든. 몇 개월 같이 일을 하니까 그 사람도 내가 궁금하고 서로 이야기를 주고받고 할 거 아니야. 처음에는 말 못하고 어느 정도 있다가 말을 했어. 우리 아버지가 부암동 천일극장 뒤에서 스뎅 공장 하고 있고, 우리 집 위치가 어디라고 이야기해줬지. 나중에 우리 집에 갔다 왔다고 이야기 하더라고. 그 사람이 집에 연락을 해놓은 거 같아.

가족들을 따라 나가서 버스를 타니, 우리 집이 형제복지원에서 고작 다섯 정거장밖에 안 되더라고.

버스에서 우리 아버지가 1976년도에 돌아가셨다는 이야기를 들었지. 그 소식을 들었을 때는 진짜…… 다음날 울산에 있는 아버지 묘를 뵈러 갔어. 비석에 보니까 내 이름도 적혀 있더라고. 1년 반 정도만 더 살아 계셨으면 나를 만날 수 있었을 건데. 지금도 죄의식이 자꾸만 들어. 나로 인해서 우리 아버지가 젊은 나이에 돌아가셨지.

내가 형제복지원 안에서 거의 10년을 있었는데 4만 3,000원인가, 2,000원인가 확실히 기억은 안 나지만, 내가 나오던 날 내가 여태까지 벌었던 돈이라고 우리 작은아버지한테 줬다고 그러더라고. 그때는 그 돈을 받아가지고 우리 작은아버지 카디건을 하나 사드렸어. 우리 아버지는 돌아가시고 안 계시니까. 어른에 대한 존경이라고 해야 될까, 그런 걸 해주고 싶은 마음에 사드렸지. 내가 바깥에 나온다는 생각 때문에 그때 당시에는 깊이 생각 안 했는데, 지금 생각하면 내 인생이 총 4만 몇 천 원짜리밖에 안 되었다니 너무 쓸쓸하고 그렇지. 학창 시절, 젊음, 어릴 때의 추억이 송두리째 사라졌는데 그게 4만 몇 천 원이라니……

사회에 나왔을 때는 모든 게 다 얼떨떨한 상태였어. 황당한 거지. 뭐를 해야 되는지, 하지 말아야 되는지도 모르겠고. 아무 지식도 경험도 없고. 머리를 빡빡 깎은 상태니까 동네 골목만 지나다녀도 다 수군거리고. 동네 학생들이 앉아 있다가도 내가 지나가면 같은 또래라도 슬슬 피해버리니까. 할 수 있는 일은 아무것도 없고 적응도 안 되는 거지. 집안에서도 마찬가지야. 어릴 때 헤어져서 낯선 얼굴이 되어 만났는데 서로 간에 정이 있을 리 만무했지. 친누나 둘은 직장생활하고 시집갈 나이니 각자 자기 살기에 바쁘고. 나는 나대로 가족들이 더 일찍 찾아주지 않은 것에 대한 원망의 마음도 한편에 있었고. 형제복지원을 나왔지만, 나는 다른 세계에 또 갇혀 있는 거지. 그렇게 되니까 이제 할 수 있는 거는 떠나는 것밖에 없다는 생각을 하게 됐어. 모든 업보는 내가 다 짊어지고 가야 한다고.

그때 마침 ○○상사에 다니던 이종사촌형이 나를 그 회사에 취직시켜줬어. 처음에 직포과에 있다가 3, 4개월 후에 금형과로 옮겼지. 신발 밑바닥 같은 거 기계로 조각하는 곳. 여자들이 많은 직포과와 분위기부터 달라. 남자들만 있는 데서 기름밥 먹으니까. 어느 날 내 또래가 하나 들어왔어. 기능사 자격증 막 따서 들어온 애가. 얘는 또 천방지축이더라고. 작업하다 갑자기 작업복 찢으래. 자기 것도 찢고, 내 것까지 찢고. 작업복에 '금형과 공작계 김희곤' 명찰이 딱 있잖아. 그럼 그거 가지고 어디로 가냐면 재봉과로 가. 재봉과에 가면 재봉하는 아가씨들 수백 명이 앉아 있잖아. 찢어진 옷을 꿰매달라고 내밀지. 꿰매면서 보면 명찰이 딱 있잖아. 1978, 1979년도쯤에는 아가씨들한테 기계 만지는 사람들이 인기 있었거든. 돈을 잘 버니까. 저녁쯤 그 친구가 작업을 걸어. "오늘 고마우니까 짜장면 한 그릇 사드릴게, 요 앞에서 기다리라고." 그런 재미가 있었지.

그런데 집에서 통근버스를 타면 꼭 형제복지원 앞을 지나게 돼 있었어. 볼 때마다 그때 기억이 막 떠오르고 심장이 두근두근 하더라고. 집에 정도 없고 그러니까 집을 나가서 하숙을 하겠다고 했지. 한 달에 2만 원씩 주고 사상 쪽에서 하숙을 했어. 아침저녁 다 주고 도시락 싸주고. 그러던 중에 내가 야간작업 시간에 실수를 해서 밀링 기계에 손을 다쳤어. 다치고 난 뒤에 이종사촌 집하고 우리 친가 쪽하고 말썽이 생긴 거야. 애를 데려다 그리 힘든 일을 시켜가지고 손가락 병신을 만들었다고. 나를 두고 그 사람들이 서로 간에 언성 높이고 싸우는 게 싫더라고.

자기네들이 정이 있어가지고 나한테 뭐 해주는 것도 아니면서 내가 사고 나니까 말들만 많아지고. 솔직히 내가 열아홉 살 때 형제복지원에서 나왔으니까 공부를 해도 늦지 않았어. 검정고시 공부라도 시킬 수 있었잖아. 국제상사에서 밀링 기계를 조작하려면 영어를 알아야 하는데, 나는 영어를 모르니까 힘들었어. 일 끝나고 혼자 남아서 보탄(버튼)에 영어 단어를 똑같이 베껴서 집에 가서 외우고 그랬거든. 그래서 보상금이고 월급이고 뭐고 필요 없이 그대로 가족들 곁을 떠나버렸어.

17~18년 전쯤 서울에서 살고 있던 어느 날 인천 송림동에 사는 큰누나와 어떻게 서로 연락이 됐어. 작은매형이 부산에서 사업을 하고 있었는데 회사 경리랑 바람이 나서 작은누나를 버리려고 하니 나더러 한 번만 도와주라 하더라고. 가족이니까 내가 해줄 수 있는 건 해주자는 생각이 들어서 부산으로 내려갔어. 며칠 동안 추

적을 해가지고 집을 찾아 방문을 열고 들어가니까 여자하고 남자하고 소파에 앉아서 텔레비전 보고 있더라고. 내가 보자마자 주먹으로 매형 얼굴을 때려버린 거야. 작은누나 집에 끌고 가니까 작은누나가 돌아눕더니만 '아이고 아이고' 하더라고. 내가 매형한테 "봐라, 이게 사람이 사는 거냐, 뼈만 남은 여자가 불쌍치도 않나" 그러면서 다시 목을 때려버렸거든. 그랬더니 뼈만 남아서 앙상하던 작은누나가 용수철보다 더 빨리 일어나서 나를 잡고 밀고 댕기고 막 고성을 지르고 "네가 뭔데 때리냐!" 하고.

나는 간다 소리도 안 하고 서울로 올라와버렸어. 큰누나한테 전화가 왔어. 왜 그러냐고, 연락도 없이 떠나서 작은누나가 섭섭하게 생각한다고. 그래서 내가 두 번 다시 나한테 연락도 하지 말고 우리 여기서 그냥 서로 모르는 사람으로 지내자고 말했지. 열차 타고 올라오면서 가만히 생각하니까 내가 내 돈 들여가지고 무슨 짓을 했나 싶더라고. 그때 내가 서울 근교에 있는 대학교의 대학원 공사 책임자로 일하고 있을 때라 시간을 어렵게 뺐어. 목수를 80명 관리하고 있었거든. 원래는 한 3~4일이면 될 줄 알았는데 일주일 넘게 걸려버리니까 현장에서 임시직을 새로 구해서 내가 다시 들어가기가 힘들게 돼버린 거야. 내 시간 버리고, 가서 욕만 직싸게 얻어먹고.

그 이후로 가족들과는 연락도 안 하고 살았지. 가족을 만나서 괴로운 일이 재차로 발생하는 게 싫더라고. 그러다보니까 결혼 적령기에 들어서도 가족이라는 거에 두려움이 생겼어. 좋다는 여자가 있어도 두려우니까 자꾸만 멀리하게 되고, 어느 정도 친해지면 벽을 쌓아서 더 이상 접근을 못하게 만들더라고. 가정적으로 사랑을 못 받아봤기 때문에 내가 사랑을 줄 수 있는 마음가짐도 안 돼 있고. 어떻게 하면 이웃과 잘 지내는지에 대해서 문외한이라 사회 나와서도 시행착오를 많이 겪었지.

남의 것에 대해서 탐내는 건 하나도 없는데 좀 폭력적인 성향으로 변해가지고. 나는 차분한데 누가 막 과격하게 나오는 모습을 보이면 내가 그 사람보다 더 과격해지는 거야. 지금은 몸이 안 좋아가지고 많은 생각을 하면서 차분해졌지만 예전에는 내가 주먹쟁이들을 많이 뚜드려패고 그랬던 편이야. 동대문경찰서에서 유명했어. 신설동 살면서. 그 동네에서 술 먹고 고함치고 다니는 사람들을 내가 용서를 안 했으니까. 근데 그렇지 않은 사람하고 다투지는 않았고, 경찰관들이나 방범대원들 같은 사람을 구타한 경험은 좀 있어. 끌려가 징역은 안 살았고 집행유예로 나왔지만. 경찰에 대한 반감이 있어서 그랬던 것 같아. 사회에 불만 토로를 좀…… 한때는 했던 것 같아.

서른 살쯤까지 교육을 못 받은 상황이었는데 좀 배워야 되겠다는 생각이 들었지. 검정고시 공부를 해서 초등학교, 중학교 과정을 92년도, 93년도에 마쳤어. 조금 더 배우면 뭘 해보는 데 더 도움이 될까 했는데, 가족 없고 배운 거 없는 상황에서는 매한가지야.

죽음을 옆에 두고 살다

형제복지원 안에서 겪은 일을 숨기고 살았어. 내가 그런 데 갔다 왔다는 자체가 부끄럽기도 하고 가족 없이 혼자 지냈다고 하면 남들이 나를 사고뭉치로 생각할까봐 두렵기도 하고. 그래서 항상 자신감 있게 살려고 했어. 내가 형제복지원을 나와서 류머티즘이 발병한 7년 전까지는 목수 계통의 책임자 생활도 하고, 소방 설비 일도 하고 지내면서 나름대로 사회생활을 성공할 수도 있었는데.

7년 전에 류머티즘이 처음 발병했을 때는 신발을 못 신을 정도로 발가락에 통증이 왔는데 무시하고 계속 일을 했지. 당시에 나주에 있는 국립정신병원의 소방 설비를 맡아서 했는데 일정이 촉박해서 통증이 점점 심해지는데도 진통제만 먹고 살았어. 그때는 서울 신촌에 살 땐데 공사 끝나고 올라와서 자는데 몸에 마비가 오기 시작했어. 아현역에 있는 정형외과에 갔더니 의사가 통풍이 왔다고 그래. 6개월이나 치료를 했는데도 점점 더 아프고 팔도 안 올라가고 움직이지도 못하게 됐어. 의사한테 이야기했더니 한양대병원을 소개해줘서 종합검진을 받으니 류머티즘이라 하더라고.

아파서 일을 못하니까 나중에 월세 방에 보증금 걸어놓은 돈 다 까먹고 전자레인지, TV까지 팔 정도로 비참해졌어. 삼십 몇만 원인가 받아서 나왔구나. 가방 하나 올려 메고. 그때 생각하면 참…… 마비가 자주 왔으니까. 세상 정리를 하고 떠나자 그랬는데, 그때 나랑 동갑내기 친구가 도움을 좀 줬지. 한 2년 전에는 내 몸무게가 51.3킬로까지 빠져서 뼈만 남아가지고 냉장고에 물이나 음식을 꺼내러 가지를 못했어. 통증이 심해서. 지금은 많이 좋아졌어. 좀 다닐 수도 있고. 한 달에 한 번씩 83만 원짜리 주사를 맞아야 돼. 약값하고 따지면 어마어마한 돈이지. 내가 기초생활수급자니까 의료보호 1종인데, 거기에 담당 의사가 법 테두리 안에서 쓸 수 있는 용도를 최대한 써서 돌봐주는 거지.

내가 지금 약을 먹는 게 너무 많아. 류머티즘 말고도 고지혈증이 심하고, 또 골다공증. 이 허리 같은 데 골밀도가 T-3.6인데, 골병이 많이 들고 그랬나봐. 류머티즘 때문에 지금도 앉아 있으면 발목, 관절 같은 데가 통증이 심하고 밤에는 잠을 잘 못 자. 수면제를 받았는데, 수면제에 의지를 하고 싶지 않더라고. 그래서 몇 번 먹고 남겨뒀는데, 저걸 처리를 해버려야지. 수면제라는 거 자체가 몇 십 알 모이면 이상한 생각이 들어서. 지금도 문 쿵쿵거리면 심장이 쿵쿵 뛰니까.

지금 살고 있는 방이 이리 조그만데 방세가 어마어마하게 비싸잖아. 그래서 나 혼자 생활할 수 없어서 같이 사는 친구랑 방세를 반씩 부담하고 있어. 수급 비용으로 방세 절반 내고, 전화비 내고. 옷이나 신발은 사치지. 기초생활수급자 되고 나서 한 번도 못 사 입고 못 사 신었으니까. 주변에 아는 동생들이 가끔 오면 도와주고 그래서 이래저래 사는 거야. 형제복지원 피해자모임보다 주변에 내가 사회생활하면서 만났던 동생들이라든지 친구들이. 내가 아프면서 교우 관계가 끊어질 줄 알았는데 적극적으로 많이 찾아오더라고. 사회생활은 빵점은 아니었던 거 같아. 내 삶의 어두운 면을 숨기기 위해서 조금 밝게 살아오려고 많이 노력을 했지.

형제복지원 출신 중에 서울에서 자살한 친구들이 3명이나 있거든. 그중에 단속반으로도 있었고, 나랑 같은 또래인데 별명은 '백마'고 이름은 이철이라는 애가 있었어. 용당에서부터 같이 있었던 친구인데 서울 올라와서 역삼동에서 만났어. 그 친구는 '자활근로대'라는 데 있었어. 1980년도 초중반 때쯤 지나가면서 마주쳤는데 거기서 생활하다가 얼마 있다가 자살을 했어.

그다음에 이름은 모르고 '삼손'이라는 친구인데 중곡동에서 약 먹고 자살했고. 그 친구는 서울에 올라와서 형제원 출신들끼리 좀 알고 지냈는데, 김수희의 〈너무합니다〉 같은 노래만 계속 들으면서 비관적으로 생각하다가 약 먹고 자살했고.

'선조'라는 친구는 등에 부처님 문신을 가지고 있었어. 옛날에 강남 봉원사 앞에 코엑스 짓는다고 덤프트럭이 많이 다니고 그랬는데. 그 친구가 맨날 하는 말이 빨리 죽어서 부처님 곁으로 가야 된다, 가야 된다 그랬거든. 어느 날 변사체로 발견되었다 그러더라고. 덤프트럭에 뛰어들었는지 어쨌는지 몰라. 다리도 저는 친군데.

서울 올라와서 내가 직접 만났던 형제복지원 출신들이 몇 년 안 돼가지고 다 죽었어. 그 고통이라는 거는 말도 못하지. 나도 그때 당시에는 세상살이가 힘들고 죽음은 항상 옆에다 놔둬놓고 산다고 생각을 했으니까. 내색은 안 하지만 누워 있으면 불현듯이, 불현듯이. 살면 뭐 하냐. 남들하고 똑같이 살지도 못하고. 평범하게 살아야 되는데. 인간으로 태어나서 자기 흔적도 못 남기고 가정도 못 가지고. 뭐 하나 일반인하고 동등하게 걸어서 나갈 수 있는 여건도 안 되니까 항상 처져가지고. 비굴한……

한 번만 더 건강하게 살 기회가 온다면

내가 형제복지원을 잊어버리지 않고 있으니까 어느 날 컴퓨터를 켜서 형제복지원을 검색해봤지. 〈그것이 알고 싶다〉(2014년 3월 22일 방송)부터 해서 기사들이 쭉 떴는데 진짜 거짓말 안 하고 3일 동안 심장이 뛰고 밥도 안 먹게 되더라고. 연락을 해, 말아. 한참을 망설이다 전화를 하니까 한종선이를 연결시켜주데. 연락을 하고 나서도 괜히 했나 싶기도 하고.

　그러고 나서 몇 명이 찾아왔기에 이런저런 이야기 하는 거 들어보니까, 어차피 나는 평탄한 길을 걷지 못할 거고 그 사람들도 다 자기네 생활이 있으면서 싸우고 있는 건데 나야 뭐 시간이 많고…… 그래 같이 한번 해보자 하게 된 거지. 그렇게 2014년 3월 말경에 형제복지원 피해생존자모임에 연계가 되었어. 모임에 나간 지 열흘 만인 4월 8일에 국회의원회관에서 열린 피해자 증언대회에 서게 됐지. 1970년대 있었던 이야기를 아는 사람이 별로 없으니까. 당시에는 감정이 복받쳐가지고 말하다가 울기도 많이 울고. 거기 있던 사람들도 많이 울더라고.

　형제복지원 피해자모임에 연락도 끊고 안 나가려는 생각도 했어. 자꾸 과거를 되새기기 싫더라고. 피해 보상도 필요 없고 그냥 그대로 살고 싶은데, 잠재의식 속에서 이 문제가 계속 나를 괴롭히니까. 가해자들을 응징하고 싶다는 생각이 자꾸 떠올라. 그래서 정신적으로 내가 좀 힘들긴 힘들지.

　괴로워만 한다고 능사가 아니잖아. 털어버려야 할 과거는 털어버려야 하거든. 형제복지원 사건이 내 인생에 너무 오랫동안 자리 잡고 있으니까…… 어릴 때 사건이기 때문에 잊히지가 않아. 더군다나 생각할 수 있고, 말할 수 있고, 쓸 수 있을 때 겪은 거니까. 내 나이가 이제 50대 중반이니까 얼마나 더 살지는 모르잖아. 진실이 안 파헤쳐지면 나한테서 어떤 돌발적인 행동이 튀어나올 수도 있는 상황이 될 거 같아.

요즘은 50대 초반, 60대도 건강한데 내가 약을 많이 먹다보니까 머리가 세기 시작하고 머리카락이 좀 빠지거든. 류머티즘이 통증이 심하기 때문에 약이 거의 항암제 수준이야. 7년 만에 모습이 확 변해버렸으니까. 이제는 노인네가 다 되어버렸어. 예전에는 고집이 좀 있었는데 아프면서 지금은 많이 없어졌지. 남을 인정할 줄도 알게 되고. 그전에는 모든 걸 혼자 책임져야 하니까 고집이 있었는데 아프고 난 다음에는 남의 말도 들을 줄 알게 되더라고. 인간 수양을 했다 할까. 한 번만 더 건강하게 살 수 있는 기회가 오면 마지막 남은 인생을 뜻있고 즐겁게 살고 싶어.

진상 규명을 왜 해야 되냐면, 내가 거기 있을 때는 거의 공권력에 의해서, 부산역전 파출소, 구청 공무원들 같은 사람들에 의해서 잡혀 있다가 형제원 단속차에 인계가 되는 식이었으니까. 경찰은 명령 체계 안에 있는 사람들이니 어떤 명령이 내려왔으니까 그런 행동을 하는 거 아니겠어. 가정 있는 사람들, 하다못해 학교 다니는 학생이나 직장 다니는 아가씨도 잡혀오고 그랬으니까. 그런 사람들이 어떤 과정을 통해서 끌려왔는지, 국가가 왜 그때 당시 각 파출소나 이런 데다 그런 명령을 내렸는지 조사를 해야 하는 거지.

나는 뭐 법에 대해서도 잘 모르고 단지 요 근래 형제복지원 피해생존자모임에서 1975년도에 (내무부 훈령) 410호인가 그게 발령되었다고 하데. 그게 발령되기 전에도 원장은 우리 같은 애들을 데려다가 자기 사리사욕, 재산증식하는 데 이용을 해먹었으니까. 그전에는 뭣 땜에 이 사람이 단속을 하고 구금을 하고 그랬는지 모르겠는데, 1971년도에 무언가 국가하고 계약이 있었으니까 차가 만들어졌을 거 아닌가. 이거는 우리 힘으로 다 밝힐 수도 없고.

종교를 가진 사람이 사회사업을 한다고 사람들의 피를 빨아먹고 사리사욕을 챙기고 정권의 힘을 등에 업고 모든 권력을 휘두르면서 그 수많은 사람들을 압제하고 그랬으니까. 그 사람들이 응당 책임을 져야 하는데. 법이 어떤지는 몰라도 나처럼 아픈 사람들이 군데군데 너무 많다는 거야. 몇 십 년이 지나도, 내가 죽으면 잊힐까. 문득문득 혼자 있으면 떠오르는 기억은 내 머릿속을 개조한다 해도 잊어버릴 수가 없는 거야.

국회에서 서로 간에 이해타산을 떠나서 정확하게 잘잘못을 한번 따져주는 게 좋을 것 같아. 정치적으로 타협 안 하고 진실 그대로 밝혀가지고. 공무원들 중에서도 형제복지원 원장하고 어울려서 이득을 취한 사람들이 상당히 많을 거라고. 왜 그런 법안이 생겨나야만 했나. 가난하고 힘없고 누추한 사람들은 다 제거 대상이었는가.

나한테 '국가'라는 거는 억압받게 하고, 자유롭지 못하게, 사람 기를 못 펴게 한 존재인 거지. 동사무소나 구청이라든가 관공서에 있는 사람들은 우리같이 힘없는 사람들한테 권위주의로 나오고. 국가 충성도는 제로인 상태지. 대한민국에서 태어났다는 거 자체를 많이 저주했으니까. 다음 생에는 대한민국이 아닌 평화로운 곳에서 태어나고 싶다는 생각을 많이 했어.

내가 죽을 때가 되면 '아무도 나를 찾을 수 없는 곳에 가서 내 한 몸을 눕혀야 된다' 그런 생각을 갖고 있어. 끝내기는 중요한 거 잖아. 인간의 생에 마지막 점을 찍는 거니까. 내가 일반인들처럼 가정생활도 하고 평범하게 살았다면 죽음이란 것도 편안하게 세상 순리대로 받아들이고 싶은데, 이렇게 살았기 때문에 죽을 때는 누구도 찾지 못하고 알 수 없는 데로 가고 싶어. 만약에 내가 혼자 객사를 했다거나 이런 방에서 고독사를 했을 때 죽고 난 뒤가 비참하니까. 가족이라도 있으면 거둬가지고 어떻게 한다지만 연락 올 사람도 없을 거 같고. 내 삶이 불우하고 초라하니까 내 죽음을 두고 이리저리 말을 할 게 싫어. 그러니까 선(線)이 계속 영원히 이어질 수 있게끔, 김희곤이라는 사람이 죽었는지 살았는지 미지수로 남겨두고 싶자.

김희곤 씨의 작은 원룸에서 대화하던 중 나는 실수로 내 앞에 놓여 있던 종이컵을 툭 쳐서 넘어뜨렸다. 믹스커피가 쏟아져 바닥에 흘러버렸다. 마침 대나무 돗자리가 깔려 있던 터라 틈 사이에 끈적이는 커피가 스며들 걸 생각하니 난감했다. 나는 당황하며 닦을 것을 찾았다.

"괜찮아요." 그가 침착하게 나를 안심시켰다. 그러고는 천천히 두루마리 휴지를 풀어서 스윽스윽 서두르지 않고 닦아냈다. "이렇게 닦으면 되는 거지."

따스하고 안정감 있는 공기가 그를 감쌌다.

그는 "가정적으로 사랑을 받아본 적이 없어서 사랑을 주는 것에 자신이 없다"고 말한다. 정확히 말하면 가정 안에서 받는 사랑을 충실히 누렸어야 할 시기에 형제복지원에 끌려가 그 기회를 박탈당했기 때문에 생긴 두려움이다. 그러나 본질적으로 그는 사랑이 많은 사람이다. 박인근이 만든 지옥도 그의 마음에서 사랑을 빼앗아가지 못했다. 나는 그의 삶의 이야기를 들으면서 그가 얼마나 '좋은 사람'이 되고 싶어했는지, 얼마나 그의 인생을 '잘' 살아가고 싶어했는지를 읽는다. 그는 지금보다 훨씬 더 많이 자신의 삶에서 즐거움을 느끼고 인정받으며 살아갈 자격이 있다.

인터뷰 말미에 그는 가해자를 응징하고 싶은 마음이 자꾸 들어 괴롭다고 고백했다. 피해자에게 사적 복수를 꿈꾸게 하는 나라는 제대로 된 사회가 아니다. 구성원을 보호할 시스템이 없는 사회이고, 정의가 무너진 사회이기 때문이다. 우리 사회가 형제복지원 문제의 진상을 규명하고 가해자들에게 책임을 묻는 일을 방기하고 있기 때문에, 그가 겪어서는 안 될 고통을 계속 겪고 있는 것이다.

김희곤 씨가 그의 삶을 선으로 이어지게 두지 않고, 온전한 마침표를 찍을 수 있게 되기를 바란다. 아니, 이 땅에 발을 딛고 사는 우리 모두를 위해서 반드시 그래야만 할 것이다.

내 인생의 비어버린 시간들,
형제복지원

하안녕 구술 • 이표랑 기록

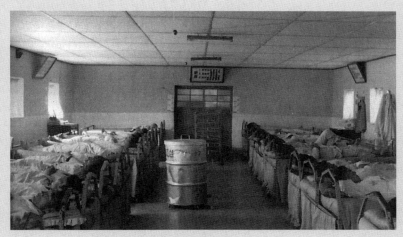

하안녕은 근신을 당해 정신병원에서 환자를 돌봤다.
병원에는 상주하는 의료진이 한 명도 없었다.
(제공: 형제복지원사건진상규명을위한대책위원회)

하안녕 님은 빛깔이 짙고 향기가 가득하면서 꽃잎이 넓은, 그런 꽃 같은 사람이라고 생각했다. 만나는 내내 시원시원하고 거침없는 목소리로 호방하게 웃어 마치 아열대 지방의 꽃을 연상케 했다. 그이를 처음 만난 형제복지원 피해생존자모임에서도 그랬다. 다른 이들의 조금은 무거운 표정, 인사를 나누고 나면 어김없이 거두어지는 짧은 미소를 접하자니 더욱 이 사람이 피해생존자모임에 온 사람이 맞는가 싶게 활기찼다. 게다가 남편과 중학생 딸 그리고 딸의 친구까지…… 마치 가족 나들이처럼 보여 더 눈길이 머물곤 했다. 피해생존자모임에 온 누군가는 형제복지원에서의 삶을 가족, 친구들과 공유하고 보듬으며 살아가지만 누군가는 가족에게도, 친구에게도, 직장 동료에게도 말하지 못한다는 것을 알기에 그이의 사정이 더 궁금해졌다.

　인터뷰를 위해 그이가 살고 있는 익산 집을 찾았다. 선반에 각 맞춰 개켜진 수건과 옷가지, 열 맞춰 선 장식들, 소파베드 밑에 완성을 기다리는 뜨개질거리들. 인생의 구멍이라 여기며 살아온 시간에 대해 물으러 온 방문자에 긴장한 탓인지, 묻지 않아도 먼저 말하게 된다. "이런 것도 형제복지원에서 하던 것들이 습관이 돼놔서……" 떠올리고 싶지 않은 기억이건만 몸은 자연스럽게 반복한다. 누구를 위한 옷인지도 모른 채 다이아몬드 무늬를 넣어 떴던 스웨터 앞판, 그때 배운 뜨개질은 지금 취미이자 소일거리이다. 어디를 가든 간판이며 위치를 눈여겨본다. 언제 어떻게 될지 알 수 없으므로.

그렇게 그 시간은 현재가 되고, 고통과 주체할 수 없는 분노와 슬픔이 차올라도 어쩔 수 없기에 힘없이 삭제된 과거가 된다. 그럼에도 함께 그 시간과 공간을 견뎌낸 친구들과 첫사랑의 기억이 그이의 10대를 메워준다. 그렇게 밀어내고 부정하고 다시 툭툭, 상처를 털어내 받아안는 과정 속에서 빚어진 꽃이라 유난히 크고 짙은 향기로 다가왔나보다.

▚

저는 지금껏 잊고 살았어요. 그러면서도 아침에 눈을 뜨면 형제복지원 원장은 박인근이고 총무는 김도형, 사무장은 주영은, 김해 김씨에 빛 광 자에 돌 석 자는 중대장이고…… 그 생각을 하죠. 내 이름은 하안녕이고 80-3038. 그리고 주례동 산18번지. 진짜 안 까먹어요. 지금 되살려보면 형제복지원은 우리나라 안의 조그만 왕국이었어요. 박인근의 왕국. 그 안에서 별의별 일을 다 겪어서인지 내 나이가 지금 사십 줄인데 100세의 인생 경험을 한 것 같아요.

그냥 어쩔 수 없는 일이다 살았는데 내가 이제라도 진상 규명을 하려고 하는 건, 내 인생에 6년이라는 시간이 비잖아요, 그게 다 기록이 되어 있을 텐데 내 새끼가 커서 일할 때 어떤 영향을 미치지 않을까 걱정되어서예요. 나는 이 부랑인 딱지를 떼기 위해서 진상규명하려는 거예요. 이 나라가 나를 억울하게 잡아 가둔 거잖아요. 증거가 없다고 하는데 말이 안 돼요. 우리가 일조점호 보고를 했잖아요. 이름, 수용 번호, 몇 번째 수용까지 좌악 적어서 사무실에 보고서를 냈는데. 형제복지원도 돈을 받아야 하니까 부산시에다 보고했을 테니 그게 남아 있을 거 아니에요. 아님 부산시에서 그 서류를 다 폐기를 시킨 거 아니에요. 정말로 저들이 자랑스럽게 좋은 취지로 한 거라면, 폐기를 했겠어요?

하안녕, 80-3038

어렸을 때 경남의 산청 대원사라는 절에 살았어요. 원래 집은 문산인데 어머니가 나를 낳아주신 분이 아니에요. 제가 초등학교 들어갔는데 학교 갈 때 아줌마들이 "야, 쟤 박 생원이 딸 아녀? 주워온 것이 벌써 커서 학교를 다닌다"고 그랬어요. 우리 아버지가 조용하고 말이 없으셔서 생원이라고 그랬거든요. 그런 소리들을 하니 2학년 때 절로 보내져서 거기 있는 가랑잎초등학교라는 데를 다녔어요. 엄마, 아버지는 진주 중앙시장에서 쥐약 장사를 했어요. 그 당시에는 쥐가 많았잖아요. 방학 때가 돼서 집에 갔는데 두 분 다 장에 나가면 나 혼자 있으니까 엄마가 부산 학창동의 오빠 집에 가 있으라 했거든요. 부산진역에 근 9시가 다 돼서 도착했죠. "진역에 내려서 가만히 있으면 오빠가 데리러 올 테니 어디 가지 말고 있어라"해서 기다리는데 파출소 아저씨가 말을 걸데요. 오빠 어디 사냐고 해서 학창동에서 밧데리 가게 한다고 그랬더니 "오빠 오면 데려다줄 테니 같이 가자" 하더라고. 그래서 같이 갔죠. 파출소에서 순댓국인가 국밥을 먹고 잠시 잠들었는데 막 깨우는 거예요. 일어나보니 사람들이 꽤 있었어요. 좀 거지 같아 보이는 사람도 있고, 내보다 어려 보이는 애들도 있고. 양쪽에 화장실 환풍기만 한 문만 쪼그맣게 있는 차가 파출소 앞에 서 있는데 우리더러 다 타라고 하더라구. 그걸 타고 한 20~30분 갔나? 갑자기 쿵쿵 소리가 나면서 철문이 열리고 다 내리라데. 그러곤 한 줄로 세워가지고 "너 이름 뭐야? 이름 뭐야?" 무섭기도 하고 놀라기도 해서 본명 대신 '하안녕'이라는 이름을 들이밀었던 거 같애요.

이때가 1980년, 내가 열 살이었어요. 그래서 제가 80-3038이에요, 수용 번호가. 들어가자마자 주머니에 뭐가 있는지, 혹시 목걸이나 반지 같은 거 입에 넣었는지 다 디벼봐요. 입고 있는 옷은 그냥 주고 만약 돈 같은 게 나오면 그건 싹 다 가져가죠. 처음에 밥 먹으러 갈 때, 옷이 달라서 그런가 제일 마지막 끝에 세우데요. 나는 평상복 입고 소대 사람들은 단체복을 입고 있었죠. 그때 사무실 가서 키를 쟀어요. 사무실 벽에 서라 그래갖고 수용 넘버를 이렇게 대갖고 사진을 찍고, 열 손가락을 다 찍었던 거 같애요. 내가 서무하면서 신상카드를 봤는데 그 사진이 있었거든요. 하룬가 이틀은 내 옷을 입고 있다가 소대장인가 피복 서무인가 옷을 타 왔어요. 속옷도 내 입고 갔던 거 그대로 입고, 나중에 백양 팬티를 받았죠.

여자들은 신입소대가 없었어요. 너무 어리다 싶으면 아동소대로 보냈지만 열한 살쯤 되면 그냥 다 여자소대. 여자소대가 25소대, 26소대인데 여기로 다 보냈죠. 나는 키가 좀 컸던가봐요. 아동소대가 아니라 바로 25소대로 갔어요. 근데 내가 말을 안 하고 그러니까예, 또라이라고요, 정신병동으로 내려보냈어요. 빨간 약을 두 알 줬는데 그걸 먹고 한 3일을 잔 거 같애요. 누가 눈을 이렇게 까뒤집어서 눈을 떴는데 하얀 가운을 입은 남자, 남자였던 거 같애요. "이 애는 정신병자도 아닌데 누가 이렇게 CP제를 투여를 했냐?"고 뭐라 하더라구요. 일어났는데 입에 하얗게 뭐가 묻어 있고 혓바닥이 말리고 그렇더라구요. 그래갖고 26소대로 올라갔죠. 또 25소대로 가면 쉽게 말해서 보복을 당할 수도 있으니까. 그때 25소대 소대장이 김○○인데 정상인을 밑으로 내려보냈다고 두 달인가 한 달 근신을 당했거든요.

그러고 나서 일주일쯤 되니까 소대장 앞에서 편지를 쓰라고 해요. 뭐 '여기 있으니까 데리러 오라' 이런 식으로. 내가 여기서 편지를 딱 세 번 썼어요. 나중에 편지 온 것이 있었냐 물어보니까 오빠도 그렇고 아무도 그런 편지는 온 적이 없대요. 아버지가 2년인가 있다가 실종 신고를 내놨는데, 엄마는 죽었을 거라고 했대요. 열 살짜리가 어데 가서 죽어도 죽었을 것이다. 근데 혹시 싶어서 실종 신고를 내놓은 거지. 편지를 쓴 게 정신병원 다녀오기 전인지 후인지 기억이 가물가물하네.

생활은 처음 들어갔을 때랑 똑같았어요. 정확한 시간은 기억이 안 나요. 해가 뜨면 일어나고 해 따라 움직였죠. 밥 시간도 마찬가

지고. 아침에 벨이 울리면 일단 막 내려와요. 침대에서 다 내려와갖
고 앉아 있는 사람은 앉아 있고 늦으면 안 되니까 2층은 젊은 애들
이 올라가서 이불을 쫙 개비고 밑에 내려와 또 개벼요. 일단 예배
줄에 서야 되니까. 복도에 4열로 쫘악 앉아서 마이크 방송으로 예
배를 보죠. 예배 때 졸다 들키죠? 그 소대는 그냥 죽어요. 소대 문
이 통문이 있고 안에 철창문이 또 있는데, 예배 시간에는 철창문은
그대로 두고 통문은 다 열어요. 그럼 소대장이나 조장이 한 번씩
돌면서 감시하죠. 나이 든 사람은 앞에 세우고 우리는 제일 뒤에
가서 졸아요. 자면 죽는 줄 알지만 우리는 또 불침번도 서야 되잖
아요. 1시간에 1명씩 돌아가면서 젊은 사람들이 서야 되니까. 졸고
있으면 저쪽에서 소대장이 '똑똑' 쳐요. 보고 있다가 소대장이 올라
오고, 어쩔 때 중대장이 앞에서 보고 "이 씨발년들, 젊은 것들 뒤에
서 다 자지? 이 쌍년들이" 하면서 막 소리를 지르죠. 그럼 (오른손을
번쩍 치켜들며) "안 잡니다" 그래요. 지금이야 웃는데……

예배 끝나면 구보를 뛰고 보통 7시부터 밥 배식이 시작됐을 거
예요. 밥 먹고 다시 소대로 돌아오면…… 뭐 했는지 기억이 안 나
네. 아, 처음에 소대에서 할 일 없을 때는 아줌마들 머리 이도 잡아
주고, 할머니들 머리도 감겨주고 목욕시켜주고…… 똥 싸고 오줌
싸고 그러는 사람들도 몇 명 있었어요. 침대가 아니라 바닥에서 주
무시는 분들이 있었거든요. 우리 소대에 침대 패드가 84개가 있었
는데 화장실 옆에 이만한(돗자리를 가리키며) 공간이 있어요. 그 사람
들은 몸뻬 같은 걸 입혀놨거든요. 그래갖고 우리도 새거 나오면 그
걸 입었어요. 새거 나오면 무조건 우리가 먼저 입었죠. 티도 빨간

티랑 노란 티를 번갈아서 입었는데 빨간색은 좀 나은데 노란색은 뭐 묻으면 안 지잖아요. 그러니까 젊은 것들은 난리가 나. 앞에 깨 끗한 거 입을라고. 왜냐면 교회 갈 때 머스마들 본다고. 하하하. 여 자들은 수건을 1개씩 받았는데 그것도 우짜는지 알아요? 내 수건 이 오래 쓰다 빵꾸나거나 더러워지잖아요. 밤에 잘 때 깨끗한 수건 으로 바꿔놔. 팬티에는 바늘로 이름을 새겨놔요. 어쩔 때 빤스가 떨 어져 지급을 받아오잖아요. 새거로 받아올 때가 있어요. 그러면 소 대장이 노인들한테 지 입던 걸 주고 지는 새거 갖고. 우리는 젊으 니까 우리한테는 그리 못하지. 소대장이 좀 삐리한 짓 하다 우리한 테 걸리잖아요? 그럼 속옷이나 생리대를 새 놈으로 줘요. 하여튼 새거 나오면 무조건 우리 젊은 것들 거였어.

그 생리대, 기저귀 새거 타 오면 그걸 휴지만 하게(두루마리 화 장지 한 칸 크기) 잘라요. 그걸 이렇게 말아가지고 혓바닥을 닦았어 요. 칫솔이 없으니까. 이빨도 손으로 하면 잘 안 되니까 우리만의 방법이 있었어요. 혜수 언니가 가르쳐줬는데 솜을 이렇게 똘똘 말 아가 소금으로 닦았어요.

나는 생리를 열다섯 살 때 시작했어요. 처음 피가 나오길래 놀 라서 혜수 언니한테 얘기했어요. 언니가 소대장한테 얘기해갖고 처 음에 생리대를 피복 창고서 타다 줬어요. 기저귀요. 참, 나는 그것 도 거기서 배웠네요. 우리 애기 기저귀 딱 이렇게 접은 다음 말아 갖고 쓰는 거요. 아, 참말 꼴에 가시나라고 교회 갈 때 생리하는 날 은 남자들한테 냄새날까봐(몸을 움츠리는 시늉을 하며)…… 진짜요. 그 것도 생리대가 아니라 천이잖아요. 교회에서 졸고 그랬는데 생리할 때는 잠도 안 와요. 옷에 묻을까봐. 그래서 A4 용지를 중간에 하나 끼우기도 하고. 그때 생리대를 4개인가 3개인가 줘서 그걸 빨아 썼어요. 생리대하고 빤스는 우리가 빨아 입었죠. 그걸 빤다고 생각을 해보세요. 2층 침대 뒤에 보면 쇠 난간이 있잖아요. 거다 널게끔 해줬죠. 그래서 수건에 싸서 관물대 안에 넣어놓죠. 근데 생리대를 침대 밑에 파묻어놓는 여자들이 있어요. 토요일 내무사열 할 때 걸리면 인제 그날은 가는 날이에요. 밥도 못 먹고 뺑뺑이 돌아야 돼. 또 빨래를 하니까 세탁비누를 지급받아 왔을 거 아니에요. 아줌마나 할머니들이 숨겨놓는 경우가 있어요. 만약 없어졌다 하면 전 소대가 일어나서 그 비누를 찾아야 돼요. 한 소대를 그냥 발칵, 침대부터 시작해서 발 매트까지 다 뒤집어요. 그날 잠은 세면장에서 잔다고 봐야죠.

브래지어는 지급을 안 받았어요. 그게 왜 기억나냐면 그때 이영순이라는 면도사가 있었는데 하, 이 언니는 브라자를 꼬매요. 햇빛만 나면 이 다 잡고 난 다음에 망사 있는 데를 맨날 집어요. 떨어진 데 집고 또 집고 하더라구. 브라자는 그 안에서도 좀 잘나가는 것들한테만 경비들이 사다주고 그랬거든요. 그리고 소대장들은 여자들이 들어오면 브라자를 뺏어서 자기가 입어요. 목매달아 죽을까봐 그런다고. 그 안에서도 살아남는 자들은 있었죠.

노인들, 쉽게 얘기해서 좀 거동이 불편한 사람들이나 장애인은 그 안에서도 더 힘들었어요. 겨울 되면 장애인들이 제일 불쌍하죠. 조장들이 똥오줌을 치워야 하는데 미처 못 돌볼 때가 있잖아요. 똥오줌 싸면 소대장이 머리채를 끌고 가요. 화장실 그 세멘 바닥으로 끌고 가갖고 그냥 찬물을 부어버려. 내 업고 다닌 장애인분이 있었는데 이빨이 다 빠지고 나이가 좀 드신 분인데, 내가 서무 하느라 사무실 가고 없을 때 싸버린 거예요. 세상에, 올라가는데 막 고함소리가 나고 이래서 가봤더니 머리채를 끌고 가는 거예요. 내가 그냥 닦아준다고 했더니 싸대기를 때리면서 그냥 들어가 있으라고 그래요. 그것도 그냥 비누칠을 해서 닦아주면 모를까, 마포(걸레)에다 슈퍼타이를 부어가 엉덩이고 어디고 비벼요. 정말 못됐어요. 우리 소대에는 장애인이 3명인가 2명 있었어요. 혼자 움직이지 못하니까 아무래도 젊은 애들이 업어다가 밥을 먹여가 올라오고 그랬어요. 밥 먹는 것도 천천히 먹으라고, 나 조금 빨리 먹으면 된다고 떠먹여주고 그랬는데. 거기다 내까지 밥을 먹을라고 생각해봐, 얼마나 바쁘겠어요. 완전 하이고, 진짜 어린 나이에 말도 못해요. 내가 지금도 밥을 빨리 먹어요. 습관이 돼가지고. 그러고 또 나이 든 사람은 밥을 늦게 먹으니까 우선으로 올려보내요. 그럼 뒤에 사람들은 자동으로 빨리 먹게 돼요.

그래서 그런가 솔직히 밥은 뭘 먹었는가, 반찬으로 뭘 먹었는가 기억이 안 나요. 하여튼 나는 그 어린 나이에도 밥이 문제가 아니라 어떻게 하든 뭐든지 주면 먹고 살아서 나가야 한다는 생각밖에 없었어요. 거기 오래 있었던 혜수 언니가 늘 이렇게 말했어요. "야, 너그들도 잘 알아둬. 도망을 갈라면 무조건 튀면 안 된다. 고개를 숙이고 자빠져 있어. 때가 되면 그때 쳐야지. 너무 나서고 하지 마라." 그래서 그런지 몰라도 조용히 있었죠. 추석 때 소고기국 먹은 거는 기억나요. 기름 허연 거 떠 있었는데 그게 고기인 줄 알았는데 비곗덩어리더만. 사회 나와서 보니 고기하고 다르더만. 추석 때 초코파이랑 산도, 과일을 줬는데 밀감이었나 뭐였나. 밥보다는 서 있는 시간이 고통이에요. 남자소대 여자소대가 같이, 식당 양쪽에서 들어오게 되어 있으니까. 식탁에 들어오고 빠져나가고 이게 맞아야 되잖아요. 우리가 배식 시간마다 30분씩 일점자세로 서 있었을 거예요. 남자소대도 마찬가지거든요. 그래갖고 너무 많이 밀렸을 때는 인제 운동장 벤치에 쫙악 앉아 있다가 차례차례 쫙쫙쫙 내려오죠. 배식 시간마다 줄을 서서 차렷, 열중쉬어, 차렷, 열중쉬어 해갖고 일점자세 하면 움직이지 말아야 하는데 하나라도 딱 움직이죠? 식탁 위에서 중대장이 딱 봤을 때 누군가 움직인 게 포착이 되면 "야야, 25소대 뒤로 간다, 26소대 앞으로 나오고" 해요. 그럼 다시 뒤로 돌아가요. 그러면 식당 배식 시간은 끝나가는데 얼마나 빨리 먹겠어요? 뭐 그래도 소화가 안될래야 안될 수가 없어요. 밥 먹고 담박질 몇 번 하고 가거든요. 밥을 먹고 한 사람씩 다 소대로 돌아가는 게 아니라 운동장에 모여서 단체로 올라가기 때문에. 먹고 나오다가 토해버리는 사람도 있어요. 그럼 또 벌을 서요. 낮에는 자기들이 우리를 데려다 할 일이 많으니까 벌은 주로 밤에 서죠. 2층 침대 높이가 이 정도 될 거예요. 다리를 올려가 매달려갖고 두세 시간씩 서면 진짜로 돌아버려요. 오늘 저녁에는 죽었다 싶을 땐 오죽하면 점심, 저녁을 안 먹고 식당에 있는 간장통의 간장을 다 들이마셔요. 내뿐만 아니고 몇 명이 같이. 그걸 마시고 저녁에 꼴아박기를 하고 30분 있으면 열나면서 그냥 처박혀버려요. 자동으로 떨어져요. 그럼 죽은 척하고 침대에 있었던 적도 있었어요. 그

대신 화장실에서 벌이 좀 있기는 하지만 그게 낫거든. 화장실에 가서 마포(걸레)대 하나에 3명 정도 무릎 꿇어갖고 꿇으면 딱 맞아요. 거기가 타일 바닥이에요. 그 상태로 위에서 딱 밟으면요, 살이 말리는 것이… 그래도 우리는 꼴아박아보다 그게 낫데요. 꼴아박아를 얼마나 많이 했던지 지금도 머리 여기(정수리 부분)가 똥글똥글해요. 이렇게 만져보면 똥글똥글해요. 한쪽은 푹 꺼져 있고. 두세 시간 꼴아박고 나면 피가 거꾸로 역류하니까 얼굴이 이만해져요. 거기서는 살아남기 위해서 무조건 시키는 거는 다 해야 돼요.

'시찰'에서 살아남는 법

거기에서 제일 억울한 게 공부를 못했다는 거…… 형제복지원 안에 개금분교가 84년도엔가 생겼죠. 그런데 그런 데는요, 학생다운 그런 애들만 빼가요. 밖에서 봐도 조금 총명해 뵈는 것들만 뽑아가지고 부서를 정하듯이 학교도 마찬가지였어요. 골라가 보내놓고 나머지는 인력에 투입을 시키고. 부서가 하나 생기면 원장님이 쫙 돌아요. 원장이 직접 소대실로 들어오면 벽 쪽으로 다 붙어 서요. 그러면 이렇게 뒷짐을 지고 그 두꺼운 시계 찬 손을 빼 들고 탁 손가락질을 해요. 그러면 소대장이 이름을 다 적고 "뒤로 빠져!" 이러거든요. 그럼 나머지는 뒤로 싹 빠지고 그것들만 모여요.

처음에 뜨개질을 하다가 이발소 옆에 이미용 부서가 생기면서 미용을 배우러 갔어요. 토요일, 일요일 빼고 매일 선생이 와요. 그래갖고 이론 가르치고, 시험 치러 갔던 사람도 있었는데 난 한 번도 치러 간 적 없어요. 그러다가 박인근이가 또 새로운 걸 보여줘야 하니까 새 부서 만들어. 그래서 봉제 공장이 생기면 또 그리 다 가랴. 84년도에 봉제 부서가 생겼는데 그리 가서 어깨 오바르크(오버로크, 휘갑치기) 치는 거 배우다가 도망을 나왔죠. 재봉에 한 6개월 있었죠. 근데 내가 볼 때는 그 사람이 진짜로 미용사였는가, 진짜 봉제 자격증 가진 사람인가 싶고…… 그때는 모르죠. 우리는 살아야 되니까 이리 가라 하면 이리 가고 저리 가라 하면 저리 가고. 무조건. 왜 그러냐면 거기서 막 뚜드려맞고 죽어 나가는 사람 보니까요, 여기선 더 이상 반항하면 안 되겠다 싶죠. 무조건 숨을 죽이고 말을 잘 들어야 해. 왜 그러냐면 살아야 되니까. 고개를 숙이고 사는 거죠. 나는 그때 뜨개질을 누구한테 배웠는가 기억도 안 나네요. 지금도 내가 집에서 혼자 심심해서 애들 이불이나 쉐터 같은 걸 떠 났다 주고 이러는데…… 분명히 외국으로 수출한다고, 다이아몬드 뜨개질로 큰 쉐터를 떴어요. 뜨개질은 딴 데 가서 한 게 아니고 소대에서 했어요. 나이 드신 분들은 힘들어 모양을 못 내니까 그냥 막 뜨기로 뒤판을 하고 우리가 앞판을 책임지고 그랬거든요. 앞판, 뒤판을 만들어서 붙였죠.

그때는 뭣 땜에 그 부서가 생겼는지도 몰라. 소대장이 "미용 부서 갈 사람?" 하면 애들이 손을 들잖아요. 그러면 이름을 써갖고 사무실에 갖다 내요. 그러면 쌍판때기를 보겠죠. 눈가가 초롱초롱한 것들로 "너! 너! 너!" 중대장이 찍어요. 내가 거기서 미용 서무를 한 거 아니에요. 오후 2~3시쯤 빵 배식을 했는데 부서들은 서무가 타러 갔거든요. 안에 아무것도 안 들은 보리빵이랑 콩국을 조금, 쇠밥그릇에 줘요. 그러면 콩국물은 후딱 마시고, 빵은 어떻게 하냐면 납작하게 찌부러트려. 그러면 호떡보다 더 얇아져요. 그걸 침대 밑에 놓고 말리면 과자같이 먹을 만해요. 그래 해갖고 남자들이 여자애들한테 주고 그랬죠. 그런데 장마가 져가지고 미용 부서에 물이 찼어요. 아, 내가 그때 처음으로 빠따를 세 대나 맞았네. 한 대 맞으니까 자동으로…… 한 대 맞으니까 죽었데요, 진짜.

지금 생각하니까 부서가 생기면 부산시에서 견학을 오니까 남이 볼 때 반짝반짝 빛이 나면서 활동적인 그런 애들 뽑은 거 같애요. 견학을 오면 쇼를 해야 되잖아요. 티도 뭐 묻었으면 피복 창고 가서 새것 갖다줘요. 내 기억으로는 누가 시찰 온다고 하면 추리닝을 타 오고, 운동화도 새로 지급을 해주고 그랬어요. 저들 보기에도 깔끔해 보이잖아요. 내가 생활할 때는 추리닝이 밤색이었는데, 그 다음에 파란색으로 바뀌었어요. 시찰 가고 나면 싹 다 걷어서 반품을 하고. 어쨌든 견학 왔다고 하면 우리는 딴짓하고, 한 사람은 망을 보죠. 딴짓하다가도 자연스럽게 있어야 돼. 부자연스러우면 안 돼. 원장이 제일 앞에 서서 뒷짐을 지고 소개를 해요. "아, 지금 여기 부서는 이미용 직업 부서로서 이 학생들은 시험 준비를 하고 있습니다." 원장만 부서 안으로 들어오고 다른 사람들은 들어오지를 않아요. 우리는 (마네킹) 대갈빡에다 가발 씌워갖고 파마하고 이러면 밖에서 사람들이 카메라로 막 찍어요. 그럼 절대 카메라를 쳐다보지 말라고 해요. 원장이 돌면서 눈으로 신호를 줘요. 카메라 의식하지 말고 네 일에만 집중을 하라고. 근데 쳐다보잖아요? 사람들

돌아가고 나면 "누가 그딴 식으로 카메라 보라 그랬어? 쌍년아" 그 라면서 원장이 딸딸이(슬리퍼) 날리는 거죠.

부산시장이나 뭐 이런 사람들 오면 앞에서 악수하는 사람들 있잖아요. 그 사람들도 다 뽑아요. 인제 헛소리하는 애는 안 되고, 좋게 얘기하는 놈은 앞에 내세워요. 그때 부산시장인가 누가 온다 고 한 일주일 전부터 청소를 했는데요. 복지원은 돌계단이에요. 돌 계단까지 닦고 운동장 풀 다 뽑죠. 그날 아침에 옷도 싹 다 새 놈으 로 주고요. 그 돌계단 옆으로 쫙 서요. 계단이 좌악 이어지니까 거 창할 거 아녜요. 얼마나 멋있었어요. 줄을 서서 사람들이 막 박수를 치고 갖은 쇼를 해요.

전 소대를 방문할 때가 있는데 많이도 안 봐요. 여자소대는 특 별히 올라와서 사진 한 방씩 찍고 남자소대는 운전교육소대를 보 고 가요. 우리 소대 오면 장애인들은 화장실 옆에 있는 방에 자연 스럽게 앉혀놔요. 우리는 벽 쪽, 침대 쪽에 양반다리로 곧게 앉아 있죠. 이것(양반다리 하고 있을 때 무릎 선)도 안 맞으면 안 돼. 땡겨서 다 일렬이 돼야 해. 그러고 앞사람 뒤통수만 보고 있어요. 일점자세 로. 그럼 깨끗하잖아요. 그런데 조금 움직이죠? 가고 나면 또 운동 장 뺑뺑이 돌아요. 나 죽어요. 아이고, 말 못해요. 진짜. 아휴. 나는 겨울에 그 눈 오는데, 깔아찍기, 이리이리(검지와 중지를 구부려 지탱하 거나 중지에 나무를 끼우고 지탱) 엎드려뻗쳐하는 게 제일 아프더만. 세 상에, 운동장에 여자들 엎드려뻗쳐시켜놓고. 아이고, 그러고부터는 나는 어디서 무릎을 꿇어본 적이 없네요.

이렇게 방문 오는 걸 시찰이라고 하거든요. 시찰을 자주 오는데 박인근 와이프 임성순이도 친구들을 굉장히 자주 데리고 왔어요. 머리 다 만지고 화장하고 홈드레스 입고. 배우처럼 화려하게 입고 다녔어요. 교양 있게 걸음도 사뿐사뿐…… 그러면서 친구들 앞에서 으스대면서, 우리는 이렇게 밖에서 동냥하고 그런 애들을 데리고 와서 다 교육을 시켜서 사람을 만들고 있다, 원장님이 고생을 하신다고 해쌓고. 가관을 떨죠.

매년 운동회를 운전교육대 운동장에서 하는데 정신병동이랑 폐결핵소대만 격리소대라고 해서 빠지고 모든 소대가 다 나와 앉아 있어요. 그럼 또 시장도 오고, 시장이 나와서 누구누구 왔다고 소개하고 난리나요. 그때 우리는 노끈 있죠? 색깔 있는 노끈. 그걸로 치마를 만들어서 춤을 춰요. 담당이 혜수 언니였어요. 운동장에 6명인가 5명이 서서 허슬을 추면 눈에 띄잖아요. 이걸 보통 한 달 정도 연습을 해요. 그걸 한다고 한달을 12시, 1시에 잠을 자요. 나는 진짜로 사회에 나와갖고 혜수 언니 만났을 때 그랬어요. "나는 언니 제일 때려죽이고 싶을 때가 체육회 할 때였어." "왜? 왜 그랬는데?" "언니도 생각해봐. 1시, 2시까지 시키고 잠 두세 시간 자고 또 눈떠가 예배 보고 아침에 구보 뛰고 어쨌겠어." "그건 어쩌냐. 우리 살아남기 위해서 그런 것을." "그건 알지. 근데 그때 그랬다고. 언니 때려죽이고 싶더라. 진짜." 하이고, 말 못해. 운동회를 가을에 한 거 같은데 그렇게 흔들어 제끼니 얼마나 땀이 나겠어요. 목욕을 할 수 있는 것도 아니고. 이걸 하면 뭐 빵 같은 걸 상자로 받았죠.

난 이다음에 방송을 타면 한번 말하고 싶은 게 혜수 언니나 수지 언니나 불독 좀 나타나라고 할라고요. 그이들은 너무 비리를 잘 알고 있으니까.

서로 좋아했는데 손목도 못 잡았어요

우리는 그렇게 꾀죄죄한 티도 있잖아요, (소매를 걷어 보이며) 걷어요.
하하하. 옛날에 이거 걷는 게 유행했어요. 교회 갈 때는 그렇게 멋
을 부리고 차려입는다고. 내가 재봉 부서에 있을 때 눈이 안 좋아
져갖고 안경을 썼어요. 까만 뿔테 안경. 부서 활동하는 사람은 안
경도 다 맞춰줬어요. 내가 지금은 시력이 좋은데 그때는 우째서 안
좋았는가 가만히 생각을 해보니까 멋 부리느라 쓰고 싶었던 거 같
애. 그러고 그때는 화장품이 없잖아요. 여자들은 교회 갈 때 멋 부
린다고 안티프라민을 발라요. 이거 바르면 빤닥빤닥하거든요. 유하
오빠(의무 부서 서무)가 구해줘요. 그것도 교회 갈 때 하이고, 남자 한
번 볼까라고 그랬어요. 불침번 설 때면 우리끼리 "야, 걔 어떻데?"
하면서 많이 얘기했죠. 날씨가 따뜻해지면 여자들은 밖으로 나와서
일광욕을 해요. 그럼 남자소대서 막 양말에다 쪽지 넣어가 돌에 묶
어서 계단 쪽으로 집어던지고 그랬어요. 그러면 우리는 경비가 보
고 있는 거 아닌가 보면서 싹 집어왔지. 들켰다 그러면 운동장 몇
바퀴, 뺑뺑이 돌고.

　　나는 혜수 언니한테 많이 얘기했죠. "언니, 그 목각부 서무라는
애 잘생겼지?" "응, 잘생겼더라. 진짜 좋아하냐?" 그렇다고 했더니
처음에 언니가 쪽지를 보내줬어요. 그래서 그 안에서 참 진짜 수수

한 사랑을 했죠. 열다섯 살 때. 목각 부서 김경태라고 있는데, 지금도 이름을 안 까먹는데, 서로 쪽지를 주고받았죠. 쪽지 배달해주는 사람이 또 따로 있어요. 의무실에서 근무했던 유하 오빠라고 있어요. 오빠는 수시로 왔다 갔다 할 수 있으니까. 정말 눈빛으로만 수수한 사랑을 했어요. 경태가 나한테 별명을 '프리티 베이비'라고 붙여줬어요. 나도 경태한테 '솔개'라고 지어줬어요. 가장 멀리 바라보고 날기를 바란다고. 지나다 얼굴만 이렇게 부딪히지 만나본 적은 없어. 손도 못 잡아. 그래서 서무 할 때 아침에 일조점호 보고 할 때 그 사람을 볼 수 있으니까 그때가 제일 즐거웠지. 서로 좋아했는데 손목도 못 잡았어요. 근데 내가 또 잘났다고 혈서를 썼네. '비록 손을 잡거나 그러지 못하지만 눈빛으로써 내가 사랑한다'고. 그걸 목각부 서무가 수요예배 때 갖고 올라왔다가 중대장한테 들킨 거지. 남자들 입는 흰 와이셔츠 요기(가슴 쪽) 주머니에 넣었는데 빨간 게 보이니까 중대장이 예배 때 돌면서 뺀 거지. 목요일 날 아침에 나는 즐거운 마음으로 김경태 얼굴 보러, 내 이름까지 써서 혈서도 보냈으니 신나서 열나게 가는데 식당하고 피복 창고 딱 중간 정도에 들어서니까 방송하더만. "26소대 서무 하안녕이는 사무실로 즉각 총알처럼 온다." 갔더니 이미 경태는 중대장한테 빠따를 맞고 있더라구요. 빠따를 맞는데 얼굴이 왜 벌건가 하면서 들어가는데 박인근이가 딱 나와요. 슬리퍼 싹 벗으면서 "니가 26소대 서무야?" 그렇다고 하니까 막 딸딸이 뺨 열 몇 대를 때려버리니까 정신이 하나도 없더라구요. 하이고, 중대장이 내 혈서 편지를 딱 들면서 "개쌍년 너도 들어와서 엎드려뻗쳐" 하더니 빠따를 치더라구. 여든두대에 허벅지가 터져서 빠따에 피가 묻어나올 때까지. 중대장도 박인근이 보는 데서는 열심히 때리다가 딱 박인근 나가고 나니까 좀 들하더니 피 나니까 놓더라구요. 그러면서 A동 실장을 부르더니 "26소대 서무 하안녕인데 6개월 근신이요" 하고 정신병동으로 보내더만. 여자들은 근신소대가 없어요. 근신을 당하면 큰 문제가 아니면 소대를 바꿔치기하거나 정신병원으로 보내서 환자들 관리하고 그랬어요. 26소대 사람이 도망을 가다 잡히면 25소대로 보내고 26소대 사람은 25소대로 보내고. 그때 나는 근신을 당해서 정신병원에 실장으로 간 거죠.

내 가니까 실장은 3명인데 단층 침대가 한 방에 10개. 정신병동은 침대가 다 단층이었어요. 그런 방이 5개. 철문으로 들어가면 A동과 B동이 나란히 있고 뒤에가 C동이라고 생각하면 돼요. C동은 지금 우리 키로도 볼 수가 없어요. A동이 여자소대, B동이 남자소대, C동은 반 갈라갖고 남녀가 같이 있다고 생각하면 돼요. 내가 갔던 곳은 A동이었죠. A동인데도 우리는 A, B, C동을 다 다닐 수가 있죠.

내가 거기서 〈바위섬〉을 배웠다는 거 아니에요. 조정희라는 여자가 있었는데 남자한테 실연을 당해서 갔다고 하더라구. 내가 서무니까 이 여자를 내 침대 다리에다 묶어놓은 거예요. 일반적으로 발작이 심한 애들은 침대에 눕혀놓고 양 손발을 다 묶어요. 천으로. 묶으면 막 지가 움직이니까 쓸려가지고 이런 데 물집이 생기더만요. 기저귀천을 몇 장 겹쳤다고 생각하면 돼요. 하여튼 그 여자를 내 발밑에 묶었는데 밤새 "파도가 부서지는 바위섬~"이래요. 밤새.

내가 마지막엔 안 되겠다 싶어서 소대장한테 보고를 했죠. 밤새 노래를 해서 내 또라이 되기 일보 직전이라고 그러니까 자갈을 물려놨더라구. 아, 처음에 소금을 양말 속에 넣어가 물려놨어. 노래 못부르게. 그러니까 그 소금을 다 빨아먹어가면서 〈바위섬〉을 불러대니 내가 안 되겠다 싶어서 그냥 노래 불러라 했죠. 그랬더니 "진짜? 잠 안 자고?" "안 자고." "저년은 나를 때렸거든. 니는 안 때릴 거지?" "안 때려. 불러봐."

그걸 몇 달 부른다고 생각을 해봐요. 그래서 바위섬을 배웠다는 거 아녀. 나중에 보니 이이는 정상으로 돌아와가 집으로 돌아갔다고 그러더라구. 집에서 잡아넣었으니까 그랬겠죠. 사람이 정상으로 돌아왔다 갔다 그래요. 그런데 재수 없이 야간 불침 서는데 잠깐 정신이 돌아서 복도로 나오죠. 머리채 한번 잡히면 본인이 놓기 전까지는 절대 못 풀려나요. 2시간 동안 복도를 끌려다녀요. 이런 때는 얼마나 힘이 센 줄 아세요? 우리도 그때는 팔팔하잖아요. 근데도 감당 못해요. 어떤 사람들은 간질인데 연탄 간다고 뚜껑을 열어놓고 잠깐 뒤돌아 선 사이 거기에 머리를 처박고 있어요. 그런 화상 입어도 그냥 소독하고 테라마이싱 발라요. 내가 빠따 맞아서 허벅지 터졌을 때도 마이싱 가루 발랐죠. 그 안을 까보면 노랑 가루가 들어 있어요. 그거밖에 바를 것이 없잖아요. 우리가 배가 아프다고 의무실 가면 유하 오빠가 마이싱, 머리가 아픈데도 마이싱. 의무실에도 정신병원에도 상주하는 의사는 없었어요. 3일에 한 번 밖에서 오는 거 같았어요.

크게 다치면 밖에 ㅂ병원하고 ㅂ의원으로 가기는 했어요. 우리 소대에, 그 여자 이름을 안 까먹어, 이주나라고 있었어요. 한쪽 다리가 아파가지고 몸을 뒤뚱뒤뚱 걸었어요. 그래서 우리가 '덩덕궁'이라고 했어요. 그 여자가 임신을 해가 들어왔어요. 근데 애를 낳으러 간다고 하길래 "산부인과도 없는데 어디로 가세요?", 그때 내가 서무였으니까 물어봤죠. ㅂ의원으로 간다고 하더라구요. 나중에 〈그것이 알고 싶다〉를 봤더니만 그게 ㅂ산부인과였다더만요. 우리가 그때 당시 서무들 사이에 같이 모여서 말은 안 하지만 들리는 소리가 "야, 사람이 죽으면 ㅂ병원으로 보내서 해부한단다" 막 그랬어요. 본 건 아닌데 그런 말들이 돌았어요. "야, 우리 소대 덩덕궁도 아를 낳으러 갔는데 아도 안 오고 덩덕궁도 안 왔어." 내가 나중에 중대장실에 가서 "중대장님, 왜 덩덕궁은 안 와요?" 그랬더니 "야, 그 아는 다 도망갔어" 그래요. "애는 어쩌구요?" "애도 다 데리고 도망갔어." 지금 생각하니까 그 덩덕궁이 도망은 간 거 같은데 애는 못 데리고 갔겠죠? 애는 입양을 시킨 걸로 알고 있어요. 이 여자 말고도 몇 명이 있었거든요. 내가 알기로 형제복지원 안에서 임신한 여자는 없었어요. 임신한 채로 들어온 사람들이었지.

살아서 움직이면 뭐가 박혀도 낫는다고

어느 날 밑에 점호 보고 하러 갔는데 경태가 안 보여요. 목각 부서 서무가 바뀐 거예요. 집에 갔다고 그러더라구요. 그러고 나니 여기서 두드려맞고 사는 것도 그렇고 별 의욕이 없더라구요. 그 사람을 찾아야 한다는 의욕으로 도망갈 생각을 했죠. 형제복지원 끝 무렵에 한 7개월, 8개월 정도 서무를 했어요. 도망가기 위해서 일부러 자청했어요. 혜수 언니하고 수지 언니는 도망자로 낙인이 찍혀가지고 블랙리스트에 올랐어요. 서무를 안 시키죠. 그래 내가 하기로 하고 서무를 하던 불독을 내려오라고 했는데 이게 안 내려오네. 그래서 혜수 언니가 불독을 한 두세 번을 모다구리(몰매) 놨지. 밤에 2층에서 이불 덮어가지고 '서무 안 내려오면 가만 안 둔다' 했어요. 내가 그동안 고개를 숙이고 가만히 있었던 사람이잖아요. 서무를 신청하니까 사무실에서 바로 오케이했어요. 중대장이 일석점호 칠 때 "내일부터 하안녕이가 26소대 서무다. 알았냐?" 그래갖고 그때부터 작전이 시작된 거죠. 85년도부터 했죠. 85년도 7월 달인가 했으니까 (탈출은) 86년도 겨울 지나고 초봄에 3, 4월이나 된 거 같애요. 어차피 나는 도망가기 위해서 서무를 한 거니까 소대원들한테 잘해줬어요. 우리 속은 다 따로 있었으니까. 그랬다가 아무 이유 없이 잘해준다고 소대장한테 깨지기도 많이 깨졌죠.

서무들은 매일 총 인원 몇 명, 사고 몇 명 보고서를 쓰죠. 제일 오래된 사람 넘버부터 수용 넘버를 좌악 적고 그다음에 이름, 나이를 밑으로 좌악 쓰죠. 보고서는 서무가 내고 일조점호나 일석점호는 소대장이 하죠. "총원 83명, 사고 무, 현재 83명. 번호!" 하면 좌악 왼쪽부터 1, 2, 3, 4, 본인들이 번호를 대는 거예요. 소대장이 가운데 서고 소대원은 침대 옆으로 서는데 문을 보고 소대장 오른쪽에 서무, 조장이 서죠. 마지막 끝 번호가 서무, 내가 되는 거죠. 83명 끝!

서무를 할 때 내가 소대 안에서 아빠, 아빠 하고 따르던 사람이 있어요. 1소대 운전교육소대 소대장이던 조장수 아빠인데, 양아빠를 삼았어요. 명절 때 조장수 아빠한테 내가 도망간다고 얘길했죠. 그랬더니 조장수 아빠가 "꼭 성공해라. 잡혀오면 절대 안 된다. 두 번 잡혀오면 니는 서무도 못할 뿐만 아니라 빛을 못 본다. 앞으로 영원히 나갈 수 없다" 그랬거든요. 소대 보고를 하러 사무실에 가면 만나니까 "안녕아, 어떻게 돼가나?" 어느 정도 마무리돼간다고 그러니까 "절대로 생각을 한 번 더 해라. 한 번 가다가 잡히면인제는 빛을 못 본다. 절대 니 육신이 성할 거라 생각하지 마라. 절대로 꼭 한 번에 성공해야 된다" 그러셨어요. 아마 그분 말씀 때문에 성공했는지도 모르죠. "절대 순간 감정으로 하지 마라. 한 번 갔다가 들어오면 두 번째는 바보가 될 수도 있다." 잡혀가 들어오면엄청 맞으니까 육신이 성하지 못할 수도 있다는 그 소리에.

그런 걸 제가 봤거든요. 한번은 사무실에 점호 보고를 하러 갔는데 안쪽에서 원장 고함 소리가 들려요. 고함을 지르면서 형광등을 빼니 꽉 나가더라구요. 세상에, 그 형광등으로 사람 배를 갈라쩍 벌어지는 걸 보고, 내 들어갈 차례인데 '퍽' 사무용지를 떨어뜨려버렸어요. 다시 주워갖고 이래 있는데 "가만히들 똑바로 서 있어" 그러더라구요. 박인근이가 "소금 갖고 와" 하더니 소금을 그 사람 배에 쳐버리는데예. 나는 그때 저 사람은 인간이 아니다 한 번더 느꼈어요. 나는 도망을 가더라도 절대로 안 잡혀야지. 그래서 내가 도망가는 연습을 해놓고 15일을 '요한의집'에서 단식을 한 거 아니에요. 교회 오른쪽 산 밑에 보면 요한의집이라는 기도원이 있어요. 서무급들은 중대장한테 말하면 일요일, 수요일, 월요일 이렇게 교회 가는 날은 기도원에도 갈 수 있었는데 거기서 보름 동안 물 한 방울 안 먹고 기도했어요. '하느님, 이 도망 한 번 만에 성공시켜 주시면 내가 다시는 나쁜 짓 안 하고 교회만 열심히 다닐게요.' 근데 요즘 교회를 안 가네. 하하하. 한번씩 친구나 언니들이 교회 가자고 해서 가면 눈물이 나요. 내가 그때 도망을 한 번 만에 성공할 수 있게만 해주면 하느님만 믿는다고 그랬거든요.

도망치거나 자유귀가조치를 시켰는데 다시 오죠? 그럼 쌀 포대를 팔 나오게 요만큼을 잘라버리고 옷을 만들어서 "나는 운전교육소대에서 자유귀가조치되어 그날 저녁에 도로 잡혀왔습니다" 이렇게 매직으로 딱 앞뒤에 쓰고는 1소대부터 전 소대를 돌아요. 여름에는 똥지게를 메고요. 운전면허를 따면 귀가조치를 시켜주기도 했거든요. 월요회의 날 돈 봉투를, 적금인가 모르겠어요, 차비라며 줘요. 근데 그 사람들이 밖에 나가니 얼마나 좋겠어요. 좋으니까 술을 먹고 하다가 도로 잡혀오죠. 한 5명을 귀가조치하면 거짓말 하나 안 하고 그날 저녁에 4명은 잡혀와요.

도망 나올 때 도와준 사람이 세탁부 서무 이문수였어요. 그 사람 얼굴에 반점이 있어 생김새를 지금도 기억하는데, 그 사람이 쇠톱을 구해줬어요. 여자소대 오려면 세탁실을 지나와야 되는데 그때 쇠톱을 우리 앞으로 탁 던져요. 그러면 헉 하고 엎어지면서 주워갖고 와요. 그 톱으로 창문의 철창을 야금야금, 소대장 잠잘 때 불침번 돌아가면서 자르는 거예요. 그런데 그게 우리가 생각한 것보다 이틀 빨리 잘라진 거예요. 조금만 자르라니까 정인이 이년이 그날 따라 조금 더 잘라갖고 톡! 떨어진 거예요. 우리가 매일 쇠뭉뎅이로 철창 검사를 하거든요. 철근이 잘리면 이게 소리가 맑게 안 나고 탁 하고 묵직한 소리가 나요. 그래서 잘린 거는 혜수 언니가 껌을 가져와서 붙이고 하나는 반절 잘라놓고. 내가 서무였으니까 (점검을 할 때) 그 두 칸을 건너뛰죠. 근데 어떻게 감당이 안 되니까 이틀 빨리 도망가기로 한 거예요. 불독이 송영자 소대장 자는 거 보고, 2층에서 이불, 옷 같은 거 싹 다 잡아채가 연결을 시켜갖고 내리니 길이가 요만큼 모질라서 다 뛰어내렸어요. 그때 (철창 사이로) 사람 어깨만 빠져나올 수 있으면 몸이 다 나온다는 걸 알았어요. 나오더만요. 지금 웃으면서 얘기하지만 그때는 벽을 뛰어오르는데 서로 손이 안 잡혀갖고 머리채를 뜯어 올리기도 하고. 인근에 헌병대가 있어서 그리루 가면 안 될 거 같애서 다른 쪽으로 가니 총을 겨누더라구요. 진짜 부대를 넘어간 거죠. 그 사람은 내가 피를 흘리고 있으니까 도망 나온 줄 알았겠죠. 분명히 알았을 거라고 생각해요. 벽 뛰어오를 때 내가 제일 먼저 올랐는데, 여자소대는 담이 낮다고 유리를 박아놨거든요. 그걸 밟은 거죠. 거기에 찔렸는데 제가 지금 기억으로는 한 5초를 생각한 거 같애요. 다시 내려가 빼고 와도 또 그럴 테니까 그대로 올라가자. 3일 정도 맨발로 다니니까 제일 먼저 낫는 데가 발바닥이더만예. 그래서 나는 제일 많이 움직이는 데가 제일 빨리 상처가 낫는 부위라고 생각해요. 발바닥이 제일 먼저 아물더라구요. 유리는 안에서 살이 차오르면서 빠져나오더구만요. 그때 느꼈어요. 아, 사람이 살아서 계속 움직이면 뭐가 박혀도 빠져나오고 낫는다고.

아이고, 진짜 도망 나와 다 끌어 잡고 딱 앉았는데 그때 뭐가 제일 먹고 싶은지 알아요? 초코파이가 그렇게 먹고 싶어요. 만약에 잡혔더라면 어떻게 됐을까? 첫 탈출이고 첫 성공이에요. 나중에 피해자모임 갔을 때 들으니 난리가 났었대요. 벽을 높이 쌓고 여자소대원들 운동장에서 기합받고……

거서 나와서는 부산에 가면 40계단이라고 있거든요. 거기에 옛날에 한우 고깃집이 있었어요. 알바생을 구한대서 거기서 일주일 정도 일을 하니까 돈을 3만 원인가 4만 원을 줘서 그걸 갖고 버스를 탔는데 부산을 벗어나기 전까지 얼마나 뒤를 돌아봤는지 몰라요. 잡아갈까봐. 저는 지금도 부산 쪽으로 오줌도 안 누고 그쪽 사람들이랑 말도 하기 싫어요. 집에 와서도 밖에도 안 나가고 집 안에서 장독대만 닦다가 아버지랑 한 2년을 백운사 절에서 은둔생활을 했어요. 아버지가 그때 돌아가셨는데, 아버지는 술을 전혀 못하세요. 담배만 피우시는데 딸을 잃어버리고 속이 상해서 더 피우셨겠죠. 아버지 돌아가시고 나서는 집에서 살고 싶지 않았어요. 엄마가 친엄마가 아니다보니 눈치도 보이고, 성인 되기만 기다렸죠.

스무 살 무렵 친구가 통영의 한 싸롱을 소개해줬어요. 그 사람들이 진주 와서 날 보고서는 맘에 든다고 하데요. 그때 내 허리에 머리가 허리까지 내려오고 그랬거든요. 전화번호 적어 가더니 며칠 있다가 '통영시 무전동'으로 오라고 전화가 왔어요. 수금 사원으로 시작해서 총괄 지배인까지 했죠. 그때부터 나의 화려한 인생이 시작된 거예요. 아침마다 콜카 신고 빨간색 크루즈 오토바이 타고 쫙 돌고. 통영 선주들부터 내놓으라 하는 사람들 다 잡고 흔들

정도가 됐으니까. 그랬는데 내가 운이 좋았는가 한의원 원장님을 스폰서로 만났는데 그분이 내보고 술집을 한번 해보겠냐 해서 통영서 과일 주점을 시작했죠. 진짜 파출소 탁자를 들었다 놨다 하고 나서도 "안녕하세요~" 전화 한 통화면 해결됐어요. 그때는 진짜 그리 살았어요. 통영에서 아주 화려하게 10년을 살았어요. 그때 김경태도 찾아봤죠. 경태가 자기 부모님이 서면에서 ○○여관을 한다고 했거든요. 114에 물어봐서 전화를 하니까 주인이 바뀌었더라구요. 몇 개월 있다가 한 번 찾으러도 가보고 했는데 연락이 안 되더라구. 그러다 우리 신랑을 만났죠. 밥 세 끼 안 굶긴다고 해갖고 결혼을 했는데 2002년도에 사업이 망해서 길거리에서 파지까지 주웠잖아요. 살림 좀 나아진 지 3년도 안 됐어요. 근데 미련 하나도 없어요. 우리 자식들이 있으니까. 어렸을 때부터 고생도 지질나게 해보고 화려하게도 살아보니 지금은 1,000원짜리 몸뻬 입어도 하나도 부끄럽지 않아요. 우리가 죽고 나서라도 나중에 사람들이 "아이고, 너네 엄마는 없이 살아도 콩 한 쪽도 갈라 먹더라" 하며 아껴주기를 바라는 마음으로 사는 거지.

지금도 못 배운 게 한이 되지만 지금 시대는 앞으로도 배울 수 있잖아요. 내가 애들 가르치는 데서 딸릴 뿐이지. 사회생활에 고생도 했지만 너무 적응을 잘하고, 살아보니까 뭐 대학 나온 사람 못지않게 살아갈 수 있데요. 많이 배운 게 중요한 게 아니에요. 사람이 요만큼씩만 더불어 살면 되는 거예요. 앞으로 하고 싶은 일이 있다면 진짜 조그마한 주택에서 나이 드신 분들이나 장애인들을 대여섯 분 모시고 살고 싶어요. 나는 아홉 살 때 꿈이 앞 못 보는 사람, 걷지 못하는 사람들 도와주는 거였어요. 이상하게 어렸을 때부터 그랬어요. 지금도 주변의 할머니나 누가 뭐 먹고 싶다, 하고 싶다 이런 말 하는 걸 들으면 외면을 못하겠더라구. 그날 밤에 잠이 안 와요. 내 돈이 들어도 해줘야 돼요. 그러고 나면 기뻐요. 나도 불편하지만 어려운 노인분들 모셔다가 별 반찬은 없지만 냉이 캐서 국이라도 끓여 맛있게 나눠 먹고, 그분들이랑 단풍구경하며 살고 싶어요.

하안녕 님은 지난 2014년 6월 〈그것이 알고 싶다〉를 통해 형제복지원 피해생존자모임을 시작했다. 거기서 박인근 원장이 살아 있다는 걸 알았을 때 너무 놀라 가슴이 마구 방망이질했다고 한다. 잊고 살았지만 여전히 그림자처럼 공존했던 형제복지원이 박 원장의 생존 확인과 함께 살아났다. 박 원장이 죽었을 거라는 생각은 그이의 무의식이 만들어낸 보호 캡슐 같았다. 도움을 청할 마땅한 곳이 없다는 절망감 속에 나름의 희망을 만드는 방법이 아니었을까. 소위 일반 시민들이 자신이 당한 부당함을 호소할 유일한 대상인 경찰이 그이를 형제복지원으로 인도했다. 운동회니 신생 작업소대 개설이니 하며 수시로 드나들던 공무원은 그이를 눌러앉혔으니 어디에 손을 내밀 수 있었을까. 잊어버리고 싶은 마음에 없는 사람이라 생각하면서도, 혹시 이름을 잊어 나중에 책임도 묻지 못하면 어쩌지 싶은 마음에 매일 원장과 총무, 소대장의 이름을 외우며 그이는 무엇을 바랐을까.

그이는 진상 규명을 통해 '나는 부랑인이 아니다'라고 말하고 싶다고 한다. 부랑인이 표상하는 것—어디서든 함부로 대해도 되는 사람, 매일 때리고 모욕해도 괜찮은 사람, 누구나 가질 법한 가능성도 없는 사람이 아니라고 말이다. 그 딱지를, 모욕의 굴레를 벗는 것이 그이가 바라는 진상 규명이다.

하루라도 빨리 진상 규명이 되기를 바라지만 '여성' 피해생존 자이기에 적극적으로 나서기 머뭇거려진다. 집을 떠난 여성들, 수용된 여성들에게 들러붙어 있는 성적 '문제'들이 또 하나의 낙인으로 짓눌러오기 때문이다. 사실관계는 중요하지 않고, 폭력의 피해자라 하더라도 그 '문제'를 감당해야 하는 것은 오로지 피해 여성일 뿐이다. 형제복지원이라는 거대한 폭력의 집합소에 던져야 할 수많은 질문은 사라지고 여성에 대한 성폭력 문제만이 화젯거리인 양 입길에 오르내릴 때, 거기서 어떤 폭력이 자라고 있는지 놓친다면 우리는 바로 자신 옆에 새로운 형제복지원을 짓는 것과 다를 바 없다. 하안녕 님이 다시 형제복지원에 살지 않기를 바란다.

반평생을 시설에서 살았습니다.
듣고 계십니껴?

황송환 구술 • 유해정 기록

황송환은 천막에서 생활하며 산을 깎아 건물을 짓는 데 동원됐다.
3년 6개월간 건물 약 18채가 세워졌지만, 그는 단 한 푼의 임금도 받지 못했다.
(제공: 형제복지원사건진상규명을위한대책위원회)

황송환 씨는 전쟁통에 부모를 잃고 고아원에 수용된 이래 20대 중반까지 시설에 갇혀 살았다. 영화숙을 시작으로 재생원과 형제원, 부산 소년의집을 거쳐, 서울시립아동보호소, 그리고 다시 형제원. 부산 소년의집을 제외하곤 모두 그가 원하지 않는 감금의 시간이었기에 사활을 건 탈출이 이어졌다. 사람으로 태어나 부모나 가족의 따듯한 정을 느낄 시간도 그에겐 주어지지 않았고, 꽃다운 이팔 청춘도 없었다. 동무와 함께했던 학창 시절, 애틋한 사랑, 내일에 대한 희망, 아련한 추억 등은 팔자 좋은 놈들에게나 허락된 사치였다. 어딘지도 모를 곳에서 태어나 시설과 거리, 그리고 공사판을 전전하며 살아온 인생의 유일한 목표는 남에게 나쁜 짓 하지 않고 내 힘으로 밥 벌어먹고 사는 것이었다. 열심히 산다고 살아왔건만 지금 손에 쥔 건 사글세 방 하나와 두 손에 들릴 짐 가방 몇 개가 전부다. 도대체 인생은 어디서부터 꼬여버린 걸까?

황혼이 되어 뒤를 돌아보니 황량한 인생의 중심엔 복지를 가장한 수용 시설들이 있었다. 태어날 때부터 거북이 등짝처럼 몸의 일부가 되어버렸던 시설들. 시설에서 벗어난 지 어언 40여 년이 다 됐건만 그는 여전히 1년에 한두 번씩 시설, 특히 형제원에 끌려가

1부 | 숫자에 갇힌 시간

는 꿈을 꾼다. 소름이 돋고 기가 질린다. 그런데도 세상은 너무 쉽게 잊었다. 그리고 충고한다. 과거의 고통에서 이제 그만 벗어나 오늘을 살라고. 하지만 지우고 털어내려 해도 일어설 재간이 없다. 그날의 폭력과 공포는 마치 어제의 일처럼 또렷하고, 모욕은 회복되지 않았다. 삶은 고달프고 가난하다. 인생이 엉망진창이 되어버렸는데 가해자와 그 자식들은 여전히 떵떵거리며 산다. 국가는 부인과 망각으로 일관하고 있다. 도대체 무엇을 어떻게 용서하고 새 삶을 살라는 말인가?

과거를 기억하는 건 여전히 끔찍하다. 말주변도 없어 무슨 말을 어떻게 해야 할지 걱정이 앞선다. 하지만 이대로 묻어두기엔 삶이 너무 억울하다. 한이 된 말들이 너무 많다. 사무쳐 돌처럼 굳어버린 시간들이 세상을 향한 징검다리가 되길 소망하며 용기를 냈다. 이야기를 시작했다.

⁛

"저는 아버지, 어머니 얼굴을 모릅니다. 저를 낳자마자 돌아가셨는지, 어떻게 된 건지 모르겠습니다. 여덟 살인가 열 살 먹었을 무렵부터 기억이 나는데 영화숙이라고 부산에 얼라들만 있었던 시설에서 지냈습니다."

나이를 묻자 황송환 씨는 아마도 53년생일 거라는 말과 함께 자신이 전쟁고아라 답했다. 약 300만 명의 사상자와 10만 명의 고아가 발생한 것으로 기록되는 한국전쟁. 전쟁의 포화 속에서 그는 태어났고, "세상의 종말처럼 보였다"던 전후의 황폐한 땅에서 유년 시절을 보냈다.

전쟁고아와 갈 곳 잃은 아이들, 그리고 거리의 '부랑아'들을 수용하기 위해 전국에 500여 개가 넘는 수용 시설들이 우후죽순 생겨났다. 그가 수용됐던 영화숙도 그중 하나였다. 하지만 영화숙에서의 굶주림과 뭇매를 감당할 수 없었던 아이는 거리로 도망쳤다. 충무동 식당가에서 버려진 음식들로 허기를 채웠고, 날이 저물면 가마니 한 장을 구해 난장(길거리 아무 데서나 자는 행위)을 쳤다. 낮에는 거리에서 껌을 팔았고, 찍새(구두닦이)생활을 했고, 넝마주이를 했다. 넝마주이는 헌 옷이나 헌 종이, 고철, 폐품 등을 주워 모으는 일이나 그런 일을 하는 사람을 지칭하는 말로, 전쟁고아들이나 집 없는 아이들이 생계를 이어가는 가장 흔한 방법 중 하나였다.

"열한 살쯤 되었을 것 같은데, 시장통서 자는데 순사가 '가자, 바로 앉아라, 이 새끼야' 그러면서 워커 발로 막 걸어차요. 때리지 마이소 그러면 더 때리고, 반항하니 수갑 채우고. 엄청 맞고 차에 태워졌는데 그때 차에 20~30명 정도가 있었습니다. 나이가 나보다 어린 얼라들도 있고 더 먹은 사람도 있고. 얼라들은 영화숙에 보내고, 내 또래는 재생원으로 보냈죠. 재생원에 잡혀 들어가 제식훈련을 받으며 3년 정도 강제 노동을 했습니다. 사람들이 도망 못 가게끔 흙이랑 돌을 날라서 울타리 벽을 쌓는 일을 했고, 제식훈련은 6·25 때 거제 포로수용소에서 탈출했던 분들이 와가 군복을 입고 제식훈련을 시켰는데 내가 아직도 그 제식훈련이 똑똑히 기억이 납니다."

영화숙, 재생원, 그리고 형제원

그가 어린 시절을 보낸 영화숙(아동 수용 시설)과 재생원(성인 수용 시설)은 부산에서도 악명이 높았던 수용 시설이었다. 부산시는 "일정한 거주지 없이 거리를 떠돌아다니는 부랑아와 걸인을 단속, 수용하기 위해" 1962년 영화숙, 재생원과 위탁 계약을 맺었다. 부랑아, 부랑인, 노숙자, 행려자 등 거리를 '더럽힌다' 여겨졌던 존재들이 단속과 신고 등의 과정을 거쳐 영화숙과 재생원으로 보내졌다. 시설 관계자들은 잡아들인 수용자들의 머릿수대로 받은 시의 보조금을 횡령해 자신들의 배를 채웠지만, 수용 시설 안에 감금된 이들은 영양실조로 굶어 죽거나 맞아 죽거나 제때 치료를 받지 못해 숨을 거뒀다. 많은 이들이 틈만 나면 도망쳤고, 붙잡히면 생과 사의 경계가 흐릿해질 정도의 폭력이 가해졌다. 시설 안의 비참한 현실이 높은 담장을 넘어 세상에 전해졌지만 이 모든 일들은 시와 담당 경찰서, 그리고 얽히고설킨 관계들의 비호 속에서 풍문이 되었을 뿐 쉽사리 진실이 되진 못했다.

그는 그 재생원에서 3년간 탈출하고 잡혀가기를 반복했고, 1960년대 후반 13~14세가 되었을 무렵에는 재생원의 손아귀에 닿지 않을 만큼 멀리 도망쳤다. 하지만 그의 자유는 이번에도 오래가지 못했다. 그는 초량 윗길 시장통에서 '부랑아 선도'라는 완장을 찬 사람들에게 또다시 잡혀갔다. 싫다고 완강히 저항했지만 돌아오는 건 발길질뿐이었다. 이번에 그가 끌려가 수용된 곳은 용당동에 있는 형제원이었다. 그는 그렇게 형제원과 생애 첫 악연을 맺었다.

형제원은 1960년 박인근이 96명의 아동을 수용해 형제육아원이란 명칭으로 수용 시설 사업을 시작한 이래 1971년 형제육아원에서 형제원으로, 1979년 형제복지원으로 개명하면서 몸집을 불려왔다. 명칭이 바뀌고, 성인들도 붙잡혀 오면서 몸집은 나날이 비대해졌지만 운영과 수용자들의 처우는 개선되지 않았다. 형제원은 형제원이었을 뿐 육아를 위한 보육과 돌봄 시설도, 복지시설도 아니었다. 오히려 비인간적이고 폭력적인 관행들이 체계화되고 강고해졌을 뿐이었다.

　　그는 그의 유년 시절을 지배했던 영화숙, 재생원, 형제원이 명칭과 시설 운영자만 달랐을 뿐 아무런 차이가 없었다고 회고했다. 형제원에서도 그는 제식훈련과 강제 노동에 동원됐다.

　　"옛날에는 마다리(쌀 푸대나 소금 자루 등) 같은 거나 가마니에 나무를 껴서 거기에 흙을 담아서 옮겼는데, 형제원에서 그렇게 강제 노동을 하다보니 여기 오래 있다가는 사람 골병들어 죽겠다 싶었습니다. 끝나고 좀 쉬려고 하면 또 제식훈련을 시키고, 거기다 한 사람이 뭔가 잘못하면 여러 사람이 함께 돼지는 분위기다보니 두 달쯤 됐을 무렵부터는 빨리 도망가야겠다는 생각만 들었습니다. 저녁이 되면 돌아가면서 불침번을 서는데, 내가 당번일 때 화장실 푸세식 변기 똥통 안에 숨어 있다가 탈출했습니다."

　　불쑥 그가 머리를 내밀었다. "여기 좀 만져보이소." 주저할 틈도 없이 그는 내 손을 잡아끌어 자신의 머리에 갖다 댔다. 움푹 팬 머리에 손가락이 닿자 온몸이 놀라 전율했다. 사람의 머리가 이렇게 울퉁불퉁할 수 있다는 걸 처음 알았다.

"그때 맞아가 이리 된 겁니다. 그렇게 탈출하다 잡히고 또 탈출하다 다시 끌려가고…… 내가 그 생각만 하면…… 아휴, 담배 한 대 피워야겠습니다."

형제원에서 탈출하고 잡히기를 여러 차례. 감금하고자 하는 자와 자유를 누리고자 하는 자의 가당치도 않은 숨바꼭질에 2년의 시간이 흘렀다. 탈출 후 잡혀가면 그만큼의 뭇매를 더 맞으면서 어떻게 탈출할 용기가 났냐는 물음에 그는 "그 안에서 쥐어 터져 죽나 잡혀서 쥐어 터져 죽나 똑같습니다. 사람이 많이 맞으면 맞는 요령도 압니다. 어렸을 때부터 맞아 터지는 데 이골이 나서리……"라고 답했다. 용당동 형제원에서 마지막 탈출에 성공하고 충무동 생활이 익숙해졌을 무렵, 그는 또다시 순사에게 잡혔다.

소년, 소년의집과 아동보호소를 오가다

"이번에 잡혀가면 정말 죽는구나 싶었습니다. 근데 순사가 좋은 데 데려다줄 테니 가자 하면서 데리고 가는데 안 때리더라고요. 그때 간 곳이 부산 소년의집이었어요. 거기는 개인 침대도 있고, 강냉이죽이나 강냉이빵 같은 간식도 주고. 잘못하면 기합도 받는데 때리는 건 없고 손들고 뭐 그러는 거죠. 거기서는 공부도 할 수 있는데 내가 송도초등학교 3학년으로 입학을 했어요. 그때 당시만 해도 내가 한글 받침을 잘 몰라서 책을 거꾸로 들곤 했는데, 산수는 곧잘 했습니다. 90점도 받고 95점도 받았어요. 근데 학교를 몇 개월

다녀도 적응이 안 되더라고요. 어린 나이에 영화숙, 재생원, 형제원에 끌려가갖고 수모를 당했던 게 있어서 그런지 적응도 안 되고 정이 안 가더라고요. 특히 하루 종일 묵주 들고 다니고 기도하는 게 지겨워가지고 들락날락했습니다. 신부님이 '황송환 님 왜 말을 안 듣습니까, 왜 자꾸 도망을 갑니까' 하고 슬리퍼로 엉덩이를 때리곤 하셨는데, 그게 뭐 혼나는 겁니까? 그냥 하시는 말씀이죠. 거서 8개월 정도 있었는데, 그 시간도 왔다 갔다 했습니다."

부산 소년의집은 1960~1980년대 한국 고아들의 '대부'로 불렸던 소알로이시오 신부가 영화숙, 재생원에 감금돼 있던 이들을 보호하기 위해 1969년에 세운 보육 시설이다. 소 신부는 교육을 매우 중요하게 생각했다. '교육을 받지 못하면 스스로 살아갈 수 있는 힘을 갖지 못하고 성인이 되어서도 밑바닥 생활을 벗어날 수 없다'는 신념 때문이었다. 소 신부의 행보는 당시 수용 시설이 정부의 보조금을 챙길 목적으로 건설돼 감금과 폭력, 나아가 죽음으로 얼룩지고, 그나마 나은 시설이 겨우 먹고 자는 것만 해결하는 수준이었음을 감안할 때 매우 독보적이었다. 하지만 시설이란 말만 들어도 지긋지긋했던 이들이 또 다른 시설에 적응하기란 여간 어려운 일이 아니었다. 많은 아이들이 소년의집에서 이탈했고, 그 역시 그 대열에 합류했다. 소년의집에서 나온 그는 경북 청도로 흘러들어갔다.

"부산진에서 도둑 기차를 타고 가다가 철도 공안들한테 잡혀서 경북 청도라는 데서 강제로 내렸는데 우연히 만난 어떤 아줌마가 여기서 먹여주고 재워주고 할 테니 일 좀 하려냐고 물어봐서 거기서 머슴살이를 했습니다. 소 풀 먹이고, 겨울에 땔감을 구해 지게로 나르고. 어느 날은 소한테 풀을 먹이려고 끈을 풀었는데 그만 그 소가 열차에 받혀 죽어버렸어요. 그때 소 한 마리 가격이 엄청 났던 때라 집주인한테 몽둥이로 죽도록 얻어맞고 맨몸으로 쫓겨났습니다. 그길로 도둑 기차를 타고서 서울 용산역, 양동(현재 회현) 쪽으로 와서 넝마주이 생활을 시작했습니다. 그런데 순사가 와서 잡아가데요, 남대문경찰서로. 주위에서 냄비 같은 게 없어졌다고 신고를 했나봐요, 내가 가져갔다고. 내 넝마 보라고, 나는 고무신 같은 거밖에 없다고 했는데, 아 순사놈들이 나를 홀딱 벗겨가지고 거꾸로 매달아서는 물을 들이붓고 그놈아들 차고 있던 혁대를 풀어 그걸로 때리는데 내가 죽으면 죽었지 절대로 안 했다고…… 밤새도록 얻어맞고 나니 걸음을 못 걷겠더라고요. 다음날 서울시립아동보호소로 보내졌습니다."

　서울시립아동보호소는 정부 당국이 부랑아에 대한 본격적인 단속과 수용에 관여한 가장 대표적인 시설로 회자된다. 서울시는 1957년 서울시립아동보호소를 개소했고, 이를 계기로 이후 보건복지부, 내무부, 법무부 등 정부 당국이 전국적이고 항시적인 부랑아 단속 및 수용 체계를 갖추기 시작했다. 하지만 시와 정부의 개입은 부랑아로 낙인찍혀 '청소'와 수용의 대상으로 전락했던 이들의 비인간적인 삶의 형태와 사회적 낙인을 해소하는 데 전혀 기여하지 못했다. 오히려 무자비한 단속과 비인간적 수용에 면죄부를 부여했을 뿐이었다. 1,000여 명이 정원인 서울시립아동보호소는 2,000여 명의 사람들로 넘쳐났고, 비좁고 불결한 환경은 각종 전염병의 원천이 됐다. 먹는 것, 입는 것, 자는 것 그리고 일반적인 생활과 수용

형태 등 당시 사회문제가 됐던 다른 민간 시설과 다를 바 없었다. 그는 그곳에서도 탈출했다.

시립아동보호소에서 나온 후 그는 청계천, 강원도를 오고 가며 떠돌이 생활을 했다. 석공으로 일하기도 했고 일거리가 없을 때는 초상집에 가서 밥을 얻어먹고 한뎃잠을 자기도 했다. 배는 고프고 몸은 고됐지만 그나마 다행인 건 강원도에는 잡아가는 시설이 없다는 안도였다. 스물두 살 무렵으로 기억되던 1975년, 그는 부산으로 내려왔다. 그나마 익숙한 곳에서 넝마주이라도 하면 타지보단 먹고살기가 좀 더 수월하지 않겠냐는 기대 때문이었다.

청년, 형제원에서 채찍질을 당하다

"부산 남포동 골목에서 넝마주이를 했습니다. 75년도 11월인가 12월 정도였는데 그땐 해가 짧잖아요. 한참 고물을 줍고 있는데 '부랑인 선도' 완장을 찬 3명이 차를 딱 대놓고서는 '타라' 그래요. 제가 급하면 넝마 줍는 집게로 막 휘두르는데 그런데 이놈아들이 어떻게 알았는지 먼저 집게부터 딱 잡더라고. 집게랑 넝마를 강제로 뺏고는 나를 차 안에 집어던지는데 코너에 있는 쇠에 머리를 받혀갖고…… 그때가 저녁이라 일반 시민들이 많았는데 모두 구경만 하고 말리지를 않아요. 차 안에 스무 명 정도 있었는데 모두 주눅이 들어 있데요. 둘이서 손을 잡으라고, 옆에 한 놈이 튀면 엄벌에 처한다고 그러면서 욕을 계속 해대고. 저는 차 안에서 그놈아들이 몽둥이로 쥐어 패기 시작해갖고 주례동 갈 때까지 얻어터졌습니다."

형제원에서 그는 황송환이 아닌 강성철이라는 이름으로 살았다. 용당동 형제원에서의 잦은 탈출로 인해 혹시라도 보복을 당하지 않을까 하는 걱정에 붙잡혀 왔을 때 강성철이라는 가명을 썼기 때문이다.

그 당시 주례동 형제원에 제대로 된 건물이라곤 단층짜리 건물 한 채가 전부였다. 그를 비롯해 잡혀온 사람들은 군대 내무반과 비슷한 구조의 천막에서 생활하며 산을 깎아 건물을 짓는 데 동원됐다. 그가 1975년부터 3년 6개월을 보내고 1979년에 탈출할 때까지 1층짜리 건물이 약 18채 정도 지어졌다.

"새벽 6시에 일어나 아침밥 먹으면 일을 합니다. 고무 신발도 제대로 없는데 한겨울에 신발 한 짝만 신고 한쪽은 맨발을 해갖고…… 산 밑을 먼저 파요. 곡괭이 갖고 밑으로 파면 깊이 한 4~5미터 들어가거든요. 그러면 거기다가 대꾸(징)를 박습니다. 흙이 무너질 거 아닙니까. 마다리에 흙을 담아서 500미터 거리를 왕복해 운반하는데 하루에 50개씩 날라야 합니다. 여름에 장마철 되면 땅이 뻘이 되는데 발이 뻘에 빠지면 할당량을 못 채우니 메고 뛰어다녀야 합니다. 쎄가 빠집니다. 그놈아들이 일 시킬 적에 칡넝쿨로 채찍을 만들어서리 뒤에서 채찍질을 해댑니다. 할당된 작업량을 확인해서 부족하면 그만큼 빠따를 맞아야 합니다.

일을 그리 해도 먹는 거라도 좀 배부르게 먹으면 좀 살겠는데 시장통에서 사람들이 밟은 시래기, 그 냄새 쿨쿨 나는 거를 마다리에 담아 와가지고는 국을 끓여줍니다. 제대로 씻지도 않고, 짜기는 또 얼마나 짠지…… 일을 많이 해서 땀을 많이 흘리니까 소금을 많이 넣는다고 그래요. 밥은 꽁보리밥인데 먹으면 돌이 씹힙니다. 쥐똥도 나오고 구데기도 나오고, 내 그런 밥을 부지기로 먹었습니다. 또 양도 얼마나 작은지, 제대로 된 음식은 고사하고 허기를 채울 수가 없습니다. 내가 그때 먹는 게 하도 부실해서 이빨이 아파가지고 병원 좀 보내달라고 하니까 1년을 기다려야 한대요. 그때 소대원들끼리도 불침번 섰는데 낮에 그렇게 힘들게 일하고 나서 저녁에도 불침번을 서라고 하는데 거기다 이빨까지 그러니 못 버티겠데요. 참다 참다 너무 이가 아파가지고 내가 공사장에서 주운 대못으로 빼버렸습니다. 이래 쑤셔가지고……

여름에는 저녁 9시쯤 점호합니다. 점호 끝나면 요래 칼잠을 잡니다. 천막당 150명이나 되는 사람들을 쑤셔넣다보니 사람들끼리 엇갈려서 옆 사람의 발뒤꿈치가 내 코 앞에 와요. 요래 얼굴에 닿을 만큼 다닥다닥 붙어서 잡니다. 혹시라도 도망갈까 홀딱 벗겨서 재우는데, 겨울에는 난방도 없습니다. 한 달에 5명씩은 죽었을 겁니다. 배 곯아서 죽고, 역적모의하다 맞아 죽고, 탈출하다 잡혀와 맞아 죽고…… 도망 못 가게 경비를 3미터 간격으로 서는데, 경비가 하루에 한 50~60명 정도 됩니다. 탈출하다 걸리면 먼저 원장실에 가서 얻어맞습니다. 중대장도 호출돼서 박인근에게 쥐어 터집니다. 그게 끝나고 나면 중대장은 소대장을 쥐 패고, 소대장은 조장을. 간부들도 수용자들이었는데, 박인근에게 잘 보이기 위해 더 군기를 잡고 자발적으로 수용자들을 쥐어 팼습니다. 위에서 패고 나면 이번에는 50~60명 되는 경비들이 탈출 시도자를 지들 패고 싶은 만큼 팹니다. 저도 그 뭇매 돌림빵을 용당동 형제원에서 당한 경험이 있는데 그때 생각만 하면, 제가 아휴…… 한번은 죽이라고 대든 적도 있는데, 어쨌든 저는 운이 좋아 살았지만 맞아 죽는 사람도 많습니다. 사람이 죽으면 뒷산 나무 밑에 묻었습니다.

사회에선 죄를 짓더라도 형량이 있고 만기가 있는데 형제원은 그런 것이 없습니다. 어른이 돼서 잡혀갔을 땐 박인근이가 여기서 열심히 일하면 출셋길이 열린다고 해서 혹하기도 했는데, 좀 있어 보니 이 상태에서 계속 있으면 박인근에게 이용만 당하다 세상 등 지겠구나 싶어 다시 탈출을 결심했습니다. 79년도 4~5월경에 경비 서다 탈출했지요. 새벽 2시쯤 돼서 불침번으로 순찰 돌다가 산속으로 냅다 뛰었지요. 도망 나오면 맨 먼저 뭐부터 해야 하는지 압니까? 남의 집 빨래부터 걸어 입어야 해요. 안 그럼 내가 또 잡혀요. 옷에 형제원 마크가 있고 신발에도 넘버가 다 적혀 있으니까, 사람들이 또 신고할 거 아니에요? 그때가 봄이라 날이 좀 선선했는데 저는 모자 달린 겨울 잠바 입고 있었으니 아무 잠바나 쓱 해가지고 입고, 새벽이라 도둑 기차를 탈 순 없으니까 산속을 헤매며 한참을 뛰고 걸었습니다. 그러고 나니 해가 밝았는데 보니 딸기밭이라. 가서 '아제요, 내가 서울에 좀 가야 하는데 차비가 없는데 일 좀 할 수 없습니까' 하니 어디서 왔냐고. 이 사람들이 내가 좀 누추하게 보이니 말을 놓더라고요. 그래 내가 어찌하다보니 돈이 좀 궁해 서울에 못 가고 있다고 했는데, 그때 보니 밥을 먹더라고. 반찬은 김치하고 나물밖에 없는데 김치가 얼마나 먹고 싶었는지 밥 한 그릇 얻어먹을 수 없냐고 했더니 한 대접 주더라고요. 내가 그때 쌀밥 처음 먹어봤습니다. 그걸 김치랑 꿀떡꿀떡하고 먹는데 김치가 얼마나 맛있던지…… 진짜 생각만 하면 정말, 정말 악몽 같은 세월이라."

인터뷰는 잠시 중단됐다. 3년 6개월 형제원의 삶에 종지부를 찍은 게 36년도 더 지났건만 그는 여전히 그날의 시간들이 떠오르는 듯 한동안 분을 삭이지 못했다. '생지옥' 혹은 '인간 도살장'이라 불렸던 형제원의 시간들에 더해 스물여섯 살이 될 때까지 시설에서 시설로, 뭇매와 구타 그리고 인간 이하의 삶을 강요당해온 인생이었기에 한은 더 깊어 보였다. 왜 그는 자신의 의지대로 한순간도 살 수 없었을까? 왜 번번이 수용 시설에 감금돼 폭력을, 모욕을 견뎌야만 했을까?

스물여섯에 처음 누린 자유,
그러나 내 편 하나 없다

"밥 한 숟가락 먹고 나니 여기는 다른 일이 없다고 우리 집에서 일하려냐고 묻데요. 그 사람이 딸기밭도 하고 중국집도 하길래, 딸기밭 일도 하고 중국집에서 배달도 했습니다. 거기가 구포예요, 구포. 거기서 3개월 지냈나 싶었을 무렵에 내가 짜장면 값을 못 받아왔더니 떼었다고 사장이 패더라고요. 차비 1,000원 받아가지고 나와서 대구로 가서 거서 3개월 동안 목장생활했습니다. 산에 소 풀 먹이러도 다니고, 풀도 베어 오고.

그러다 다시 서울로 가서 품걸이를 했어요. 품걸이가 뭐냐면 짐 싣고 다니는 건데 배추면 배추, 참외면 참외, 그런 거 리어카에 실어서 옮겨주는 거예요. 생활은 다락방에서 했는데 한 달에 하숙비가 1만 원인가 했지요. 그때 품걸이 하는 사람 중에 통신 케이블 공사 다니는 사람이 케이블 공사 다니자고 해서 따라다녔습니다. 근데 10월 되니 박정희 대통령이 서거를 하시네. 그때 삽자루 꼽은 상태에서 내가 묵념을 했지요. 지금 생각하면 내 인생 요케 만든 악질에 개새낀데 그때 당시에는 순수했죠. 겨울 되면 일이 없으니 용산 가서 다시 품걸이 하고 날 풀린 다음에 다시 미 8군에서 케이블 공사 하고. 그때 전두환이 들어서서 삼청교육대 만들어서 잡아가고 했을 때 나도 몸에 흉터가 있기 때문에 삼청교육대 끌려갈까봐 술 같은 걸 조심했지요. 미 8군에서 8개월 정도 케이블 공사 하다가 겨울 되면 노가다는 일이 없으니 경북 점촌도 갔다가 충북 제천에서 한참 댐 공사할 적에 거기서 케이블 공사도 하고, 다시 부산에 와서 부산 지하철 공사도 하고. 전국을 떠돌았죠. 그러다 또 경북 울진으로 내려가서 모자 장사도 하고, 노가다도 하고.

90년도에는 송탄에서 일하다 허리를 다쳤습니다. 제가 일 나갈 때 트럭 짐칸에 타고 있었는데 운전기사가 운전을 잘못해서리 급정차하면서 짐칸에 실려 있던 곡괭이와 삽에 허리를 심하게 부딪혔습니다. 회사에 갔더니 병원에 개인적으로 가라고 하고, 병원에서는 회사 직원분이 와야 한다고 하고. 노동청에 갔더니 회사에 문의하라고 하고. 서로 산재 처리를 해줄 수 없다고 그러는 바람에 아픈 상태에서 2~3개월 정도 싸움을 했습니다. 나중엔 결국 노동청에서 산채 처리 승인을 받아서 91년까지 치료를 받았는데, 현장에 복귀하고 얼마 후 재발돼서 다시 수술받고. 그러고 나서 퇴원해서 일을 하다가 2001년도에 다시 허리 수술을 했습니다. 아직도 허리에 철심이 박혀 있는데, 내가 다치기 전에는 일밖에 몰랐는데 다치고 나서부터는 아, 죽겠더라고요. 형제원에서 빠따로 얻어맞고도 살았던 놈인데 허리를 그리 다치고 나니까 일을 제대로 할 수가 없고……

평생을 시설에서 살아왔으니 사는 게 참 어렵더라고요. 사회 나와서 내 나름대로 열심히 살아봐야겠다는 생각도 많이 해서, 강원도 탄광촌에서 직장을 구해보려고도 했는데, 그때만 해도 직장에 들어가려면 보호자나 보증을 서주는 사람이 있어야 했습니다. 근데 저는 고아다보니 보증 서줄 형제지간이나 친척도 없고, 시설에서 살다보니 친구도 하나 없고. 결국 79년부터 97년까지는 케이블 공사 다니고 틈틈이 이 현장 저 현장 가서 막일도 하면서 지냈는데, 그러고 살면서 돈도 많이 뜯겼습니다. 제가 하늘 아래 혼자 살아오면서 정이라는 거를 못 느껴보고 살았기 때문에 이 사람 저 사람 보면 다 반가워갖고, 사람을 파악을 해가면서 사귀고 그래야 하는데…… 현장 일 하면서 형제원에 잡혀갔다 왔단 얘기를 가끔 친한 사람들한테 했습니다. 한편으로 고생했다고 받아들이는 사람이 있는가 하면 그 말로 인해서 나를 악용해먹는 사람도 있습니다. '이 놈이 오죽하면 그런 데 끌려들어갔겠냐' 그러는 바람에 내가 현장에서 돈 뜯긴 것도 많고 빌려주고 떼인 돈도 많습니다.

지금은 인력 사무실에 나갑니다. 아침에 4시 반에 일어나서 사무실 나가갖고 일 있으면 서면에도 갔다가 정관에도 갔다가. 거기

아파트가 올라가거든요. 가면 시멘트 포대 옮기고 물건 나르고, 청소하고, 잡일하는 거죠, 가리지 않고 이것저것. 현장 가면 엄청 일을 위험하게 시킵니다. 한번은 못에 고막이 찔리기도 했고, 일이 과하면 몸이 막 안 좋기도 하고. 요즘은 일이 없어가 지난달엔 세 번인가, 네 번인가밖에 일을 못 나갔습니다. 여름에 장마 지면 장마져서 일이 없고, 추우면 현장이 안 돌아가니 일이 없고…… 주머니에 돈이 없는데 밥은 먹어야 하니 양동에 있는 친구한테 4만 원인가 빌렸는데, 천천히 갚는다고 했습니다. 걔가 나보다 잘살기 때문에. 정부에 생활보호대상자로 등록돼 있어서 다행히 조금씩이라도 보조를 받는데, 그걸로는 도저히 생활이 안 되기 때문에 일 있음 용역으로 나가서 일당 벌어서 하루하루 먹고사는 거죠. 사는 건, 사글세 삽니다. 50만 원에 8만 원짜리 방 한 칸에 화장실은 밖에 있고, 도시가스가 안 들어와서 겨울엔 전기장판만 켜고 그래 삽니다. 참 사는 게 힘듭니다. 안정도 안 되고. 저 말고도 거기 갔다 나온 사람들 중 90퍼센트가 저같이 살지 않나 싶은 생각이 듭니다. 형제원에 있으면서 삶이 망가지고 그래서 그런 게 아닐까 싶어요. 나이가 많든 적든, 타격이 엄청나게 많은 거죠. 해서 백 사람이 있으면 잘된 사람들은 가끔가다 두세 명 정도 있을 것 같은데, 참 나……"

살아보려고 굴착기와 지게차 면허증을 땄지만 쓸모가 없었다. 식당에서 일을 할 요량으로 요리를 배우려 근로복지공단에 갔지만 국가 차원의 취업 프로그램은 2회까지만 지원된다는 소리에 싸움만 하다 돌아 나왔다. 모자 장사도 해보고, 시장에서 물건도 떼어 이것저것 팔아봤지만 잘되지 않았다. 공사판에서 하루 벌어 하루 먹고사는 삶, 그것이 그에게 허락된 유일한 방편이었다. 과거에도, 그리고 지금도. 젊었을 땐 잠시 결혼 생각도 해봤지만 이 역시 손에 잡히지 않는 허상이었다.

"워낙 배우지도 못하고 가진 게 없다보니 평범한 여자는 꿈도 못 꿨지요. 게다가 거기 갔다 오고 나면 사회 적응이 더욱 안 돼요. 가슴에 한도 많고 욱하는 성질도 남들보다 많다보니 같이 사는 분이 이해를 해줘야 살지, 아니면 못 살아요. 일반 여성이랑은 못 삽니다."

인생에 행복이란 없었다

행복했던 순간이 언제냐고 물었다. 어떤 추억을 품고 사냐 물었다. 어렸을 때 꿈이 무엇이었냐고도 물었다. 답은 짧고 강렬했다. "그런 거 없습니다."

"행복하다, 그런 거는 못 느껴봤습니다. 꿈이라는 거, 그런 생각 자체를 해본 적이 없습니다. 사람들이 물어봅니다. 어렸을 때 무슨 생각 하면서 살았냐. 얼라 때 기억나던 때부터 먹고사는 게 중요했기 때문에, 그냥 어떻게 해서라도 남한테 나쁜 일 안 하고 살까. 쓰레기통 가서 오물 같은 거 줍고, 고무신 같은 거, 수저 같은 거, 사발 그릇도 주워 팔고, 남긴 밥 주워 먹고, 아무 데서나 자고. 희망이라는 거를 갖게끔 사회에서 만들어줘야 하는데, 이담에 크면 뭘 해야 되겠다, 사업을 해야 되겠다, 선생이 돼야 되겠다, 변호사가 돼야 되겠다, 의사가 돼야 되겠다, 이런 꿈을 꿔봤던 적이 없었습니다. 영화숙, 재생원에 끌려가고 형제원에서 얻어맞고 그리 살다보니 그런 생각이 떠오르지가 않았습니다. 지금까지 살아온 것도 어떻게 살아온지 모르겠습니다.

한편 생각하면 형제원에 다시 들어가지 않은 것만으로도 다행이죠. 다른 시설도 힘들었지마는 거기는 인간 도살장이에요, 도살장. 해서 내가 형제원 그 생각만 하면 진절머리가 나는데, 아직도 1년에 두세 번씩 꼭 형제원 꿈을 꿔요, 악몽을. 그런 악몽은 안 꿨으면 좋겠는데, 그런 데는 꿈속이라도 두 번 다시 끌려들어가면 안 되니까. 거기 끌려들어가게 되면 인생이……

형제원서 고생하고 그럴 때는 탈출하면 세상 사람들을 눈에 뵈는 대로 다 때려죽여야겠다는 생각도 했어요, 악에 받쳐가지고. 탈출하고 나서부터는 더러워서 두 번 다시 들어와서는 안 되겠다, 나는 전과자라는 낙인을 찍히지 말아야겠다 생각했어요. 하지만 박인근을 내가 언젠가 죽여뿌려야겠다라는 생각을 많이 했습니다. 내가 만약에 차가 있다거나 다이너마이트가 있음 그걸 이빠이 싣고 국회의사당 가서 폭파시킬까, 그런 생각을 한두 번 한 게 아닙니다. 수십 번 그런 생각을 했는데 혼자서 그런 생각 하면 뭣하겠나, 알아주는 사람도 없고. 그걸로 인해서 모든 게 해결된다면 모르겠는데 해결 안 되면 제가 오명만 쓰고 가는 거고.

내 한은 말로 표현을 못합니다. 부모 없이 컸다는 게, 형제 동기간도 하나 없이 컸다는 게. '부모, 형제간이라도 있었으면 안 끌려갔을 텐데' '팔자가 사나워가 조상 운이 너무……' 한편으로 이런

반평생을 시설에서 살았습니다. 듣고 계십니꺼?

생각도 듭니다. 내가 무슨 죄를 졌기에, 우리 조상들이 과거에 무슨 죄를 졌기에 나 같은 놈까지 이렇게 살 수밖에 없는가. 이런 원망도, 비관적인 생각도 많이 하는데, 더군다나 이 삶 자체가 재미가 없기 때문에……

만약에 내가 부모님이 살아 계시다거나 형제간이 있다거나, 소년의집에서 공부를 했거나, 형제원에서 쥐어 패는 게 아니고 기술을 가르쳐갖고 사회에서 자리를 잡았다고 하면 과연 이래 살았을까 그런 생각이 듭니다. 저는 사회 나와갖고, 지금 이 순간까지 형제원이라는 데 붙들려서 살아오면서 저 자체가 발전이 안 된 것 같습니다, 발전이."

그는 담배를 깊게 빨아들여 한숨처럼 내쉬었다. 뿌연 연기 사이로 환갑 넘은 사내가 흘리는 눈물이 보였다. 깊은 주름을 타고 내려온 눈물이 탁자 위에 작은 원을 만들기 시작했다. 얼마나 지났을까. 그가 긴 침묵을 깨고 아버지 이야기를 시작했다.

"80년대에 미 8군에서 케이블 공사 하면서 KBS 이산가족 찾기 방송에 아버지를 찾으러 나갔습니다. 내가 아버지 이름도 모르는데 막연히 아버지가 나를 찾을 거라고 생각하고 나갔던 거죠. 그땐 텔레비전 출연도 못하고 찾지도 못했죠. 2001년도에 KBS 아침마당에 나갔습니다. 그때는 아버지 이름을 알았죠. 서울에 시립아동상담소라는 게 있는데 거길 가면 알 수도 있다는 소문을 듣고 거길 물어물어 갔더니 내 본적이 부산 영도로 되어 있고 아버지 존함이 황손화로 되어 있더라고요. 그 이름을 듣고 방송에 나갔는데도 소식이 없으니 영 방법이 없나 그러고 있었는데 하루는 경북 성주에 같이 케이블 공사 했던 사람이 있어 그이를 만나러 가려고 기차를 탔어요. 김천에서 기차를 갈아타려고 기다리고 있는데, 거기 마침 6·25 사변 때 부모나 친인척 유골을 찾는다는 공고문이 있더라고요. 혹시나 해서 국방부에 전화를 해보니 거기에 아버지 성함이랑 고향 맞는 분이 있다고. 전화를 했더니 DNA 검사를 해야 한다고. 근데 아버님이 바다에서 전사하셨기 때문에 유해를 못 찾았으니…… 아버지가 6·25 때 해군 장교로 전쟁에 나서셨다 사망했다는 걸 알게 되니 좋기도 하고 마음이 착 가라앉기도 하고. 오만 냉대와 수모를 당하고 살았기 때문에 내가…… 그때가 2003년이었습니다."

쉰이 넘어서야 처음 소식을 접한 아버지는 이미 고인이 된 상태였다. 남겨진 사진 한 장, 술 한잔 올릴 묘조차 없다. 하지만 자신의 뿌리를 찾았다는 게 여간 큰 위안이 되는 게 아니다. 그날 이후 그는 1년에 한두 번씩 가족들 꿈을 꾼다. 부모는 물론 일가친척의 얼굴 하나 모르지만 꿈속에서 누군가가 내 외삼촌인 양, 이모부인 양 나타나 살갑게 군다. 물론 꿈에서조차 야속하게 부모님은 만나지 못했지만, 그게 어딘가? 아제요, 아주매요, 하고 부를 친척이 있다는 게. 서러울 때 되뇔 아버지의 이름이 있다는 게.

"내가 제사 지내는 거 나이 드신 분들한테 물어봤더니 부모 얼굴 모르는 분들은 9월 9일 날 제사 지내는 거라고 하더라고요. 해서 추석 전에 아버지한테 다녀올 겁니다. 바다에서 가셨을 테니까 네 영도 갈매길에 가서 술 한잔 드리고 올 겁니다."

아버지에게 술 한잔 올리던 날, 나는 그의 전화 소리에 잠에서 깼다. 아침 7시가 좀 넘었을까? 핸드폰 너머로 술기운이 잔뜩 오른 그의 목소리가 들려왔다.

"영돕니다. 저는 마 영도에서 태어났기 때문에, 우리 아버지는 전사했고, 우리 어머니는 나를 낳자마자 돌아가셨을 거기 때문에 부모님 생각이 많이 나 영도에 왔습니다.

근데 선생님요, 내가 형제원만 없었으면 이리 살진 않았을 건데, 형제원에 갔다 온 심경을 사람들이 알아야 하는데…… 나는요, 삶에 미련이 없습니다. 자다가 영원히 깨지 않았으면 좋겠다 싶기도 하고. 또 한편으론 반평생 넘게 살았기 때문에 나는 보상도 필요 없고 오로지 진실을 밝히고 명예회복을 해갖고 국가 차원에서 좀 알아줬으면 좋겠습니다. 내 죽이고 싶습니다. 주먹을 날리고 싶습니다. 내가 형제원 피해자 아닙니까? 아버지가 전쟁터에 나가 대한민국을 지키다 죽었는데 내가 왜 이 대한민국에서 이리 살아야 합니까? 가난이 뭔 부랑압니까? 그런 식으로 보는 시대가 잘못된 거지. 내가 진짜 피해자 아닙니까? 선생님요, 듣고 계십니까?"

환갑이 넘은 사내의 목소리는 설움과 분노로 뒤범벅이 돼 있었다. 끝내 삼키지 못한 흐느낌이 출렁이는 파도 소리와 함께 실려왔다.

하나.

그는 말하는 것을 무척 힘들어했다. 배우지 못했기에 생각을 말로 표현하는 게 익숙하지 않아서라고 했고, 둘만의 대화라는 걸 해본 경험이 없기 때문이라고도 했다. 하지만 내 눈에는 그가 아주 어렸을 때부터 주눅 든 삶을 살았기 때문인 것처럼 보였다. 이야기는 뚝뚝 끊기기 일쑤였고, 담배 피우는 시간과 침묵이 인터뷰의 절반을 채웠다. 좀 더 기억을 해봐달라, 구체적으로 표현을 해달라 요청도 해보았지만, 생을 복기하는 인터뷰 중에 말이 끊긴 부분에서 말을 잇는다는 건 단지 말을 잇는 게 아니라 상처를 헤집고 고통과 다시 직면하는 과정임을 알기에 집요하게 파고들 수 없었다. 서울 말을 쓰는 '배운' 여자가 시설을 전전해온 무학력의 남성 노인을 타박하는 모양새이진 않을까 적잖은 우려와 긴장도 들었다. 인터뷰는 늘 갈지자를 그렸고, 그의 이야기를 하나로 잇고 붙이는 건 쉽지 않아 보였다.

　하지만 뚝뚝 끊기는 녹음 파일을 풀며, 뒤엉킨 궤적들을 시간 순에 맞춰 꿰어가다보니 지금까지 어떻게 살아냈는지 모르겠다는 그의 삶이야말로 기록해두어야 할 가치가 있어 보였다. 나라면 단

하루도 제대로 살아내지 못할 삶이었기 때문이다. 내가 배운 역사엔 시설도 부랑아도 없었기 때문이다. 한국전쟁 이래 산업화와 민주주의로 대문자화된 역사 속엔 독재와 희생, 혹은 저항의 역사만 있었다. 양쪽 어디에도 헤아려지지 못한 인생들이 마구잡이로 잡혀가 시설에 감금되었다는, 탈출하다 비명횡사했다는, 지금도 우리 사회 투명인간처럼 생을 겨우 살아내고 있다는 서사는 없었다. 그래서 그가 살아내야 했던 26년의 삶을, 그 이후 날품팔이로 전전해야 했던 삶을 한 개인의 춥고 외로운, 비극적인 생애사로만 놓아둘 순 없었다.

둘.

술 한잔에 놓아버리고 싶은데 쉽게 놓아지지 않는 그의 생에 요즘 꿈이라는 게 생겼다. 하나는 아버지의 유해를 찾는 일이다. 아버지의 흔적을 찾으면서 마음속 켜켜이 쌓여 있던 한이 한 자락의 안식을 얻었지만 아버지가 바닷속 어딘가를 헤매고 계실 생각을 하니 영 마음이 불편하다. 불가능한 일이겠지만 뼈 한 조각이라도 찾을 수만 있다면, 해 잘 드는 따뜻한 영도 땅에 묻어드릴 수만 있다면 얼마나 좋을까? 환갑이 넘은 아들은 오늘도 그렇게 기도한다.

다대포 임대아파트도 요즘 그의 마음을 설레게 한다. 지금 사는 방은 여름이면 물이 뚝뚝 떨어지고 겨울에는 도시가스가 들어오지 않다보니 냉골이다. 하여 신청한 영세민 임대아파트. 하지만 당첨이 돼도 걱정이다. 임대아파트는 보증금도 200~300만 원은 더 있어야 하고 겨울에는 난방비까지 합하면 매달 15만 원 정도가 든다니 벌써부터 한숨만 나온다. 그래도 생각만 해도 좋다. 누군가를 초대하고, 밥 한 끼 먹여 재워줄 수 있는 집이 있다면 얼마나 좋을까?

마지막 꿈은 형제원의 진실을 전하는 것이다. 그는 정말 형제복지원이라는 명칭을 싫어했다. 형제복지원이라고 부르면 모르는 사람들이 '복지' 공간이라 오해한다며 반드시 형제원이라 불러야 한다고, 그 순한 양반이 정색하고 화를 내곤 했다. 그 생지옥의 진상을 규명하려면 모든 피해생존자들이 힘을 합쳐도 모자랄 텐데 모두 내 맘 같지 않다. 이래저래 얇은 주머니 사정도 그의 발목을 잡는다. 피해생존자들이 여전히 사회 밑바닥에서 버둥거려야 하는 삶에 분통이 터지지만, 그래도 어쩌랴? 누군가 대신 꿔줄 꿈이 아니니 죽는 날까지 틈틈이 발품을 파는 수밖에.

27년 만에 손잡으니까 좋데요

이상명 구술 • 명숙 기록

이상명은 악대소대에서 단짝 친구 '형주'와 멜로디언을 불었다.
형제복지원은 이미지를 좋게 포장하기 위해 비둘기 합주단이라는 이름으로
시민회관에서 공연을 열기도 했다.
(제공: 형제복지원사건진상규명을위한대책위원회)

그를 처음 만난 건 한여름 부산역에서였다. 디제이가 직업인 그는 찌는 더위처럼 강렬한 노란 머리에 꽃무늬 바지를 입고 있었다. 눈에 띄었다. 그러나 더 인상적인 것은 인터뷰 내내 밝았던 얼굴빛이었다. 단 한순간만 빼고…… 노랗게 물든 머리가 초가을빛을 받고 반짝이는 억새 같다고 생각했다. 그는 거친 땅에서도 빛을 발하는 억새처럼 밝았다. 나는 궁금했다. 어떻게 그 모진 곳을 거치고도 밝을 수 있는지.

그의 주민등록상 나이 42세. 사실 이 나이도 분명하지 않다. 주민등록증을 나중에 만들었는데 친할머니 말씀이 호적에 두 해 늦게 올렸다고 했다. 제주에 살던 그는 초등학교 5학년 때 엄마를 찾겠다고 집을 나와 부산에 갔다가 형제복지원에 끌려갔다. 형제복지원에 두 번 끌려간 그는 중학생의 나이가 되어 그곳을 나올 수 있었다. 하지만 또다시 그는 사회가 아닌 소년의집, 갱생원 등 시설로 옮겨졌다. 그는 시설에서 도망쳐 거리를 전전하다 나이트클럽에서 일하는 형의 도움으로 디제이 일을 하게 됐다.

그는 현재 생활에 만족해했다. 그렇다고 과거인 형제복지원의 일을 물으려 하지는 않았다. 그는 알았기 때문이다. 열두 살 즈음의 어린 시절 받았던 고통을. 그 고통을 형제원에서 만난 친구들이 당하는 걸 봤으니까 그냥 넘어가고 싶지 않았는지 모른다. 나는 그가 형제원에서 당한 고통과 그 고통을 견디게 한 빛들을 읽어내고 싶었다. 그 빛이 과거를 잊지 않으려는 힘인지도 모른다는 생각이 들었다.

∷

혼자 배 타고 엄마 찾으러 제주에서 부산으로 왔어요. 열한 살인가 열두 살일 때 엄마가 집 나갔다는 얘기를 듣고 바로 학교에서 뛰쳐나왔어요. 옛날 남자들 중동에 많이 나갔잖아요. 그때 엄마가 다른 남자랑 그런 게 있었나봐요. 할머니한테 부산에 있다고 들었거든요.

　부산에 온 첫날은 배 타는 부둣가에서 잤어요. 다음날부터는 낮에는 동래시장 돌아다니거나 오락실 한쪽 구석에서 자고 저녁에 움직이고 그랬어요. 때로는 낮에 계단에서 잘 때도 있고. 부산시청이 중앙동에 있을 때 시청 사람들한테 잡혔거든요. 의자에서 자고 있는데 누가 깨우더라고요. "집 어디냐?" 물으면 "집 없는데요" 했어요. 제주도라고 말하면 제주도로 보낼까봐. 그래 말하니까 부산시청으로 데려갔어요. 시청 여자 직원이 또 집 어디냐고 묻더라구요. 그래서 "집 없는데요" 했지요. 그럼 이때까지 어디서 살았냐고 묻는 거예요. 그런 거는 기억 안 나고 여기서 살았다, 그러니까 고아원으로 보내더라구요. 노포동 남광일시보호소. 지금은 이름이 딴

거로 바뀌었어요. 완전 어릴 땐데 형제복지원으로 안 보낸 거지요.

형제원에 갈 때도 그랬지만 고아원 갈 때도 가명을 썼어요. 이 상훈이라고. 나는 계속 갇혀 있을 거라 생각 못하고 내 본명을 대면 집에 가서 아버지한테 맞아야 되는구나, 그 생각만 했지요. 아부지를 제일 싫어하거든요. 어릴 때 이 팔에 흉터난 거며 다리 상처난 것도 아부지가 다 그런 거예요. 내 어릴 때 손발 묶고 바닷물에 빠뜨렸다 뺐다 하고, 나는 그게 제일 싫었거든요. 그래서 집 나온 거예요. 지금 같으면 아동학대라든지 그런 게 있지만 그때는 없었잖아요. 왜 그랬는지, 아부지한테 묻고 싶은데…… 돌아가셨잖아요. 형제복지원 나와서도 아부지한테 안 갔어요, 할머니한테 갔지. 어릴 때 너무 나 죽일라고 했는데 집에 가고 싶겠어요?

그날 시청으로 온 봉고차 타고 고아원에 가니까 먹을 것 주고 재워주고 그랬어요. 거기 7번방에 있었는데 키가 크니까 반장 역할을 했어요. 선생님이 애들 옷 갈아입혀라 하면 옷 갈아입혀주고 애들 잠잘 때 이불 덮어주고. 갓난 애기들은 엄마가 그리울 나이니까 베개 들고 "선생님 옆에 자면 안 돼요?"라고 물어보고서는 선생님 옆에서 자기도 하고. 고아원에 있을 때 혼자 까불랑까불랑해도 엄마 생각 많이 났어요. 엄마 이름하고 주소만 알 뿐이지 전화번호도 모르니까 그 안에서 선생님들도 찾아줄 길이 없는 거예요. 엄마 주소는 지금도 기억해요. 부산 합천면……

조 총무님이라고 그분이 내 머리 만져주면서 꼭 엄마 찾을 거라고 했거든요. 알고 보니 친엄마는 세 살 때 돌아가신 거예요. 세 살 때 기억은 없으니까 옆에서 키워주신 엄마가 친엄마인 줄 알았죠. 어릴 때 "엄마, 친엄마 맞지?" 그러면 "야, 내가 네 친엄마지" 그 랬으니까.

그 당시 〈오싱〉이라고, 탤런트 김민희 어릴 때 나오는 티브이 드라마가 있어요. 고아원에서 그걸 봤거든요. 많이 울었어요, 슬프 잖아요. 그때는 제일 보고 싶은 게 엄마였죠. 그때는 왜 버리고 갔 는지 한 번은 묻고 싶었는데 지금은 안 그래요. 나도 다 컸는데.

형제복지원 나와가지고 114에 전화해서 엄마 집 전화번호를 알았어요. 한 번 전화했는데 삼촌이 내 이름을 기억하지 못하더라 구요. "내 막내인데요" 그랬더니 "네 엄마 딴 데 가서 잘살고 있으 니 전화하지 마라" 그러는 거예요. 삼촌이 저한테 잘해주셔서 삼촌 이름을 기억하거든요. 그리고 삼촌 딸이 나하고 친구니까 한 번 통 화했어요. 대구에서 공장 다니는데 "잘 지내냐?" 그랬더니 "누군데 요?" 묻더니 누군지 기억을 못하고 전화를 끊어버리더라구요. 그 후로 전화 안 했어요. 지금도 엄마가 어디 계신지 모르겠어요. 그 엄마가 나 어렸을 때 키워주신 분이니까 잘살았으면 해요. 어딨는 지 알고 싶은데 알 방법이 없으니까 그 뒤로는 연락 안 해요.

고아원에서는 밥 먹는 시간 빼고는 자유잖아요. 선생님하고 밥 도 같이 먹고 뒷산에서 수건돌리기 게임도 같이 하고. 거기서는 힘 든 거 모르잖아요. 그런데도 아동들 입양돼 나갈 때는 마음이 아팠 어요. 부모가 찾아오는 게 아니니까. 우리 언제 저래 나가지 싶은 애들도 있었지만, 우린 저래 입양 나가면 안 되는데 싶은 애들도 있었어요. 어느 날 애가 입양 돼가는 거 보고 바로 산으로 도망 나 왔어요. 반장이었으니까 애들 우유 타주려고 식당에 막 들어갈 수 있었거든요. 식당 뒤에 통하는 문이 있었는데, 맨날 열려 있으니까, '어 저건 뭐지?' 하고 보니 길이 있었어요. 야산으로 올라가는 문이 었지요. 산에 철조망이 있는데 많이 있는 건 아니라 밀면 밀리는 정도. 그날 일단 나와보자 해서 3명이 나왔어요. 2명이 형제였어요. "현수야, 저기로 도망가자" 그러니까 "형, 길 알아요?" 물어서 제가 "일단 나가보자" 하고 무작정 나왔는데, 부산역에서 바로 (형제복지원으로) 끌려갔어요.

때리면 맞고 시키면 시키는 대로 해야죠

형제복지원에는 85년도에 들어갔어요. 85-2403. 형제복지원 카드 번호예요. 안에 있던 다른 사람도 자기 번호는 다 기억할걸요. 안에서 개 맞듯이 맞았는데 어떻게 잊어요. 제가 73년생으로 되어 있으니까 열한 살인가 열두 살인가 됐을 거예요. 그때 저도 형제복지원을 몰랐어요. 고아원에서 도망 나와가지고 갈 데가 없으니까 자려고 부산역에 왔는데 공안실(역사 안에 있는 안전 경비 담당)에서 잡혀간 거예요. 새벽에 공안이 와서 집 어디냐고 물어서 고아원에 있었다고 하니까 좋은 데 보내준다고 했어요. 그래서 따라가니까 형제복지원 파란 탑차가 와가지고 실어가더라고요.

지금도 아는 형들한테, 부산역에서 나 잡아넣은 사람을 죽이고 싶다고 말해요. 가끔씩 서울 올라갈 때 부산역에 가면 공안들, 그 사람들 만나고 싶다고. 그러면 형들이 "그 사람들이 늙어서 아직

있겠냐?" 그래요. 그쪽 잡아 죽여야 하는데…… 나를 잡아넣었잖아요. 그게 억울하잖아요.

새벽에 (형제복지원에) 도착해서 신체검사하잖아요. 몸에 문신 있나 없나 확인하고 장애 있나 없나 확인하고. 신체검사하고 바로 자러 신입소대에 새벽 2시에 들어가요. 새벽에 잤으니까 한참 더 자야 하는데 아침에 누가 막 깨우는 거예요. 발로 쥐 차요, 일어나라고. 눈떠보니까 사람이 엄청 많은 거예요. 처음 들어가선 다른 생각을 할 시간이 없어요. 옷 벗으라고 하고 막 때리고 그러니까, 정신없어요. 맨 처음 들어가면 맞고 시작하니까. 신입소대는 애들, 어른들 다 있어요. 술 취한 사람들도 있었는데 그 사람들은 많이 맞았어요.

처음 옷 갈아입고 신입소대에 들어가서 문 바로 앞 제일 추운 데에 있었어요. 그리고 3~4일 있다가 서무들이 와요. 그날이 소대 배치하는 날인데 제일 힘들어요. 배치되면 신고식이라고 막 기합받는 거예요. 2층 침대가 있는데 거기에 발 걸치고 물구나무 서갖고, 히로시마라고 발바닥 많이 맞았어요. 그리고 여기 무릎 뒤 오금을 몽둥이로 많이 맞고. 애들은 단체로 기합받고. 어른들은 안 맞았는데 우리 또래 애들만, 새로 온 신입들 다 배치하기 전에 맞았어요. 우리는 다리가 안 닿으니까 1층 침대 난간에다 걸쳐놓고 각목 같은 걸로 때려요. 그때는 각목보다 곡괭이 자루가 많았으니까 그걸로 맞죠. 우리는 어리니까 때리면 맞아야죠. 이유도 모르고. 맞다가 넘어지면 엄살 부린다고 머리도 맞고. 애인데 그런 경우가 많았어요.

처음 신입소대에 있을 때 어른들이 성폭행하는 일이 많아요.

소대 배치되고서는 당해요. 소대장 체제니까 단체 기합도 받는다고 말 잘 들으라는 얘기를 들었으니까, 무서워서 아무 말도 못해요. 얼굴 이쁘장하게 생겼다 하면 서무나 조장이 저녁에 그렇게 해요.

저도 그런 일이 두세 번 있었어요. 28소대도 그렇고 10소대도 그렇고 13소대도 그렇고. 처음에 이리 와보래요. 신입소대 때 서무 말 잘 들어야 한다고 교육을 다 받았기 때문에 가죠. 소대별로 그런 거 많이 봤어요. 조장이 밤마다 괴롭히니까 안에서 분위기로 다 알아요. 봐도 말 못하니까. 침대에서 애가 소리 지르면 '뭐야?' 그러다가 얼굴 보이면 내가 맞으니까 못 본 척하죠. 내가 말릴 수 없으니까 안에서 말할 생각도 못하죠. 그런 얘기 해봐야 소용이 없다는 걸 아니까…… 신고했다는 얘기는 못 들었어요. 신고했으면 벌써 몇 명 죽었겠지요. 사람들이 신고 못하는 이유가 있어요. 안에서 말 잘못해서 새나가면 바로 누군지 다 아니까. 다른 사람도 그랬을 거예요. 그런 애들은 기합받을 때 서무나 조장이 "너 빠져"라고 하거든요. 그러면 우리가 "저 새끼!" 하고 욕 안 하겠어요.

친구와 내가 힘들어서 이야기를 나눈 적도 있어요. "소대장한테 얘기해라" "소대장이 가만 놔두겠냐, 가만 안 두지" 그런 얘기들을 나눴어요. 가끔은 어떻게 알았는지 근신소대로 넘어간 사람도 있었어요. 그래봤자 한 일주일 있다 그놈이 다시 소대에 복귀하는데, 밤에 그 애를 놔두겠어요? 나중에 생활이 더 괴로운 거죠.

제가 처음 들어간 데가 아동소대 28소대거든요. 아동소대 중에 제일 힘들었지요. 처음에는 조장 들어올 때까지 무릎 꿇어앉아 갖고 주전자 물 채워 들고. 아동소대는 심했어요. 때리면 맞고 시키면 시키는 대로 해야죠. 어린데 뭘 알겠어요. 그리고 처음 단체별로 기합받아요. 침대에 85-2403, 그 번호가 붙어 있어요. 점호할 때는 4명씩, 5명씩 줄 서가지고 해요. 점호가 1초면 끝나요. 안 그러면 기합받으니까.

28소대는 군기가 세서 하루에 두 번 맞아야 했어요. 소대장 별 명이 개눈깔이라고 불렸어요. 여름에 바닥을 닦는데 팬티만 입고 침대 밑으로 기어들어가 닦으려면 땀이 절절 흘러요. 방을 늦게 닦으면 조장들이 몽둥이 들고 따라와요. 그러면 우리는 안 맞으려고 걸레 들고 무조건 기어가다보니까 침대 모서리에 받아가지고 머리가 깨지고 그런 일도 많았어요.

간혹 100명 중에 한두 명이 귀가조치된 아이들도 있어요. 부모 찾아와서 나가는 애들한테는 나갈 때 편지 좀 전해달라고 부탁해요. 안에서 편지를 많이 쓰거든요. 소대에서도 편지 많이 썼고. 쓰면 사무실에서 편지 보내준다고 했어요. 그런데 보냈는지 안 보냈는지 모르지만 귀가조치되는 아이들도 있어요. 개들이 나가서 어떻게 됐는지는 몰라요. 어디 공장으로 팔려갔는지 모르죠. 나도 두 번인가 썼는데 할머니는 편지 받은 적이 없대요.

창밖에 불빛이 보일 때 제일 서러웠어요

86년도에 아동 집 찾기 운동을 했어요. 집이 있는 애들 연고지로 가서 집 찾아서 인수인계해주는 거예요. 해운대로 형제복지원 봉고차를 타고 나왔어요. 봉고차 안에 7명인가 8명 있었는데 애들하고 도망가기로 얘기했어요. 제일 첨에 해운대로 갔는데 거기서 도망간 거예요. 뛰어서 안락동까지 도망갔어요. 이틀 동안 안락동 시장에서 보냈어요. 시장에서 김밥 말아갖고 쟁반에다 파는 사람들 있었는데, 그 아주머니한테 김밥 팔고 남으면 좀 달라고 했어요. 그리고 슈퍼 같은 데서 천 덮어갖고 음료수를 밖에 내놓잖아요. 그럼 거기서 사이다 2개, 콜라 2개 이렇게 훔치고. 병따개도 없으니까 그걸 이빨로 따다 이빨 다 나가고……

　도망간 지 이틀 만에 공원이 추우니까 안락동에 있는 충렬사에서 자다가 잡힌 거예요. 옛날에 방범대원이 있었잖아요. 자고 있는데 경찰이 순찰 돌다가 집 어디냐고 물어서 집 없다고 했더니, 집 없는 사람이 어딨냐고 또 묻길래 진짜 집 없다고 했어요. 그랬더니 그 사람이 "집 없으면 좀 이따 좋은 데 보내줄게" 했어요. 그래서 또 다시 보내진 곳이 형제복지원. 그때 받은 입소번호가 86-1360.

　이틀 만에 안락파출소에서 잡혔지만 도망친 사실은 안 걸렸어요. 아동들 중에는 자기 이름을 안 대는 사람이 많거든요. 성인들이 주로 도망을 많이 가니까 애들은 도망갔다고 생각 안 하죠. 해운대에서 도망친 애들 중 나머지는 성공하고 나 말고 한 명 더 잡힌 애는 신입소대에 갔다 28소대로 다시 잡혀갔나 그래요. 다시 잡혀왔을 때 저녁이라 다른 소대 문이 다 잠겨 있으니까 도망친 거를 모를 거 아니에요. 도망친 아동들은 근신소대라고 거기 가는데, 나는 신입소대에서 바로 10소대로 갔어요. 도망친 거는 나중에 들통 났어요. 제가 10소대에서 완전 고문관이어서 많이 맞았어요. 거기서 개 맞듯이 맞았어요. 청소년 중에도 10소대가 제일 빡세고, 아동소대는 28소대가 제일 빡세요. 10소대는 야간중학교에 다녀요.

전 악대부대인 13소대로 넘어갔어요. 나하고 10소대에 있던 사람이 13소대에 갔으니까 한 소대만 악대부로 가는 게 아니고 여러 소대에서 모으는 거죠. 그때 아동소대에 있던 사람도 13소대로 왔어요. 형주라고 형제원에서 친해진 애도 악대부대로 왔어요. 형주가 나보다 두 살 어려요. 악기 연습해갖고 시민회관 공연도 나갔어요.

그 안에서 맞기도 진짜 많이 맞았어요. 그런 것도 힘들었고 제식훈련할 때도 힘들었고…… 형제원 안에 운동장이 2개 있거든요. 10소대 앞에 하나 있고 28소대 밑에 하나 있고. 원산폭격 알지요? 머리 박고 엉덩이 들고. 그 상태에서 '앞으로 전진' 그거 하면 머리 다 까지고 진물 나고. 치료를 못하니까 계속 아프고. 어릴 때 그거 힘들었어요. 제가 알기로는 여자소대 애들도 제식훈련했어요.

그리고 가끔 잘못하면 서로 뺨 때리라고 해서 뺨 때려요. 나도 얼굴 빨개지지만 앞에 있는 친구한테 미안하죠. 나도 애를 세게 못 때리고 애도 나를 세게 못 때리고…… 그러면 주먹이 날라와요. 지들은 앉아서 구경하고 우리는 서로 때리고. 그런 건 소대장이 안 하고 조장이 시켜요.

10소대 앞 운동장에 근신소대라고 있어요. 큰 돌 부숴서 자갈 만드는 일 하고. 5명씩 줄줄이 앉아갖고 수건으로 머리 싸매고 옷도 군복이라 거긴 포로수용소 같아요. 근신소대가 있는 운동장에서 집합시켜서 운동장 끝까지 뛰어오라 해요. 선착순 5명 해갖고 뒤에 오면 두들겨맞고 제일 꼴찌들은 밥 못 먹고 소대 신발을 다 빨아야 해요. 식당에 소대별로 몇 명씩 밥 먹으러 가는 동안 2명이서 다 빨아야 해요. 전 꼴찌에 두 번 걸린 적 있어요.

식당 밥은 완전 보리밥에 배춧국. 배춧국도 시장에서 사람들이 밟아서 냄새나는 시래기로, 썩은 냄새 나는 거로 해주고. 선짓국도 양념이나 재료도 제대로 안 된 것을 주니 영양실조 걸린 애들도 많았어요. 당시에는 밥이 쌀 하나 없는 보리밥이었으니까. 그걸 첨에는 못 먹겠더라구요. 한 달, 두 달 지나니까 어쩔 수 없이 먹지만.

빨래는 작은 것들은 손빨래해요. 팬티나 양말 같은 거. 내무 검사할 때 개수 안 맞으면 맞으니까 다른 소대에 가서 훔쳐라도 와야 해요. 팬티 안에 형제복지원 마크가 있는데 빨랫줄에 널어놓으면 서로 훔쳐가요. 그거 걸리면 남의 소대 것 훔쳐왔다고 혼나는 거예요. 운동화는 스타워즈 신발이었는데 운동화 옆면에 운동화 번호가 다 적혀 있어요. 그거 지우고 우리 것도 다른 소대 애들이 들고 가요. 신발도 세멘 바닥 있잖아요. 거기에 갈면 지워지잖아요. 거기에 조금 지우면 누구 건지 알 수 없어요. 잘 못 지워서 27이라고 써 있는 거 보고 누가 자기 거니 달라고 하면 27소대 신발 다 네 거냐며 싸우기도 하고.

조장이나 서무들은 편해요. 기합도 안 받고 완전 열외. 열왼데 소대장 기합하면 같이 받지만 나중에는 너네 때문에 기합받았다며 우리한테 화살 돌려서 혼내죠. 조장들도 괴롭힐라고 괴롭힌 게 아니라는 거 알아요. 위에서 자꾸 그러니까 어쩔 수 없이 그랬겠지요. 군기 안 잡으면 안 되니까.

안에 있는 게 싫어가 도망가려고도 많이 했는데 거기 담벼락이 높아 우린 못 올라가잖아요. 그 당시 28소대 옆에 군부대가 있는데 28소대 밑 운동장 담 옆에 침대 매트리스 놓은 데가 있어요. 그래서 애들은 여기로 도망을 많이 갔어요. 형제원에 교회가 있는데 교회 가는 중에 도망가는 사람도 많고 밤에 환풍기 뚫고 그리로 도망가는 애들도 있고. 벽 뚫고 도망간 사람도 있었어요. 완전 세멘 벽이 아니라 흙하고 석고 회를 섞은 거라서 물만 묻히면 금방 뚫려요. 10소대에 있을 때 자고 있는데 벽이 뚫려가지고 추워서 잠이 깬 적이 있어요. 일어나보니 벽이 뻥 뚫려 있는 거예요. 우리 10소대에 있었던 사람들은 알아요.

형제원에 있으면 서러울 때가 많지만 제일 서러울 때는 밤에 잠잘 때 불빛 볼 때였어요. 2층 침대라 저녁때면 바깥 야경이 다 보이잖아요. 잘 때 창문으로 밖이 다 보이니까 나가고 싶지요. 그게 제일 서러웠던 거 같아요. 언제 나갈 수 있을까…… 그리고 서러울 때는 교회에 올라갔다 내려올 때에요. 교회에서 내려오는 계단에서는 시야가 넓게 보이잖아요. 형제원 밖을 보면 나가고 싶지요. 그게 제일 서러웠어요. 아플 때 친구가 아프냐고 물어볼 때도 서럽고. 왜 이렇게 지낼까, 서럽게, 서럽게……

어둠 속에서도 빛은 새어나온다

그래도 형제원에서 좋았던 건 친구를 사귄 거예요. 안에서 친구 하면 형주가 제일 생각나요. 형주가 우리 소대에서는 키가 제일 작았거든요. 형들이 괴롭혀서 형주가 울기도 많이 울었죠. 형주는 사람을 좋아해요. 나 말고 딴 애들도 있는데 항상 나보고 "저기 가자" 그래요. 그러면 같이 손잡고 따라다니고 그랬어요. 나도 "형주야" 그러면 "왜?", "같이 놀자" 그러면 "알았다" 그러고. 같이 운동장에서 구슬 따먹기 하고 그랬어요. 운동장에 모래를 쌓아놓고 그러거든요. 운동장 모래 파다보면 라이터 부러진 거도 나오고 볼펜 껍데기도 나오고 그러면 그걸로 보물 따먹기도 하고. 모래 파다보면 구슬도 나와요. 쇠구슬 나오면 완전 횡재한 거고. 형제원 밖으로 나와서도, 우리 다니던 공장에서 형주를 데리고 도망 나올 때도, 형주는 제 손을 안 놓으려고 했어요. 형주 손잡고 신길동까지 걸어갈 때도 그랬고.

제일 기억 남는 건 형주하고 나하고 몰래 감자를 빼먹은 거예요. 형주는 항상 식당 집합에서 꼴찌라서 밥 먹을 때까지 운동화를 다 빨아야 했어요. 그래도 둘이니까 웃으면서 했죠. 밥을 못 먹으니까 쉬는 시간에 뭐라도 먹어야 하니까 감자를 빼먹고 그랬어요. 운동장 뒤쪽에 부식 창고가 있는데 거기에 감자가 있어요. 철사 긴 거 주워가지고 문틈으로 집어넣어서 꼬챙이로 감자를 찍어서 빼먹어요. 형주가 "여기 망 좀 봐라" 그러면 망보고 그랬는데. 그 감자 먹다 걸리면 귀싸대기를 처맞아요. 형제원 갔다 온 사람들은 감자하고 시루떡 얘기하면 다 알아요. 감자는 쪄 먹지는 못하니 생걸 소금 찍어 먹죠. 껍데기를 벗겨 먹으니까 맛있었어요.

추석이나 명절에는 1년에 한 번 두 번 시루떡이 나와요. 원래 애들이 떡을 한 번밖에 못 받는데 당시 10소대장이 애들보고 옷 바꿔 입게 해서 떡 하나를 더 챙기게 했어요. 딴 소대들은 한 번 더 먹으면 벌서야 하는데. 10소대장은 안 그랬어요. 지가 화나면 소리 지르지만 먹는 건 잘 챙겨줬어요. 아이들 간식으로 나오는 빵이 있어요. 그것도 소대장이 몰래 더 챙겨서 하나씩 더 먹으라고 했어요. 그때는 그게 되게 좋았어요, 당시에는 먹을 게 중요하니까. 간식으로 나온 빵 받으면 새벽에 불침번할 때 먹으려고 서로 안 뺏기려고 빵을 팬티에 숨기기도 해요. 어떨 때는 숨겨도 없어지기도 하지만.

악대부대에서 형주하고 나하고 멜로디언을 했어요. 형주하고 나하고 처음에 아코디언 하다가 작으니까 멜로디언으로 바뀌었어요. "앞에는 키 작은 사람이 멜로디언 잡아" 하더라고요. 악대부대에는 아코디언, 전자기타, 가운데 드럼 등이 부채 모양으로 줄 서요. 색소폰이나 나발 부는 사람은 다 형들이었어요. 형들이 악대에 있을 때는 다 잘해줬어요. 괴롭히는 사람은 한두 명뿐이고. 그래도 맞을 때는 마이크대로 맞아요. 딴 데는 나무로 맞지만 우리는 쇠파이프로 맞는 격이죠. 형주하고 나, 우리 둘이 제일 많이 맞았어요. 리듬 틀렸다고, 빨리 못 외운다고.

제일 재밌는 것은 야간중학교에서 저도 얼마 동안 수업 들었을 때예요. 10소대 앞에 운동장을 지나가면 나오는 건물이 식당이에요. 1층이 피복실이고 2층에 야간중학교가 있어요. 아동소대 28소대 올라가는 길에 정신병동하고 식당으로 통하는 구름다리로 가요. 여기서 여자들하고 남자들하고 같이 학교에 갈 때가 유일하게 같이 얼굴 보는 때예요. 1시간 남짓 쉬는 시간 있잖아요, 그때 여자

애들한테 쪽지 보내기도 하고.

　또 봉제 공장에도 남자건 여자건 다 갔으니까 거기서도 여자애들을 보지요. 내가 봉제 공장에서 일할 때 만난 은아를 좋아했는데 집사람이 알면 맞아 죽어요. 이름을 아직도 기억할 정도로 좋아했는데. 악대소대에 있는 애들도 일 없으면 봉제 공장에 가서 일했으니까. 텐트, 와이셔츠 만들고. 나는 남방 칼라 조에 있었거든요. 뾰족한 부분인 귀라고 있거든요, 거길 뒤벼요, 거기에 다림질해서 빳빳한 거 넣고. 형주랑 저는 그쪽 일을 했어요.

　아동들도 그때는 담배 피웠으니까 신입소대 옆 공중화장실에서 담배를 피워요. 애들도 그냥 "담배 좀 줘요" 하죠. 당시 새마을이라고 필터 없는 담배가 있는데 달라고 하면 한 갑 다 주는 게 아니고 몇 가치씩 줘요. 소대원들은 노가다, 강제 노역 뛰잖아요. 그때 얻은 담배가 있으니까. 우리는 그 어른들한테 한 가치씩 얻어 피우고. 양말에 담배 넣어 숨기기도 하고.

　소대 중에서 악대가 제일 할 일이 없어요. 그래서 봉제 공장에서 작업을 하라고 하면 그리로 가요. 그런데 겨울에 추우면 봉제 공장 사장님이 라면 끓여먹으라고 라면을 한 박스씩 가져와요. 공장 책임자가 그걸 받아가지고 주전자로 라면 끓여가 먹고. 형주하고 나는 악대소대이기도 하고 봉제 공장에도 있었으니까 편했지요. 다른 소대는 라면 못 먹잖아요. 식당에서는 라면 안 나오잖아요. 그리고 우리는 저녁 늦게 경비 아저씨하고, 라면이랑 담배를 바꾸기도 해요. 환희라고 담배 중에 최고라서 엄청 귀한데 그걸로 바꾼 적도 있었어요.

87년에 형제복지원 사건 터지고 나서 아동들은 다 소년의집에 보냈어요. 소년의집 버스가 있는데 사람이 많으니까 며칠 있다 가요. 1차로 가고 2차로 가고. 제가 갔을 때 30명 정도였는데 소년의집 애들하고 패싸움을 했어요. 가면 운동장 있거든요. 거기서 싸웠지요. 부산 소년의집은 중등부와 고등부가 있는 곳인데 형제원에서 간 사람들한테 시비를 걸더라구요. 우리는 진절머리가 나니까 싸웠지요. 산전수전 다 겪은 우리니까.

거기서 난동 부렸다고 서울 소년의집 갔다가 두 달 후에 갱생원으로 보내더라구요. 한 1년 있었어요. 갱생원에서 나중에는 목공기술 안 가르쳐주고 삽 들고 노가다하라고 하고 리어카 끌고 지저분한 거 치우고. 그래 사회로 보내달라고 했어요. 갱생원에서도 조동하라고 소년의집 출신이 있었는데 개하고 형주, 나, 우리 셋이 꼴통 부리니까 공장에 보냈어요. 우리는 꼴통이라고, 너희는 도저히 안 되겠다고 금속 광내는 공장에 보내더라구요. 경기도 김포군 고천면 신곡리 보온금속이에요. 여자들 립스틱 통을 광내는 일을 했어요. 두 달 동안 돈을 안 줘서 11월에 도망 나왔어요. 형주하고 나하고 한 명 더 해서 3명이 도망 나왔어요. 김포에서 독산동까지 걸어갔어요.

이모 집이 독산동이라고 알고 있었거든요. 그래서 무작정 독산동으로 간 거예요. 어렸을 때 이모가 독산동에 산다고 얼핏 들은 걸로, "형주야, 거기 가면 쌀밥 주고 따뜻한 데 재워줄 테니 가자"

고 했지요. 이틀 동안 독산동을 돌았나, 혹시 길거리에 있으면 이모가 올까 하고 돌다보니까 신길4동까지 간 거예요. 잠은 골목에 잘 데 없나 보다가 조용한 계단 같은 데서 자요. 돈 있으면 만화방에서라도 잘 텐데……

신길동 가는 길에 어떤 형이 대문 앞에서 담배 피우더라고요. 그 형이 "야, 너네 이리 와봐, 너희 집 나왔지" 하는 거예요. 그렇게 구두 공장 형들한테 잡힌 거지요. 구두 공장에 갔어요. 맨날 본드 냄새 맡으며 본드 칠하고. 아침 9시에 나가면 저녁 8시까지인가 9시까진가 일했어요. 야근할 때는 10시까지 일하고. 쉬는 날에는 뭐 사 먹으라고 500원씩 주더라구요. 월급은 안 주고 100원씩, 500원씩. 두 달이나 월급을 떼먹었다니까요. 공장 나가도 돈 못 받으니까 도망 나왔어요. 형들이 술 한잔 하자, 그러기에 형들하고 술 먹다가 형들이 잠들었을 때 도망 나왔어요. 새벽에 내가 "가자!" 그랬어요. 그때 도망 나와서 형주랑 헤어졌어요. 난 부산에 간다고 서울역으로 가고 형주는 서울에 있고.

디제이 해볼래? 니도 하면 잘할 거다

서울역 와가지고 양복 입은 아저씨한테 "부산에 가야 하는데, 엄마 찾으러 가야 하는데 저 데려다주시면 안 돼요?" 그러니까, "너 옷이 왜 이러냐?" 묻데요. 그래 부산에 이런 시설에 있는데 거기 나와서 공장에 팔려가지고 도망 나왔는데 부산에 엄마 찾으러 가야 한다고 얘기를 했지요. 아저씨가 차표를 끊어줘서 부산역까지 왔어요. 그 당시 아저씨 지갑에 3만 천 몇 백 원 정도가 있었는데 그 아저씨가 버스비 빼고 돈을 다 준 거예요. "이걸로 엄마 찾고 나쁜 짓 하면 안 된다"면서. 그때 부산으로 내려와 부산에 계속 있었어요. 열여섯 살 정도일 거예요. 형제복지원 사건 없었으면 여기 부산은 살기 좋은 동네예요, 친구들도 여가 다 있으니까.

부산에 와서 소매치기 형들한테 잡히고 구두닦이 형한테 잡히고 신문팔이 형들한테 잡혀갖고 고생하다가 소년원에도 소매치기로 한 번 갔다 오고. 갔다 나와서 동래시장에서 잘 데가 없으니까 나이트클럽 계단에서 자고 있는데 누가 깨우는 거예요. "야, 새끼야 일어나." 그 가게에 일하는 웨이터 형인데 그 형한테 내 얘기를 했지요. 이러저러한데, 며칠 동안 밥을 못 먹었으니 밥 한 끼 좀 사주면 안 될까요, 했어요. 그러니까 국밥 한 그릇 사주더라고요. "너 어디 있었다고?" "남광고아원에 있었는데요." "야, 새끼야 형도 거기 있었어!" 그러는 거예요. 알고 보니까 고아원 선배예요. 몇 달 용돈 주고 옷 사주고 밥 사주고 그랬어요.

그 형 옆에 있는데 어느 날 "야, 너 디제이 해볼래? 야, 새끼야 그냥 따라와" 그랬어요. 형 친구가 음악다방에 디제이로 있더라구요. 거기 갔어요. 그 형이 한 달 보름 만에 "니도 일을 해봐라" 그러데요. "니도 하면 괜찮을 거다, 니도 하면 잘할 거다" 했어요. 왜냐고 물으니까 "니 말 잘하잖아, 해봐라" 그러더라구요. 음악다방에 처음 가서 디제이 해보라기에 하루 일과 중 에피소드하고 시 읽어주고 뉴스, 대형사고 난 거 얘기하고 "여러분들 이런 거 조심하셔야 합니다" 그런 이야기들을 했지요. 사람들이 웃고 반응이 좋았어요. 디제이 하는 거 바로 안 가르쳐주고 4개월 동안 라면 끓여먹으며 레코드판만 닦았어요. 용돈을 주길래 돈도 주네 싶어서 물어봤지요. "형, 이거 하면 얼마 벌어요?" 하니까 "니 하는 만큼 번다" 그러더라고요. 그 형 월급날 몇 만 원씩 주고. 서울말 쓰는 게 되게 멋지더라구요. 그래서 "저도 서울말 써도 돼요?" 하고 물으니까 하지 마라 그러더라구요. 로라장(롤러장)에서도 디제이를 하고 디스코텍에서도 했어요. 선배가 "야, 너 (말) 되니까 그리로 가라" 해서 나이트클럽에서 일했어요. 그 당시 승마바지 있잖아요, 승마바지도 입고 디제이 했어요. 처음에 디제이 할 때는 여자 꼬실까 하는 마음으로 했어요. 선배들이 여자들을 2명씩 데리고 다니는 거 보고 나도 언제 저럴 수 있을까 부러워도 하고. 그 당시는 디제이가 멋있잖아요. 서울 종로구에서도 일하고 부산 백악관(나이트클럽 이름)에서도 일하고 광명에서도 일하고.

난 이 직업이 맞는 거 같아요. 남 앞에 나서는 거 좋아하고 무대에 서는 거 안 쪽팔리고. 처음엔 쪽팔렸는데. 지금까지 안 쉬고 디제이로 일했으니까 오래했지요. 나는 일할 때가 제일 즐거운 게 아무 잡생각이 안 나서예요. 음악 듣다가 트로트 듣다가, 부모 얘기 나오면 한번씩 엄마가 생각나지만……

27년 만의 재회

인터넷 보다가 옛날 사건 나오나 해서 형제복지원 쳐보니까 나오더라구요. 종선이 아시죠? 2년 전인가 종선이 번호가 뜨길래, 내가 연락했어요. 종선이랑 연락되자마자 전화가 왔는데 처음에 일부러 안 받았어요. 두렵더라고요.

연락 안 받고 있다가 한참 후에 전화기 잃어버리고 나서 다시 전화했지요. 혹시 그중에 이형주를 아냐고 물었어요. 한번씩 형제원 생각하면 형주 생각이 제일 먼저 나니까…… 형주가 1인 시위를 도와줬다고 해서 그때부터 연락했어요. 형제복지원 모임에 간다고 하니까 종선이가 카톡방에 친구로 초대했는데 형주가 있더라구요. 카톡방에서는 제 이름으로 얘기하는데, 형제원에선 제가 상훈이었으니까 형주는 상훈으로 기억하는 거죠. 단체 카톡방에서 형주가 "훈이 아닌가?" 그러는 거예요. 그래가 "나 상훈이 맞는데, 너 형주 맞는가?" "혹시 갱생원에서 도망 나오고 13소대 악대소대 아니냐?" "시민회관 공연 갔었는데……" "맞다" "나 형주 맞는데, 네 전화번호 좀 줘봐라" 그래갖고 전화해서 "이 새끼, 너 어디에 있냐"고 물었어요. 형주가 서울이라고 말하는데 눈물이 나더라고요.

2014년 3월 26일 서울에서 형제복지원 피해자 증언대회를 할 때 제가 일하고 있었거든요. 사장님한테 말했어요. 나 26일 일 못한다고. 27년 만에 친구를 만난다고. 뭣 땜에 그러냐고 묻길래 형제복지원 사건 아시냐고 되물었지요. 얘기는 들었다고 하길래 내가 그 피해자라고 했어요. 그럼 갔다 온나 하시데요. 그래 서울에 올라가니까 형주가 마중 나와 있더라구요. 형주는 다 컸는데도 알겠더라구요. 얼굴 윤곽이 그대로예요. 그래도 안경 끼고 허리도 굽으니까 눈물이 나더라구요. 형주랑 만나서 울고. 미안하다, 미안하다, 그 말밖에 안 나오데요. 제일 고생했던 산증인이잖아요.

내가 데리고 왔어야 하는데 그러지 못해 미안한 거예요. 난 부산에 내려와서 그때부터 나이트클럽 디제이를 했으니까 잘 풀린 거잖아요. 같이 있었으면 공장에서 고생 안 해도 되고…… 많이 미안해요. 형제복지원 하면 떠오르는 건 형주예요. 같은 소대에서 같이 밥 먹고 같이 자고, 소년원에서 같이 고생하고 소년의집에 같이 가고, 갱생원에서 같이 고생하고 같이 꼴통 부려 같이 맞고, 겨울에 공장 같이 넘어가고…… 공장에서 나와 어린 나이에 겨울에 독산동까지 걸어가고. 그땐 신발이 뜯어졌는데도 자유라서 막 좋아했는데.

형주가 중간에 집에 한 번 왔거든요. 내가 어떻게 사는지도 보여주고 싶어서 불렀어요. 나는 둘이 있고 싶은 거예요. 27년 만에 둘이 손 꼭 잡고…… 27년 만에 손잡으니까 좋데요.

"시끼, 그때 어디 갔었나?" "나는 부산 왔다." "니 암만 찾으려해도 못 찾겠더라." "미안하다. 니 찾지 못해서." "친구끼리 미안하다 하지 마라, 친구야."

그 말 할 때 형주는 내 앞이라 눈물 안 흘리려고 했겠지만 난 눈물 많이 흘렸어요. 27년 됐는데 떨어져 있으면서도 형주를 잊은 적 없어요. 내가 형주한테 항상 많이 하는 얘기가 그때 너 못 데리고 간 거 미안하다는 거예요. 이상한 데 가서 맞고 고생한 건 아닌가 걱정했어요. 그날 같이 자면서 얘기를 진짜 많이 했어요. 형주는 아버지를 찾았다고 하더라고요, 전화 한번씩 한다고. 갱생원에서 꼴통 부린 얘기, 형제복지원 얘기 많이 했어요. 옛날에 우리를 건드린 그놈은 뭐 할까라는 얘기도 하고, 그놈 만나면 죽인다고도 하고……

형주, 참 좋은 친구예요. 정이 많은 친구고 지보다 힘든 친구면 돕고 누가 힘들다거나 배고프다고 그러면 밥 한 끼를 사줄 수 있는 친구예요. 돈 많아서 그런 거 아니고. 어릴 때 갇혀서 살았고 배고 파 살았고 두드려맞으며 일도 해봤으니까. 저도 지나가다 누가 배고프다 그러면 밥 한 끼는 사줄 수 있어요. 저번에 형주 사진 봤지요? 정말 귀엽잖아요. 형주가 말수는 별로 없는데 말 한 방에 웃기는 그런 거가 있어요.

국가가 먼저 사과해야 하는 거 아니에요?

전 혼자 있으면 술 마시는 거 좋아해요. 술 마시면서 내가 왜 그런 곳에 잡혀갔을까, 그런 생각도 많이 하고 그래요. 형제복지원에 안 들어갔으면 내 인생이 이리 안 됐을 텐데, 형제복지원 안 들어갔으면 다른 거로 성공할 수도 있는데 왜 갔는지, 왜 그 안에서 맞아야 했는지. 거기서 왜 고생했는지…… 뭐 남들은 안에서 있었던 일은 잊고 싶다고 하지만 난 안 잊을 거예요. 내가 왜 그리 맞았는지 모르겠으니까. 한창 성장해야 될 유년기인데 그 안에서 맞으면서 잠도 못 자고 그랬으니까.

그렇다고 지금 와서 디제이 일 하는 거 후회는 안 해요. 내가 좋아서 하는 일이니까. 학교 못 간 것도 후회 안 하고. 한글 알겠다, 숫자 알겠다, 그럼 된 거 아니에요? 지금까지 학교 못 가서 어디 회사도 못 들어가는 짝들이지만. 국민학교 때 이후로 학교를 안 갔으니……

그런데 원장이라는 새끼는 겨우 징역 2년 6개월만 받고. 지금 부산역에서 일대일로 박인근을 만나면 내가 가만두겠어요? 전두환이 지 사건 무마시키려고 88올림픽 하고. 그게 어찌 보면 우리 사건 아는 사람도 있지만 모르게 된 이유고. 그래서 전 먼저 부산 시민들이 알아줬으면 해서 사람들한테 말해요. 형제복지원 아시냐고. 그러면 부산 시민들이 몰라서 미안합니다, 해요. 나이트 손님들이 술 한잔 먹자고 해서 술 마실 때도 말해요. 형제복지원 아시냐고. 그러면 "그런 얘기 하고 뭐야, 이 오빠. 술맛 떨어지게 한다"는 말을 들을 때도 있지만 얘기하다보면 그 사람들도 알게 되는 거니까 필요한 거고.

구십 몇 년도에 디제이 하면서 알게 된 뒷동네 친구가 있어요. 형제원에 대해 상세하게 얘기하니까 "네가 힘들어하는지 몰랐다, 친구야" 그랬어요. 그래서 친해진 친구예요. 내가 힘들 때, 지가 전화해서 잘 지내냐 그러고. 지금은 얘기 들어주는 친구가 됐어요.

옛날에는 사람들이 제 다리 보고 소아마비냐 그런 말 많이 했어요. 형제복지원에서 어렸을 때 맞아서 다리가 불편한 건데 대책위 만들어지기 전에는 "어디 아파요?" 그러면 "그냥 다리 아파요" 그랬어요. 그런데 이제 사람들이 형제복지원 알고 나서는 거기서 맞아서 그렇다고 얘기해요. 사건을 조금 아는 사람은 "다행히 나왔네" 그래요. 고맙죠, 그리 말해주면.

그런데 "니가 양아치니까 잡혀갔지?" 웃으면서 "니 부랑인이었나?" 그런 얘기 하면 짜증나죠. 지금은 앵벌이하시는 분, 노숙하시는 분도 그냥 거리에 있잖아요. 옛날이면 다 잡아갔는데 지금은 노숙자들도 괜찮잖아요. 뉴스에서 고아원 원장이 애들한테 라면만 먹이고 원장 애들은 유학 보냈다고 하는 얘기가 나오면 화딱지가 나죠. 형제복지원 박인근도 생각나고. 그 사람도 저랬을 텐데.

형제복지원에 대해서 얘기하는 거, 나 안 쪽팔립니다. 그건 나를 불쌍하게 알아달라는 게 아니고 사회가 잘못된 거 바로잡자고 모인 거니까. 사람들이 "형님아 잘됐으면 좋겠다"고 해요. 아는 누나들도 이제는 "서명할 거 있으면 갖고 온나, 다 해줄게" 그래요. 친목계하는 사람들한테 얘기해서 다 해준다고. 옛날에는 그걸 안 믿었는데.

내 개인적인 생각은 옛날 사건이지만 인권유린은 공소시효가 없다잖아요. 국가도 잘못한 거고. 원장 그 새끼, 전두환 그 새끼도 나쁜 놈이고. 그 안에 있던 분들 못 배운 사람 많잖아요. 그것 때문에 회사도 못 다니고 지금 일용직 다니는 사람 많더라구요. 그런 사람들 평생 그리 살아야 한단 말이에요? 기술이 있어요? 학벌이 있어요? 뭐가 있어요? 그 사람들 인권 찾아주고 그 사람들 안에서 고생한 만큼 보상해주고. 보상금 때문에 이런 거 아니잖아요. 우리 인권 찾고 우리가 어릴 때 그렇게 당한 거 국가한테 사과도 받고. 지금 정부도 박근혜 지네 아버지 때 그런 거니까 사과해야 하고.

자기들이 먼저 사과해야 하는 거 아니에요? 지금이라도 우리 형제복지원 피해자들의 인권 찾고 인간답게 살아야 하는 거 아니에요? 미안하다 사과 한마디라도 받아야지.

　아님 지금은 박인근 일가 재산이 얼마 안 남았겠지만 그 재산 다 뺏어서 그렇게 당한 사람들 자립할 수 있게 해야 하지 않아요? 그래도 보상보다도 진상 규명이 제일 중요하지요. 만약 다시 한 번 처벌할 수 있다면 그 당시 책임자들 다 처벌할 수 있었으면 좋겠어요. 그리고 우리 일이, 형제복지원 사건이 잘 해결되더라도 피해자끼리 서로 무시 안 하고 이 모임이 끝까지 가고 서로 도와줄 수 있었으면 해요.

인터뷰 내내 밝던 이상명 씨가 눈물을 흘린 건 형주 이야기를 할 때였다. 그는 형주 이야기를 꺼낼 때마다 눈물을 흘렸다. 그에게 미안하다고 했다. 나는 그 눈물에서 빛을 보았던 것 같다. 그 지옥 같은 형제복지원에서 살아남게 한 빛! 그의 형제복지원 생활에는 즐거웠던 기억이 많았다. 얘기를 듣다보니 형제복지원에 있었던 다른 사람들도 즐겁게 기억하는 일들이 많겠구나 싶었다. 형제복지원에 대해 내가 얼마나 피상적으로 알고 있었는지 깨달았다. 그들은 어렸으나 그 나이 또래가 그 어둠을 뚫고 만들 수 있는 작은 놀이가 있었을 거라는 것을, 살아 있는 사람이기에 그 황무지로 날아온 씨앗들을 물을 주며 키울 수 있다는 것을, 내가 미처 생각하지 못했다는 사실을 알게 됐다. 그는 그런 사람 중 하나였다.

그의 이야기를 써내려가면서, 그의 이야기를 곱씹으면서 나는 생각했다. 그가 도망쳐온 폭력적인 아버지는 폭력적인 국가와 닮아 있다고. 처음에는 그저 엄마 찾아 헤맨 소년의 이야기로만 들렸다. 〈엄마 찾아 3만 리〉에 나오는 주인공처럼 부산 시장을 헤매는 가녀린 소년인 줄 알았다. 그러나 그가 아버지에게 맞았으며 가명을 쓰고 고아원에 있을 정도로 아버지가 싫었다는 얘기를 듣고서야 다시 삶이 그려졌다. 그림에 뿌려진 모래를 털어낸 듯 숨겨진 그림이 드러나는 듯했다. 폭력으로부터 도망치고 싶었기에 그 오랜 시간을 배를 타고 부산으로 왔던 것이다. 엄마를 찾고 싶은 그의 마음이 어디서 비롯되었는지 알 것만 같았다. 아프게도 그는 폭력으로부터 도망치지 못하고 형제복지원이라는, 국가의 확실한 뒷배가 있는 시설에 끌려갔다.

박정희, 전두환으로 이어지는 개발독재국가는 빨리 경제를 성장시키기 위해 불필요하다고 생각되는, 쉽게 길들여지지 않거나 화려한 경제성장 이미지에 맞지 않는 사람들을 정리하고 싶어했다. '모아서 가둬라!' 그것이 내무부 훈령 410호이다. 그 훈령을 바탕으로 박인근은 부를 늘렸고 그를 비롯한 많은 시설장들은 폭력과 강제 노동을 국가의 이름으로 당당하게 수행했다. 가부장제와 국가는 형제복지원으로 가게 된 그의 삶에서 그렇게 조우했다. 어쩌면 이러한 국가의 입장에서는 전두환이 박인근에게 표창을 주는 건 당연한지도 모른다.

아직도 국가 폭력과 가부장 폭력에서 살고 있는 사람들이 많다. 공식적이든 비공식적이든 아직도 가정폭력을 피해 거리로 나온 길거리 청소년이 있고, 가정에서 창피하다고 시설로 보내지는 장애인들이 있다. 국책 사업이라는 이유로 농사짓던 땅에서 쫓겨나는 밀양의 주민들이 있다. 그의 이야기를 들으며 가부장 사회에서 약자가 살아남는 법은 무엇일까 생각해본다.

그는 형제원에서 형주를 만났고, 서울역에서 이름 모를 아저씨에게 차표를 받았고, 시장에서 김밥 파는 아주머니에게서 김밥을 얻어먹었고, 골목 계단에서 나이트에 다니는 형에게서 끼니와 잠자리를 얻었다. 그는 그렇게 살아남았다. 아니, 우리는 모두 그렇게 살아남았는지 모른다. 이름 모를 이의, 아니 가까운 이의, 아니 멀리 있는 이의 도움으로 그렇게 살았다.

　그럼에도 우리를 슬프게 하는 것은 우리는 언제나 먹이사슬의 밑바닥에 있다는 사실이다. 그는 세월호 참사가 터지기 한 달 전, 인천에서 디제이 하는 동생에게서 세월호를 타지 않겠냐는 제안을 받았다. 거제도 민항선 일이 있어서 세월호를 타지 않았고, 그는 살아남았다. 하지만 그는 언제든 그런 일을 당할 수 있는 밑바닥 비정규 알바 인생이다.

2부

시간을
찾는
사람들

서류철 하나에 집약된 인생

김영덕 구술 • 서중원 기록

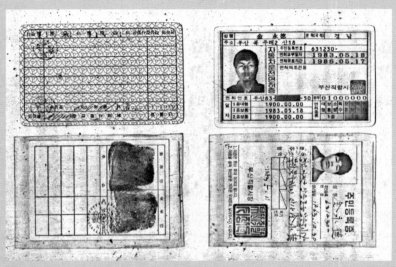

김영덕이 재입소 후 운전면허 교육생이 되지 않았다면,
그는 아예 형제복지원에 있었다는 기록 자체를 갖지 못했을 수도 있다.
(제공: 형제복지원사건진상규명을위한대책위원회)

자신의 지난 세월을 증명하는 사물로 우리는 대개 일기장이나 사진첩 같은 것을 갖는다. 또한 그런 것들을 들춰보는 소소한 재미를 '옛일을 추억한다'라고도 말한다.

　그런데 이 사내, 처음 만나자마자 웬 비닐 서류철 하나를 꺼내 놓는다. 그 안에 그러모아진 이러저러한 서류들이며 전단지들을 꺼내어 다짜고짜 자신에 대해 말하기 시작한다. 보육원 입소 서류, 가족 찾기 전단지, 주민등록등본, 주민등록증 사본, 운전면허증 사본, 각종 민원 청구 서류 사본과 그때마다의 답변 서류, 심지어 벌써 이사한 집의 10여 년도 더 된 지하 단칸방 계약서까지.

　추억이 스며들 틈이 없는 사실 증명으로만 이루어진 서류철. 그나마도 각 서류들은 아무런 계통도 없이 그저 그때그때의 순서대로 빼내어졌다 다시 꽂힌다. 그의 말도 그렇다. 당혹스럽다. 가장 난감한 것은, 그가 들려주고 있는 말이 한 사람의 일대기이나 어느 굽이에서도 결코 추억이 될 수 없는 종류의 기억이라는 것. 지금 내게 자신에 관한 모든 공적인 서류를 보여주고 있는 그는, 일기장이나 사진첩 같은 사적인 성장 기록을 보여줄 수는 없는 사람이라는 사실이다.

　　　　　　　　■■

　　출생이 아닌 발생, 내 역사의 시작을 일컫는 말

"여 보면 나와 있지요?"

　　1963년 12월 30일생. 남. 1966년 12월 30일 진영 진우원 인수.
당시 3세.

　　"67년에 작성된 건데, 그라니께네 내 세 살 때 발생된 걸로 추
정한대요. 진영 진우원 부근에서 발생되어서 김해 방주원으로 왔다
가 70년도 3월에 거제도 임마누엘 보육원으로 온 것으로 되어 있어
요. 이것도 나중에 내가 찾아서 알게 된 거고. 그 이전에는 내가 본
적지가 어딘지, 어디가 고향인지 몰랐고…… 2000년에 내가 헤어
진 가족 찾기 모임 할 때, 내 혼자 찾아낸 거예요."

　　그의 생애 첫 페이지는 차갑고 건조한 말이 전부였다. 감정이
배제된 명사로만 쓰여진 서류. 감정만이 아니었다. 이 기록에는 도
무지 격이라는 것이 없다. '인수'라는 말을 사람에게 쓰던가? '인수'
는 물건이나 권리를 양도할 때 쓰는 말이 아니던가? 이는 사소한
기입 실수가 아닐 것이다. 당시 시설이 수용자를 어떻게 인식하고
있는가가 드러나는 한 단면이라고 보아도 무방할 것이다. 그렇다.
서류에 붙은, 엄지손가락 첫째 마디만 한 흑백 사진 속 아기는 1963
년 12월 30일생으로 단지 추정할 뿐이다. 이 아기는 1966년 12월
30일 진영 진우원 부근에서 발견된 것이며, 당시 3세가량으로 보였
기 때문에 발견된 시점에서 역산하여 1963년 12월 30일을 생일로

기입한 것이다. 그리고 이 아기를 며칠 후 김해 방주원에서 받는다. 서류는 그렇게 말하고 있다. 이 시설에서 저 시설로 아기를 '인수' 했다고.

　　그러니 저 격 없는 문서보다 자신이 '출생'한 것이 아니라 '발생'된 거라고 표현하는 그이의 어법은 차라리 정확했다. 그는 미아였다. 아이가 부모를 잃고 길을 잃는 것은 사고이므로, 그가 자신을 '발생'되었다고 표현하는 것은 틀리지 않다. 2000년, 그러니까 추정하는 나이로 그가 근 사십 줄에 들어설 즈음 처음 발견하게 된 이 짧은 기록을 가지고, 그는 아마 수차례 자신의 기원을 재구성해 보았을 것이다. '발생'이라는 표현은 그렇게 고도로 걸러진 사고 과정의 산물이었을 것이다.

　　그러나 그의 말을 처음 듣는 사람은 대부분 의아해진다. 무턱대고 '나의 발생'이라는 말을 들을 때와 마찬가지로 그의 말은 듣는 이를 적잖이 당황케 한다. 확실히 그의 어딘가는 서툴다. 때문에 눈앞의 이 사내는 밑도 끝도 없는 말을 한다며, 혹은 잘못된 표현을 사용한다며 종종 정상성을 의심받기도 했다. 김해시청 시민복지과를 통해 이 서류를 건네받을 때만 해도 그랬다.

　　"김해 가서 자료도 보고 거제시청 가서 찾아도 보고. 그런데 자료는 5년 지나면 폐기처분한다고 그런다고요. 그렇지마는 지금도 있는 고아원 같은 데는 입소 자료가 있으니께네. 결국 방주원에서 찾긴 찾았는데…… 처음에 김해시청 갔을 땐 없다고 그러더라고요. 내 자료를 찾으러 왔다고 그러니까. 김해에 한림원이라고 정신병원이 있어요. 안 가면 거기 보낸다고 하더라고. 거기 시민복지과에서 그랬단 말예요. 거기 찾아가서 내 개기고, 내놓으라고. 안 내놓으니까 내가 보건복지부에 민원을 넣었다고. 그래서 보건복지부에서 도지사에게 조사하라고 지시가 떨어져서 2000년도 3월 7일에 내 자료를 받았다고요.

내는 가족관계도 모르고, 어디서 발생되었는지도 모른다고요. 근데 김해시청에서 정신병원에 보낸다고 그래서 내 하루 노숙을 했어요. 시민복지과에서. 내는 지네가 도와줘야 되는 사람인데……전국에 가족 잃은 사람들, 시설에 있었던 사람들 중에 내처럼 자료 있는 사람은 얼마 없어요. 그라몬 정부에서 자료 찾아 온 사람한테 그라몬 안 되지요. 이건 내가 끈질기게 찾았잖아요. 저는 헤어진 가족 찾기 모임 처음 할 때 아무 자료가 없었어요. 무학이나 마찬가지인데 내가 했다고요. 나는 이 부분, 국가도 책임이 있다고 봐요. 가족 찾는 거 도와줘야 되는데, 정신병원에 보내려고 했단 말이에요. 정신병원 보낸다는 게 말이 되는 소리예요? 결국엔 서류가 나왔어요. 김해 방주원에서."

이 얼마나 격이 없는 과정이었나? 고작 격이 없이 쓰인 서류 한 장을 받기 위해서 말이다. 그래도 그에겐 소중한 자료였다. 추정이라고는 하나 세 살 무렵부터 자신의 역사를 다시 구성할 수 있어서였다.

"여 사진을 내가 사진관 가서 확대를 했어요. 나한텐 이기 어렸을 때의 전부잖아요? 봐봐요. 이기 발견되었을 때라 카는데, 이 시절에 이런 복장을 하고 있었던 것을 보면 나는 어려서 엄마의 사랑을 많이 받고 살던 아이 같아요. 이리 모자까지 씌워서 곱게 입히고 우리 엄마는 나를 잃어버려 얼마나 울었을까요? …… 아니야, 고아원 근처에서 발견되었다고 하니까 엄마는 나를 버릴 작정을 했던 것 같아. 최고로 잘 입혀서 그 앞에 세워두고 다른 사람에게 발견될 때까지 숨어서 보고 있었을 것 아니에요? 우리 엄마도 무슨 사정이 있었겠지…… 그러니 얼마나 울었을까……"

여태 우는 것은 아이를 잃은 엄마일까, 엄마를 잃은 아이일까? 상상 속에서 서로 공명하는 울음으로 그는 자신이 미아로 발견되어 고아로 등록이 된 저간의 사정을 스스로 납득하려는 듯했다. 그렇게 그가 미처 기억하지 못하는 시절은 간략한 기록으로나마 그의 상상 속에서 구구절절한 사연의 옷을 입어 따스했다. 그러나 실질적으로 그의 기억이 시작되는 보육원에서의 생활은 비교할 수 없는 냉기가 돌았다.

"처음 발견된 진우원은 고아원이었나봐요. 당시 내 나이는 영아원에 있어야 할 나이라서, 진우원에서 영아원인 방주원으로 옮겨지고, 거기서 나이가 들어서는 거제 임마누엘 보육원으로 오게 된 것 같아요. 옛날에 보육원이라 카는 데는 거기에서 발생된 게 아니더라도 다른 데에서도 데려와요. 시설이 다 좋은 데만 있는 것이 아니고, 그중에서 돈벌이 목적으로 운영하는 시설들이 있어요. 내가 있던 고아원 말입니다. 내 여직 이름도 기억해요. 원장 어머니는 신복순, 원장 아버지는 진도순이라고, 거제도에서 최고 부자였는데, 땅도 많았고 산도 많았어요. 원장이 거제도 대의원이었어요.

그라니께네 그리 내를 데려와가지고, 내 어렸을 때 원장 산에 가서 나무를 많이 했지. 원장이 우리를 학대를 많이 했어요. 그래서 애들이 거서 도망을 많이 나왔지요. 옛날에는 미국에서 고아원에 원조를 많이 해줬잖아요? 강냉이죽, 콩가루죽. 쌀도 왔어요. 그라모 밤에 원생들 먹는 쌀, 그 쌀이 옛날에는 삿가마니로 나왔는데, 밤에 그 쌀을 팔러 나갔어요. 리어카에 삿가마니째로 실어가지고. 그 당시 원장 아들은 고급차를 타고 다녔어요. 그란데 우리는…… (한참 침묵) 우리 고아원에서도 사람이 둘이 죽었어요. 여자 둘이. 옛날에는 고아원에서 도망가고 그러면 잡아다 감금하고 그래요. 그런데 내가 생각하기로는 굶어서 죽은 거로 생각해요. 사람이 죽으면 입에서 구더기가 부글부글해요. 내가 그걸…… (한숨) 옛날에는 돈벌이 목적으로 운영하는 시설이 많았어요. 수용 시설이 다 그렇죠."

'수용 시설이 다 그렇죠.'

그것은 직접 수용 시설들을 경험해본 자만이 할 수 있는 체념의 말이었다. 어디나 마찬가지였다는 식의 회고를 압축한 말. 그것은 그가 유년기 말고도 장차 생의 많은 시간을 시설에서 보내야 했다는 것을 암시하는 말이기도 했다.

미리 약술하자면, 실제로 김영덕은 미아로 발견되어 진영 진우원—김해 방주원—거제 임마누엘 보육원을 거쳐, 12세 전후부터 숙식을 제공받는 대가로 시골 농가의 농사일이나 허드렛일을 거들던 남의집살이를 약 3~4년간 보냈고, 18세를 전후하여 부산 형제복지원에 처음 입소하였다. 2013년 7월 10일 형제복지원 증언대회집에 김영수라는 가명으로 수록된 그의 증언에 따르면, 그는 형제복지원에 총 세 번 입소하였다. 첫 번째 입소는 당시 일하던 공장주의 보증으로 귀가조치되었다고 한다. 그러나 두 번째 입소 후 어떻게 형제복지원을 나오게 되었는지, 다시 세 번째는 왜 입소하게 되었는지, 형제복지원에서 나온 최종 시기 등등에 대해서는 어떤 충격 때문인지 김영덕 그 자신이 자세히 기억하지 못한다. 대략 18세를 전후한 시기부터 많게는 20대 중후반까지를 형제복지원을 오가는 생활을 한 것으로 추정할 수 있는데, 그렇게 본다면 그의 유년기와 청년기의 대부분은 시설을 전전하는 삶이었다.

이것은 현재 그가 자신을 근거할 때마다 불쑥불쑥 내미는 자료들의 성격을 결정짓는 사실이다. 이 시설에서 저 시설로, 혹은 이 집에서 저 집으로, 그것도 아니면 거리에서 떠돌아야 했던 그가 추억거리로 집대성할 수 있는 사적인 기록들을 갖긴 힘들었을 것이다. 대신 그는 추억이 될 순 없을지언정 기억을 보완할 수 있는 공적 서류들로 자신의 유년과 청년기를 복원하기 시작했다. 형제복지원 탈출 이후 10여 년간의 노숙생활을 거쳐 드디어 안산 지역에 자리 잡게 되는 30대 중후반에 들면서, 그는 본격적으로 자신의 기원을 증명할 수 있고 또 그 궤적을 추적할 수 있는 모든 종류의 서류들을 찾아 나섰다. 그러한 노고의 결과가 첫 만남에서 보여주었던 비닐 서류철이었던 것이다.

서러운 남의집살이

"내 그래도 장승포초등학교 5학년인가 다녔어요. 그런데 졸업을 안 했어요. (임마누엘 보육원) 도망 나와서 거제도 남의 집에서 소도 먹이고…… 남의집살이를 했어요. 75년도에 고아원에서 도망 나왔으니까, 거제도에서 한 3~4년 그렇게 남의집살이를 한 거죠. 79년도까지 거제도에 살았어요. 소도 먹이고 풀도 베고 나무 하고…… 옛날에는 시골에서 오갈 데 없는 사람 데려다가 소 먹이고 그랬다고요. 무연고자들 보면 시골에 데려간다고. 그기, 자식들 삼으려고 데려가는 게 아니라 소도 먹이고 일 시키려고 데려간다고. 머슴도 아니고. 거서 살면서 농사를 짓는다고요. 그라몬 주인이 자식같이 대해주는 게 아니라 일을 제일 많이 시킨다고. 소 풀 베 오라고 그러고, 나무 해 오라고 그러고. 무연고자들은 그랬어요. 여자들은 식모살이 많이 했어요. 열한 살, 열두 살 무렵이니까. 그때부터 79년까지 내가 남의집살이를 여러 군데 했어요. 그란데 내는 어린 시절 시설에서 학대받고 자라서, 그런 데가 차라리 낫더라고. 밥은 많이 주니까. 그킨 하지만서도 머슴이라면 1년 뒤에 삯푼이라도 받잖아요? 우리는 머슴도 아니니 밥만 먹이고……

그래가 좀 커서는 나왔어요. 그란데 어데 갈 데가 있어야지요? 그래서 내가 거제도에서 마산까지 걸어나온 사람이에요. 옛날에는 거제도에서 부산까지 오는 데 4시간, 5시간씩 걸리고 그랬어요, 차로. 그 거리를 걸어왔어요. 옛날에는 타작하고 난 볏단이 논에 있고 그랬잖아? 그런 데서 잠자고, 밥도 며칠씩 안 먹고, 그러면서 왔어요. 겨울에는 볏단이 따뜻해요. 지금은 소 먹이를 사료를 주는갑더라고. 옛날에는 볏단을 썰어서 줬는데. 그래서 옛날에는 논에다 볏단을 쌓아놓고 소 먹을 것만 지게에 지어다 날랐어요. 그러니 늘 길 옆 논에는 볏단이 있었다고요. 거서 잤지, 겨울에는. 그래가지고 마산까지 걸어왔어요.

　거제도에서 나오려면요, 충무, 통영, 보성, 마산 이리 거쳐서
와야 하거든요. 길을 가다보면 끝이 없어요. 걷는 거는요, 일을 하
는 것보다 더 어려워요. 안 걸어본 사람은 몰라. 그 당시 마산에서
부산 가는 배가 있었어요. 거기서 배를 탔어요. 몰래. 지금은 거가
도가 생겨가지고 배가 없지만, 마산 매표소에서 배 몰래 타가지고,
요래 어른 곁에서 같이 가는 거죠."

형제복지원에 처음 잡혀가다

"그래 79년도에 부산에 와서 떠돌아다녔어요. 부모 형제간이 없으
니까 난 아무것도 모르잖아? 내가 부산시에 와서 한 1년 돌아다니
다가, 부산 양정시장에, 거기 템뿌라 공장, 왜 오뎅 있잖아요? 그거
만드는 공장이 있어요. 지금도 부산에 템뿌라 만드는 공장이 큰 거
이 2개가 있는데, 하나는 양정식품, 또 하나는 김해식품이라고. 내
는 김해식품에서 일을 했어요. 양정시장 돌아다니다 템뿌라 공장을
쳐다보고 있는데 공장장이 와가지고 거기서 있게끔 했어. 거기서
일도 잘하고 그랬는데……"

　"내가 오갈 데 없으니까, 김해식품에서 일할 때 말고는 부전
시장 알죠? 거기 부전역이라고 있어. 그 중앙선이요. 그라믄 사람
들 지나가는 거, 기차 타는 거 그것만 구경하느라 매일 역전에 나
와 있었어요. 부전역에서 사람들 오가는 걸 보거나 노동극장이라

고, 200원인가 300원 주면 들어가는, 내 거기만 오갔다고요. 어느 날 공장에서 밤에 나와가지고 내가 역에서 잠을 자는데…… 그래, 그래가 그 당시에는 내가 경찰에 인계가 되었을 거야. 근데 이게 잘못된 게, 옛날에는 가족 찾아주고 조회하고 이러는 게 안 되어 있었단 말이에요. 무조건 역전에 가가 앉아 있으면, 거가 자고 있으면, 경찰서, 아니 파출소에서 와서 잡아간다고. 그라몬 형제복지원 차가 와. 그가…… 수용 과정을 우리는 나중에 알았는데, 그가 내무부령이더라고. 그래가지고 붙잡혀 갔어. 형제복지원에 잡혀간 거라."

"거 내가 증언대회 때도 증언했는데, 파출소에서 잡아놔가 형제복지원 측에 여 몇 명 있다고 그래. 이기 왜 잘못됐냐 하면, 파출소에서 일단 연고지가 있나 확인을 해야 하는데 안 하고, 그라고 미성년자잖아. 그 당시 열일곱, 열여덟인데. 그라믄 가족 찾아 연결을 해주고 그래야 하는데, 안 그랬다고. 일반 사람들은 뭘 모르고 내 새끼 아니어서 그런다 칠 수 있어. 그래도 그러믄 안 되는 거지만. 거기다 경찰은 진짜 그러면 안 되는 거지. 경찰이잖아. 집부터 찾아주고 그랬어야지 왜 형제복지원에 보내느냐고. 그래 내 형제복지원에 처음 잡혀간 거라."

그는 분명 김해식품 공장에서 일을 하고 있었다. 다만 그에게는 집이 없었고, 맞아줄 가족이 없었다. 때문에 업무가 끝난 뒤에는 역전에서 사람들 오가는 것을 구경하거나 컴컴한 극장에 들어가 안식을 취했다. 아주 단순히, 그 세 꼭지점을 오가는 일 말고는 그는 어떠한 위법도 행하지 않았고, 그 어떠한 위험도 되지 않았다.

그런데 순식간에 범죄자로 분류되어 형제복지원에 감금되었다. 게다가 경찰이라면 부모 잃은 미성년자에게 부모부터 찾아주려는 것이 우선이어야 하지 않는가? 그는 법과 절차뿐만 아니라 온정과 상식으로부터도 배제된 듯했다. 학교를 다닐 수 있었던 보육원에서나 서러운 남의집살이를 하던 동안에도 그가 사회에서 외떨어진 적은 없었다. 김해식품에서 일할 수 있었던 것도 떠돌던 그를 눈여겨보던 공장장의 호의가 있었기 때문이다. 그런데 그날 밤, 이제 그는 단지 분리와 관리의 대상일 뿐이라는 것을 혹독하게 알게 되었다.

"그래가지고 내가 복지원에 갔는데, 처음에 나는 거기가 군대인 줄 알았어. 뭔 소대가 있고 중대장이 있고 그러니까. 나는 뭘 모르잖아. 누가 가르쳐주는 것도 아니고. 아마 뭘 모르는 사람은 군대인 줄 알고 살았을 수도 있어. 규율도 시키고 기합도 주고 겁도 주고 그러니까. 나는 가족도 없으니까 끽 소리 못하고 있었지."

"처음 잡혀간 다음날, 인쟈, 내는 모르지, 암것도. 사복이랑 신발이랑 다 뺏어서 보관하다 귀가조치할 때 돌려준다고. 그런데 귀가조치가 안 되는 사람은 내내 거기서 주는 옷을, 형제복지원 옷을 입는 거야. 옷을 갈아입으라 카더라고. 사복은 다 뺏아불고. 그래 뭐 우짜겠어. 거 갔는데 기합도 주고 훈련도 시키고, 1주일인가 2주일인가, 정신교육 시킨다고. 맨날 교육장 불려가서 혼난다고. 그야말로 혼을 다 빼놓는 거지. 처음 들어가면 신입소대에서 니네 이래가 부랑인이다, 그래 들어왔다, 이렇게 강조를 해요."

처음 들어가면 무조건 겁박과 훈련, 기합으로 혼을 빼놓았다. 도무지 생각이란 걸 할 틈을 주지 않았다. 왜 형제복지원에 와야 했는지에 대한 아주 기초적인 이해나 동의는 물론 반문할 새도 없이 모두들 자신의 상황을 그저 수긍하도록 폭력으로 강요당했다. 그는 지금도 궁금하다. 나는 부랑인이었나? 대체 부랑인은 누구인가? 설령 부랑인이 있다 하더라도 그들은 함부로 잡아 가둬두고 폭력으로 강요할 수 있는 존재들이란 말인가?

운 좋은 귀가조치, 드디어 갖게 된 주소지

"거기 들어가몬 가족 없으면 절대 못 나와요. 그것도 친척은 안 되고, 직계가족 등본 아니면 못 나가요. 근데 어떻게 알았는가, 김해 식품 김성두라는 사람이, 그 아들, 며느리랑 와가지고, 혼자 온 게 아니고, 북구청 형사하고 같이 왔어요. 이 사람 착실하니까 데리고 가자고 하면서. 소위 빽을 쓰려고 형사랑 같이 온 거지."

"형사 이름이랑 직책은 모르지, 나야. 그런데 내가 김성두 그 사람 주민등록등본에 올라 있었으니까. 형제복지원에서 귀가조치 되어 나와가지고 그 형사가 도와줬는지 김성두 앞으로 내 주소지를 이전했다고요. 1981년 11월 24일 자로. 그라니께네 형제복지원 갔다 나와서 거제 고아원에서 김성두 앞으로 주소 이전을 한 겁니다. 그때 나는 고아원에서 도망 나와 있는 상태라 77년 7월 9일 자로 무단전출 직권말소 처리가 되어 있었어요. 그걸 전입신고를 하려고 그랬는지, 81년 11월 11일 자에 거제 고아원 진도선(임마누엘 보육원) 앞으로 재등록을 시켜놓고 다시 24일 자로 김성두 앞으로 전입해놓았더라구요. 어찌 보면 형제복지원에 잡혀갔다 나오면서 나는 주소지가 생긴 거라 할 수도 있어요. 안 그랬다면 계속 직권 말소 상태였을지 몰라요."

아이러니란 이런 것일까. 자신에 관한 모든 기록이 각별할 수밖에 없는 그는, 형제복지원에 잡혔던 덕택에(?) 그나마 자신의 기록을 복권하거나 보존할 수 있었다. 그의 증언대로라면, 81년에 부전역에서 잠을 자다 형제복지원에 인계되었을 때만 해도 그의 법적 지위는 거제 보육원으로부터 무단전출 직권말소가 된 상태였다. 즉 돌아갈 주소지가 없는 사람으로 당시 법령으로는 계속 형제복지원에 억류당해도 어쩔 수 없는 처지였다. 그런데 마침 근무지였던 김해식품의 사장이 아는 형사까지 대동하고 와서 형제복지원에서 귀가조치를 받아내주었다. 귀가조치는 주소지가 있어야만 할 수 있는 것이므로, 추정컨대 그를 빼내오기 위해서 김해식품 사장인 김성두의 주소지로 전입신고를 해야 했던 것이고, 그러기 위해서는 무단전출 상태인 그를 이전 보육원 주소로 먼저 재등록을 해야 했을 것이다.

김영덕이 후술하기를, 그가 만약 계속 무단전출 상태로 있었더라면 그는 아마도 법적으로 자립하기가 더 어려웠을지 모른다고 한다. 또는 제2, 제3의 형제복지원 등으로 아무 흔적 없이 흘러들어가게 되었을 가능성도 높다고 한다. 그래서인지 이 대목에 있어서만큼은 그는 끊어졌던 자신에 대한 기록이 다시 정립된 시점이라는 점에서 일면 불행 중 다행으로 여기는 눈치이기도 했다.

이상한 것은 자신의 주소지가 이전되는 과정을 정작 김영덕

본인은 모른다는 점이다. 첫 번째 입소에서 귀가조치된 후 어엿한 주소지를 가지게 되는 과정이야 엉겁결에 이루어진 것이라 그렇다 쳐도, 김영덕은 형제복지원 2차 입소 후에야 박인근의 동거인으로 첫 등록이 되었음을 나중에 알게 되었다. 그런데 이때는 이미 김성두의 주소지로 전입이 되어 있던 상태이므로 법적으로 김영덕은 근거지가 있는 엄연한 사회인이었다. 그런 그를 형제복지원은 어떻게 감금할 수 있었을까?

그 때문인지 형제복지원 자체 기록에는 김영덕이 귀가조치되었다거나 이후 재입소된 것으로 분류되어 있지 않다. 다만 박인근의 자서전에 김영덕의 이름이 운전면허취득생 목록에 기재가 되어 있어 83년경의 입소 상태만을 증명할 수 있을 뿐이다. 김영덕의 증언으로는 자신은 두 번째 입소 때 운전면허를 취득했는데, 운전면허를 취득하기 위해서는 주소지가 필요했을 것이므로 그때 자신의 주소지를 김성두에서 박인근 앞으로 돌려놓았을 것이라고 한다. 만에 하나 재입소 후 그가 운전면허교육생이 되지 않았다면, 운전면허증은 차치하고서라도 그는 아예 형제복지원에 있었다는 기록 자체를 갖지 못했을 수도 있다. 이러한 정황은 기록을 갖지 못한, 혹은 기록이 위조된 형제복지원의 또 다른 무고한 피해자들이 있을 가능성을 암시하기도 한다.

어쨌든 김영덕은 형제복지원 감금을 전후로 자신의 말소된 기록을 복권하거나 새 기록을 갖게 되는데, 정작 그 자신은 그 과정에 관여하지 못했고, 심지어 알지도 못했다. 이는 모두 그가 2000년 이후 자신의 기록을 찾아 나서면서야 알게 된 사실이라고 한다.

두 번째 입소—납치, 납득할 수 없는 부랑인의 정체

"그래 나와가 한동안 김해식품에서 일을 했어요. 그라다 내…… 자갈치시장을 돌아다니다가…… 그거는…… 잡으러 나온 차에 그란 게 아니고…… 형제복지원에서 부식…… 사골이나 음식 이런 거 조달차 나왔다가…… 막 돌아다닌다고요…… 잡으러…… 사람이 수용된 차가 아니고 음식 사러 나왔는데도 거거 자갈치시장에서부터 잡아간다고…… 거기(형제복지원) 있었던 사람을 보면 무조건 잡아가는 거야 …… 나갔으면 사회인 아니에요? 그런데 거기서는 한 번 들어왔던 사람은 모조리 부랑인이라고 생각한다고. 더군다나 눈앞에 돌아다니고 있으면 바로 다시 잡아가는 거지요."

그의 술회는 두 번째 입소, 아니 정확히 자갈치시장에서 형제복지원 차에 납치되던 당시에 이르자 본격적으로 산만해지기 시작했다. 말은 자꾸 끊겼고, 같은 말이 반복되기를 수차례. 그는 당시처럼 당황과 분노가 엉킨 감정을 고스란히 느끼는 듯했다. 점점 흥분하여 핏대 세운 목소리는 불안하게 갈라지고 있었으며, 온전한 문장을 이루지 못하는 말들은 심하게 비약하고 있었다.

"근데 그 당시 뺑꼬라고, 원장이 시켰으니까 그랬겠지만, 막 잡아간다고. 그 잡아가는데, 파출소나 이런 데 인계해서 가는 게 아니라 바로 잡아간다고. 자진귀가한 사람은 인민재판 이란 거 안 받는데, 뚜드려 안 맞아야 하는데, 니네 또 들어왔다고 맞는다고. 그렇게 한다고요, 인식을. 우리는 모르잖아요. 설명도 안 하고. 잡아가도 파출소 같은 데 인계를 해야 하는 거 아닌가요? 그러니께네 그 당시에는 파출소도 다 한통속이어서 그런 거 아니겠어요? 그게 다 내무부령 때문에…… 그 인식은, 니네들 부랑인이어서 막 잡아도 된다…… 만약 도망갔으면 기본으로 빠따 열 대씩 맞고. 뭐 도망 안 가도 맞지만. 니네 부랑인으로 들어왔으니까 교육을 또 시켜. 인식을 아예……"

급기야 인터뷰는 잠시 중단되었다. 그는 계속 '내가 왜 부랑인이어야 했나? 대체 부랑인은 누구인가? 부랑인이라면 그렇게 함부로 해도 됐는가?'를 되묻고 있는 것 같았다. 그가 찾은 답은 내무부 훈령 410호. 자신은 알지도 못했던 법. 그리고 그것에 아무도 이의 제기하지 않았던 당시의 인식이었다.

"형제복지원이 원래 목적이 뭐냐 하면, 내가 알기로는, 부랑인 부랑아 자립시키려는 걸로 알고 있어요. 간판 자체가 〈부산시 부랑인아 일시 보호소〉라고 되어 있어요.

간판이 일시 보호소면 장기 보호소가 아니잖아요? 보내야지. 그 자체가 틀린 거지. 지네는 근사하게 이름은 잘 지었는데, 과연 그런가? 누가 감시, 감독하는 사람도 없고. 거기 공무원들도 다 똑같은 사람들이지.

그라고 내는 진짜 부랑인이면 '내 부랑인이라 들어왔다' 하겠어. 물론 부랑인도 있었겠지. 옛날에는 껌팔이, 신문팔이, 넝마주이, 구두닦이 다 들어왔었어. 근데 그 사람들도 직업이 그랬던 거지, 그기 부랑인이라고 인식됐던 게 이해할 수 없어요. 그라니께네 잡히간 사람은 모르죠. 뒤늦게 안 내무부 훈령 410호라는 거에 근거해서, 니네들은 부랑인이어서 잡혀왔다, 그런 교육을 시켜서 안 거지.

그거는 교육도 아니야. 주입이고 최면이지. 그러니까 그런가보다 하는 거잖아요?

경찰한테도 인계 안 하고. 밤에 아무 때나 잡으러 다녀요. 그거는 강제 수용이죠. 경찰이나 이런 데 인계되었다 가면 강제 수용은 아니지만. 그런데, 그것도 문제 있는 게, 경찰서나 이런 데 사람이 인계가 되면 일단은 가족관계나 그런 걸 찾아줘야 맞죠. 지금 장기 미아는 경찰서에서 가족 확인하고 집에 보내주잖아요? 그 당시에는 그렇게 안 했단 말예요. 이해 가지요?

옛날에 내무부 훈령 410호는 부산에서만 실행된 게 아니거든요. 전국적으로 실행됐는데, 박인근이가 총 회장이야. 부랑인 시설. 서울 옛날 은평마을도 부랑인 시설 맞는데, 내 거기(형제복지원) 있을 때 은평마을에서 말 안 듣고 그러면 부산으로 데리고 내려왔어요. 박인근이가 전국 부랑인 시설 회장 맡아서, 전국의 시설 원장들이 형제복지원에서 생활하면서 교육도 받았어. 배워 간 거지. 어떻게 하는가. 또 인천에 가면 삼영원이라고 있어요. 지금은 은혜의집으로 바뀌었어요. 부랑인 시설인데. 형제복지원에서 거기다 사람을 지원하고 그랬어요. 거기 지을 때 형제복지원에서 사람을 지원받았어요. 그거는 확실해."

그의 증언에 따르면 형제복지원이라는 이 부랑인 임시보호시설은 부랑인의 자립과 자활을 위해 존재했던 것이 아니라, 거꾸로 시설이 존재하기 위해 계속 부랑인을 양산하는 것을 필요로 했다. 폭력 속에서 일방적으로 주입된 부랑인 교화 교육은, 교화에 방점이 있던 것이 아니라 결국 부랑인이라는 정체성 주입에 방점이 있던 것이다. 즉, 형제복지원에 들어온 어느 누구도 그와 마찬가지로 부랑인의 정체를 알지 못하거나, 적어도 자신과는 동일시하지 않았다는 뜻이다.

역설적이게도 부랑인 시설이었던 형제복지원에는 처음부터 부랑인은 없었다고 말할 수 있다. 오히려 부랑인이라는 개념은 형제복지원과 같은 시설들의 존립을 위해 철저하게 만들어진 것이며, 당시 그 시설을 채울 누군가들—주로 다양한 사회 약자들—을 포획하기 위해 고안된 잔인한 언어의 그물에 불과했다.

왜 이런 일이 일어났을까? 왜 당시는 부랑인을 필요로 했을까?

여기서 내무부 훈령 410호의 존재와 당시 전국적 규모의 커넥션을 가지고 있었던 형제복지원의 번성을 지적한 그의 통찰은 놀랍다. 법령으로 보호받는다는 것은 정권의 비호를 뜻한다. 알다시피 당시 전두환 정권은 사회 정화라는 미명하에 이 부랑아 사업으로 폭압과 독재 형태의 권력을 어느 정도 합리화할 수 있었다. 문제는 소위 이 사업이 전국적 규모로 먹혔다는 데 있다. 다소 위험한 가설이긴 하지만, 당시 아직 성숙기를 맞지 못한 시민사회는 독재라는 큰 폭력에는 맞서지 못한 채 부랑이라는 가상의 존재를 상정하여 사회를 어지럽히는 것은 바로 "너희들!"이라는 대체 낙인으로, 자신의 분노를 약자 청소의 제노사이드에다 무의식적으로 분출하고 있었던 것은 아닐까?

중요한 것은, 그 시절 어느 누구도 부랑인이 누구인지는 몰랐지만 그 부랑인을 필요로 했다는 사실이다.

강제 노역의 생활

"두 번째 입소시에 나는 도망갔다 잡혀온 것은 아니니까 덜 맞았어도 교육은 시키지. 만약에 도망가면 기본 빠따 열 대. 그 뒤로도 막 날라와요. 공짜 매가 막 날라와요. 그런데 사람이 막 맞다보면 멍-할 때가 있다고요. 그런데 멍-하다 맞으면 사람이 죽어요. 정신 바짝 차려야 사는데, 뻥 돌아 있을 때 맞으면 죽는다고요. 복지원의 사망 사고는 그래 그런 거 같애. 그래가지고 도망가다 잡히면 근신소대라고 간다고요. 사람들은 근신소대라고 하면 반성하는 데인 줄 알아요. 근데 그게 아니라고. 제일 힘든 노동 하는 데라고. 벌로."

"운동장에다 도로코라고, 메주같이 생긴 벽돌을 찍어요. 15킬로인지 20킬로인지…… 그거를 인쟈…… 압축으로 찍어요, 기계로. 세네 명이서. 벽돌을 찍으면 살살 놔야 해요. 그걸 그라니께네 여가 (목 뒤) 이고 가는 거지. 힘이 들지. 그러니 도망갔던 사람 벌 주려고 그런 일을 시키는 거지. 아동소대 있던 사람들은 (근신소대의 험한 노동을) 모를 끼예요. 규율도 세고 기합도 세고. 아동소대도 규율은 셌겠지만 거긴 그런 심한 노동은 안 하니까.

만보뛰기라고, 산에서 흙을 퍼날라 와가지고 일했는데. 세멘, 철근만 외부에서 들어오지, 나머지는 다 산에서 주워 와가지고 일을 했어요. 산에 도랑 있잖아요? 도랑에 보면 모래 새카만 거, 그 모래를 파요. 도랑 같은 데 아무 데나 가서 아침에 퍼올려놨다가 물 빠지면 오후엔 모래를 담아요. 그게 뭐 온갖 찌끄레기랑 유리병 이랑 다 섞여 있는 거죠. 그라몬 그 모래는 유리 쪼가리도 있고 그러니까 갈코리 같은 거로 골라야 돼요. 고르기만 하면 모래는 그냥 써도 되니까. 모래 지고 오면 그걸 고르는 소대는 또 따로 있어요. 출력소대라고 있어요. 도망 안 나가는 사람들만 있는. 오갈 데 없는. 그담에 자갈 깨는 소대가 따로 있었어요. 노인들만 있는. 쪼그려 앉아 망치로 깨는 일이에요. 장갑도 안 끼고. 하루 종일 깨는. 집 지을라 치면 세멘, 철근, 이런 거는 사들이고 나머지는 자체적으로 해결했어요. 못도 재사용했죠. 발라내가지고. 근신소대 하는 일이 그래요."

"일할 때에도 막 몽둥이로 쫓아다녀. 빨리 뛰어다니라고. 그리고 도망 몬 가게끔 소대장이나 그런 사람들이 군데군데 서 있어요. 만약에 도망가면 호루라기 막 불어. 거기서 마라톤 잘하고 그러는 사람이 소대장 하고 그러거든요. 끝까지 잡아오라고.

도망가다 잡히면 반 죽는 거야. 그러니 못 가는 거야. 도망가고 싶어도 겁이 나서. 내가 어떻게 되는가를 아니까. 목숨 내놓고 가면 가는 거지만, 잡히면…… 그리고 도망 하나 가면 그 소대는 단체 기합이야. 그게 며칠 동안 계속되는 겁니다. 단체생활이라는 거야. 한 사람 잘못되면 전체가 다. 이게 잘못된 거야.

도망갔다 잡히오믄 뺑뺑 돌리오. 빠따는 빠따대로 맞고. 도망 갔잖아요? 그라믄 마다리(목 부분만 나오게 해서 포대를 뒤집어쓰는 것) 쓰고 예배당 앞에 서 있어요. '나는 도망갔습니다'라고 쓰고. 그라고 벌을 받아요."

"그 원장, 박인근이가 예배 때마다 뭐라 했냐 하면, 니네들 사회에 나가고 싶으면 기도를 해라, 그래요. 보내줘야 가지. 환장하지. 니네들은 부랑아, 부랑인으로 들어왔다고. 그거 관두라고. 그 소리만 해요."

"거 공장, 볼펜인가 사인펜 공장이 있어요. 나이 어린 사람들이 그 공장으로 갔는데, 선도 요원들은 그 당시 월급이 3만 원인가, 3,000원인가? 선도 요원들 있잖아요? 완장 차고 다니는. 3만 원인가 3,000원인가 받았어요. 우리는 월급은 없고, 담배 다섯 가치인가세 가치인가……

성인소대에는 담배 세 가치가 나와요. 매일. 서무가 담배 삥땅 칠라고 몇 사람 나이 속이지. 성인소대에도 나이가 18세 안 된 사람이 더러 있긴 있거든. 사무실에서는 나이 모르니까. 그라믄 담배더 많이 타 올라고 그 사람들 나이를 올린다고. 하루에 그 담배 세가치인가 다섯 가치 주면, 일요일에는 담배 안 나오니까, 볼펜심으로 담배 속을 짤라가지고 쓴다고. 아동소대 같은 데는 담배도 안나오지요. 그러니께네 성인소대 담배는 그나마 노동의 대가였던 거지요."

"밥은 맘껏 먹은 거 같애, 내는…… 아침에 구보하고 밥 먹고그랬는데, 밥도 먹을라면 줄을 좌악 서요. 일점 자세로. 그거 하다눈동자 돌아가잖아요? 그러면 바로 귀싸대기 날라와요. 거 밥 묵기도 그렇게 힘들어요. 밥 먹기 위해서 소대별로 일렬로 서야 하는데…… 그래도 나는 뭐 거서 밥은 나름 많이 먹기는 한 것 같은데……

박인근도 그라고 중대장도 그라고, 이 밥은 부산 시민의 피와땀 세금이고 국민의 세금이라고 늘 강조해요. 그렇지만 우리는 공짜로 밥 먹은 게 아니란 말예요. 다 일하고. 그란데도 그렇게 교육을 시켜요."

그 안에서 공짜로 밥을 먹은 게 아니라는 항변만큼 형제복지원 강제 노역 문제를 적확하게 이르는 말이 또 있을까?

대체 이들의 노동력은 다 누구를 위해 쓰였던 것일까? 박인근 개인? 그렇다면 왜 국가는 세금으로 이들의 감금과 강제 노역을 지원했던 것일까? 차마 국가가 한낱 시설장에 불과한 박인근에게 속아 놀아났다거나 기껏 박인근 개인의 치부(致富)를 위해 그 거대한 국가 시스템이 운영되었다고 말할 수는 없으리라. 답은 자명하다. 이들의 노동력은 결국 국가가 착복한 것이다.

단지 무연고자이기 때문에

"형제복지원 사건(1987년) 터질 때 내는 이미 거기에 없었어요. 결국엔 탈출을 해서 나온 것 같은데, 이상하게 세 번째 입소 이후로는 잘 기억이 안 나요. 형제복지원 나와서 한 10년은 진짜 어렵게 살았어요. 서울에서 노숙도 하고 그랬어요. 내 공부든 기술이든 교육을 받았으면 영리했을 것 같애. 근데 형제복지원에서는 강제 노동만 했고. 나와서는 무얼 해야 할지 몰랐어요. 형제복지원에 있을 때 운전면허가 있었는데, 거기서 나오고 신고 말소가 되었으니…… 가서 찾아와야 하는데, 가면 다시 잡힐 게 뻔하니까 그냥 말았지. 그래가 그 하나 있는 운전면허증으로도 못 살았어요. 그러다 88년에 전입신고도 하고 면허도 다시 받고 그랬어요. 한때는 트럭 조수 생활도 하고 그랬어요. 내는 일이 있으면 일했어요. 내가 안산에 96년도부터 2014년 7월 14일까지 살았어요. 10년가량은 막노동도 하고 인력 사무소 가서 일도 구하고. 내 같은 사람은 어디 직장이나 이런 데 적응을 못해요. 어린 시절에 고정적으로 일을 했어도 돈을 못 받았던 그런 경험이 있어서이기도 하고, 일단 일용직은 그날로 돈을 주잖아요? 그기 좋던 거야. 나는 게으르지는 않아요. 주어지면 열심히는 일해요.

　그렇게 일해가 내 220만 원짜리 지하 전셋집을 얻어두고 살았어요. 거 살면서 폐결핵으로 거의 죽는다고 하는 걸…… 그때만 일 못 다니고…… 근데 그때 폐결핵이라고 엑스레이 찍어보니까 이미 한번 앓은 거로 나오더라고. 내 그래 형제복지원 있을 적에 앓지 않았나, 생각만 해요. 아파도 누가 찾아오는 사람이 있나, 명절에 어디 다니지도 않고 그러니까, 사람들이 나를 외국인 줄 알더라고. 내는 경상남도 말씨를 쓰잖아요? 말하기 전까진 모르지. 그래 내 2000년부터 가족을 찾으러 다니게 된 동기가 된 거라고."

　"복지원에 강제수용되어서…… 사실 우리가 다른 사람에 비해 사회화가 뒤떨어진 것은 사실이잖아요? 그라몬 학벌이 있어 배운 게 있나. 글도 모르는 사람 많아요. 그란 데 안 붙잡혀 갔으면, 내 경우만 해도, 가족이 없는 대로, 차라리 내가 세 살 때 헤어져가 어디 해외 입양이라도 갔으면, 훌륭한 사람이 됐을지도 모른다고요. 내 어디 가서 초등학교도 못 나왔다고 하면 사람들이 놀래기도 하고 그래요. 내 배웠으면 영리했을 거 같아요. 그치만 지나온 건 어쩔 수 없는 거니까. 그 세월 넘한테 원망 안 하고, 가족도 찾아볼라고 해봤는데도 소용이 없었어요. 이제는 마…… 찾는다 해도 부모님은 돌아가셨을 테고, 형제들은 몰라보겠고……

대신 전국에 가족과 헤어진 사람들, 설문 조사를 하고 싶은데, 과거에 어떻게 생활을 했고 고아원에서의 생활이 어떻고, 자세한 부분은 나도 알 수가 없어요. 근데 나는 할 수가 없죠. 사생활이고. 진작 옛날에 장기 미아가 발생이 되면 경찰이 찾아주고 그랬어야 하는데 나처럼 형제복지원 같은 시설로 흘러들어가게 내버려둬서 지금은 장기 실종자를 찾아도 안 나타나는 것 같아요. 그 사람들 다 어디서 사망했는지…… 여직 살아있다고 해도 어느 복지시설에서 무연고자로 둔갑되어서 수용되어 있는 것은 아닌가…… 안타까워요.

내는 이 인터뷰 말입니다. 형제복지원 피해생존자들 중에서 지금 무연고자 대표로 나온 거로 생각해요. 그리고 앞으로 내보다 못살고 고통받는 무연고자 피해자들, 내를 명예복지사를 시켜주면, 내 그 사람들을 찾아서 수급을 받을 수 있도록 조사를 돕고 싶어서 하는 거예요. 그런 사람들을 복지시설로만 보내면 되겠어요? 수급 받아서 임대주택도 얻어주고. 시설생활이 아니라 개인 자립생활을 할 수 있는 여건이 되도록 실태 조사 같은 걸 돕고 싶어요. 기회를 줘야지, 그 사람들 찾아서. 배운 것도 없고 그런데……

누가 무연고자들에 대해 알겠어요? 내는 그럴 자격만 준다면, 월급을 받겠다는 게 아니고, 그럴 소명만 준다면 내는 전국에 있는 무연고자들 찾아다니면서 수급도 받고 세상에서 소외되지 않도록 해주고 싶어요. 내가 이득을 보고 먹고살기 위해서가 아니라. 생각해봐요. 처지가 바뀌었다고. 내가 부모가 있고, 거 공무원들 그 사람들이 부모가 없었으면 지금 둘 처지가 바뀌었을 거 아니에요? 공무원들도 그렇게 생각하고 자기 일처럼 찾아줘야 해요. 나 같은 사람들. 내는 그 사람들 찾아주고 싶어요. 내는 월급을 받자는 것도 아니고 내 개인으로도 찾아다니고 싶은데…… 나는 진짜, 보건복지부 사람들, 장관한테 교육받을 게 아니라 우리 같은 사람들한테 와서 교육받아야 한다고 생각해요. 어떤 삶을 살았는지. 그 사람들은 모른다고."

이런 마음 때문일까? 최근 임대주택에서 나와 트럭에서 생활하는 그는 언제든지 어디로든 누구라도 찾아 떠날 채비를 하고 있었다.

실제로 그는 다른 무연고자들의 가족을 찾아주기도 했다. 심지어 그중 한 사람은 같은 형제복지원 피해자이기도 하다. 그러나 그는 그러한 사실이 드러나는 것에 유독 난색을 표했다. 내 가족을 찾듯 나와 같은 무연고자들의 가족을 찾는 일이, 그 절실함이, 한낱 속된 공치사로 여겨지게 될까 경계하는 것 같았다.

그가 형제복지원 문제에서 가장 애석해하는 부분은, 자신과 같은 무연고자 출신들 중에서 형제복지원 사건 이후 어떠한 존재 증명도 받지 못한 채 사라졌거나, 형제복지원보다는 낫다고 해도 다른 시설로 역시 무연고자이기 때문에 어쩔 수 없이 흘러들어간 사람들이 있지는 않을까 하는 것이다. 당시 정부가 잠재적 범죄자쯤으로 퍼뜨린 개념인 '부랑인'에 부합해서가 아니라, 단지 무연고자

였기 때문에 그를 비롯한 많은 사람들이 형제복지원의 너무나 손쉬운 포획 대상이 되었다고 생각하는 그에게, 역시 무연고자이기 때문에 그 끔찍한 형제복지원을 나와서도 돌아갈 곳도 뿌리를 내릴 곳도 찾지 못했을 사람들의 안위는 곧 자신 인생의 일부인 양 여겨지는 듯했다.

그러므로 그가 그토록 자신에 관한 서류 한 장, 기록 한 줄에도 아쉬워 골몰해왔던 편벽이, 일용직 노동으로 근근한 생활 가운데에서도 계속 다른 무연고자들의 가족을 찾거나 독립을 돕고 싶어하는 마음으로 이어지고 있는 것은 숭고하기까지 했다.

그런데 문득, 그렇다고 이것이 과연 이 사내 개인이 담당해야 할 일인가 묻고 싶어진다. 자신이 찾아낸 서류들을 유일한 연고 삼아 살아온 이 사내의 한평생은 단지 한 개인의 기구한 일생이라기보다는, 애당초 배제의 시스템을 기반으로 한 국가권력과 시민사회의 묵인, 어쩌면 공모(?)에서 비롯된 것이라는 자각을 우리에게 요구한다. 서류철 하나에 집약된 그의 인생. 게다가 그 인생의 특정 기간은, 연고지가 없는 사람들을 만나면 경찰 공무원조차 그들에게 연고지를 찾아줄 궁리를 한 것이 아니라 오히려 잠재적 위험군으로 그들을 분리하여 배제부터 하려고 했던, 미비한 시스템의 나태한 편의주의의 산물이기도 하다. 때문에 그가 앞으로 자신의 기록이나 다른 무연고자들의 가족을 찾기 위해 기울이게 될 노고가 있다면 그것은 김영덕 개인이 해야 할 몫이 아니라, 도리어 국가가 김영덕에게 해주어야 할 몫이지 않을까?

후기

우리가 미친 사람의 소리쯤으로(무시해버려도 좋을 소리, 굳이 내가 듣지 않아도 될 소리쯤으로) 치부해버리는 말들의 대부분은 사실 그것이 우리 자신의 과오로 빚어진 참혹한 진실이기 때문에 그러는 것일지 모른다. "그러므로 모두가 공범"이라는 식상한 말로 결국엔 아무도 책임질 수 없게 하려는 것이 아니다. 통칭 과거사 문제라고 이야기되어지는 국가 폭력은, "이미 돌이킬 수 없는 과거"라거나 "어쩔 수 없었다"는 투로 마치 과거란 성역이며 국가란 무소불위의 권력체인 양 미적지근하게 체념되곤 한다. 그러나 누군가에게는 여전한 현재의 고통이며, 그 때문에라도 다른 누군가에게는 최소한 경청의 책임만큼은 주어져야 하는 것이 '사회'라고 부를 수 있는 기본 틀일 것이다. 분명한 책임의식을 가진 경청은 우리가 쉽게 체념하고 외면해버린 무수한 목소리에 대한 우리 자신의 직무유기에 눈을 뜨게 할 것이다. 그리고 그러한 경청으로 시작하는 직무 이행은, 적어도 우리가 전근대에 살고 있다고 인정하려는 것이 아니라면, 국가란 어쩔 수 없는 권력체가 아니라 어디까지나 우리 자신의 협의체라는 사실, 그렇다! 뜯어서 얼마든지 다시 구성할 수 있다는 인식으로 우리 자신을 나아가게 할 것이다.

다 내 탓이라고
자책하며 살았어요

김철웅 구술 • 유해정 기록

사람을 찾읍니다

김 ■■■ 1972. 7.11생 (11세) 남자

인상착의 : 본적 : 경북 포항시 ■■■■■
　　　　　주소 : 상　　동
　　　　　포항시 효자국민학교 5학년
　　　　　배에 십자 칼자국있음.

가출일시 : 1982. 3. 25. 학교가겠다고
　　　　　나간후 행불.

찾는사람 : 父 : 김 ■■■

연 락 처 : 서울시 도봉구 번동 460-76
　　　　　김용재 전화 : 994-2523

※ 찾아주시는 분에게 후사하겠읍니다.

김철웅은 가정폭력을 견딜 수 없어 집을 나왔다.
그러나 형제복지원 입소카드에는 대구 고아원에서 자랐다는
거짓말이 써 있었다.

세 차례에 걸친 인터뷰는 늘 부산역 앞 카페에서, 어둠이 깔릴 무렵에 시작됐다. 그는 인터뷰를 위해 늘 서둘러 퇴근해 저녁 식사도 거른 채 부산역으로 달려왔다. 내가 녹음기를 꺼내 본격적인 인터뷰가 시작됨을 알리면 그는 가방에서 펜과 종이를 꺼냈다. 신기한 듯 바라보는 내게 그는 복잡한 생각을 종이에 적다보면 어느 순간 정리가 되더라고 말해주었다. 마음이 평온해진다고도 말했다. 그의 습관은 내게도 유용했다. 때론 그 종이에 고향 마을 이름과 어머님의 주소가 적혔다. 때론 형제복지원에서 친구들과 했던 재미난 놀이의 그림이 그려지기도 했다. 점호 후 기합받는 장면을 이해하기 쉽게 그려주었을 땐 가슴이 떨려 그의 손끝조차 제대로 응시하지 못했다. 하지만 그는 담담하고 차분하게 그가 살아온 삶의 이야기를, 형제복지원에서의 경험들을 들려주었다. 이야기 중간중간 자신이 하고 있는 말들이 너무 사소하고 시시해서 멀리서 온 나의 시간을 빼앗는 것은 아닌지 살피기도 했다. 두 아이를 둔 아빠의 무게, 일상에 허덕이는 결혼 20년 차의 권태, 쳇바퀴 도는 직장생활의 피로와 스트레스는 여느 40대 중반 가장의 모습과 차이가 없어 보였다. 그에게선 일상에서 쉽게 만날 수 있는 동료 혹은 이웃과 같은

'평범함'의 체취가 났다. 그래서 그와의 인터뷰는 친구를 만난 듯 편하고 안정적이었지만, 다른 피해생존자들에게선 잘 느끼지 못한 평범함이었기에 그의 체취가 낯설기도 했다. 전체적으로 잘 정돈된 이야기의 결과 마음속 요동이 잘 드러나지 않는 그의 태도도 서걱 거림의 이유가 됐다. 왜 그리 성실히 이 인터뷰에 응하는지, 형제복 지원의 진실을 붙잡으려 애쓰는지 잘 와 닿지 않아서였다. 평범함 의 정체를 직접, 때론 에둘러 물었지만 그는 "나쁜 기억보단 좋은 기억을 붙잡으려 애써온 삶"이라는 말로 답을 대신했다.

하지만 인터뷰가 무르익고 내내 숨겨왔던 진실이 그 모습을 드러냈을 때, 많은 것들이 분명해졌다. 치유되지 못한 상흔을 부둥 켜안고 살아온 그에게 이 평범함의 옷은 지독한 마음앓이와 자기 통제의 결과인 듯 보였다. 누군가는 적당히 살아왔을 삶이건만 그 는 지금 이 모습으로 서기 위해 몇 곱절의 노력과 좌절을 감수해야 했고, 늘 살얼음판인 삶을 부여잡기 위해 매순간 몸부림쳐야 했다. 삶을 이어가기 위해 그는 좋은 기억들을 필사적으로 붙잡았고, 상 처가 된 시간들은 봉인되어 공중에 흩어지는 말조차 되지 못했다. 단 한 번의 위로조차 얻지 못했다. 유년기에 형제복지원에서 보낸 5년의 삶이 이렇게 송두리째 그의 평생을 가둘 것이라고 그 누가 예상할 수 있었을까마는, 그랬다. 과장 없이, 그 시간들이 그의 30 년을 가두었고, 지금도 그의 발목을 붙잡는다. 82-4714번으로 불렸 던 그의 삶을 기록할 수밖에 없는 건 그 때문이었다. 또한 그의 말 에 드러나지 못한, 혹은 담겼으나 제대로 헤아리지 못한 고통과 상 처의 무게를 제대로 활자로 옮겼는지 조바심이 나는 것 역시 그 때문이다.

⁞⁞

제가 대여섯 살 되던 때에 아버지하고 어머니가 이혼을 하셨어요. 자식은 저 하나였는데 아버지하고 살았죠. 근데 아버지가 스트레스가 심하셨는지 술만 드시면 저를 폭행하니까 집에 있기 힘들어서 가출을 했어요. 그때가 열한 살이었는데 포항역에서 도둑 기차를 타고 부산으로 왔죠. 그때 제가 탔던 기차가 서울이나 대구로 갔으면 형제원에 안 잡혀갈 수도 있었겠지만 텔레비전도 드물던 시대에 열한 살짜리가 이 기차가 부산으로 간다고 해도 부산이 어딘지, 대구로 간다고 해도 대구가 어떤 곳인지 전혀 모르니까 아무 생각 없이 탄 게 부산으로 절 데리고 온 거죠.

부산역에 도착하자마자 형제원에 잡혀간 건 아닌 것 같아요. 여기저기 돌아다니고 음식 훔쳐 먹고⋯⋯ 그렇게 한 달 정도쯤 생활하다 형제원에 잡혀갔던 것 같은데, 형제원에 들어가게 된 과정은 이상하게 전혀 기억이 없어요. 제가 최근에 형제원 입소카드를 구했는데 거기 보면 괴정파출소에서 의뢰를 해서 형제원에 입소한 걸로 기록돼 있는데 그게 진짜인지 아니면 형제원에서 자기들 유리한 쪽으로 작성을 했는지는 잘 모르겠어요. 왜 그러냐면 제가 가출할 당시에 우리 아버지 이름이랑 살던 집 주소랑 이 두 가지를 기억 속에 갖고 왔거든요. 일단 버틸 수가 없어 가출은 했지만 나중에 집에 가려면 알고 있어야 하니까 머리에 콕 박고 온 거죠. 근데 열한 살밖에 안 된 애가 경찰을 만났으면 애기를 했을 거 아닙니까? 이 사람들이 그걸 확인해서 집으로 보내줘야 했는데 그렇게 안 됐으니…… 형제원에 있을 때는 왜 집에 갈 수 없는지 이해가 안 됐어요. 전화 한 통이면 해결될 텐데 싶었죠. 나중에 어른소대 사람들이 하는 얘길 들어보니 수용자 한 사람당 국가에서 주는 돈이 있더라고요. 그제야 알았어요. 여기선 절대 가족들하고 만날 수가 없구나.

큰 형제원, 작은 형제원

형제원에 아동소대도 있고 어른소대도 있었는데 저는 아동소대에서 생활하게 됐어요. 열한 살이었으니 한참 학교 다닐 나이이기도 했는데 형제원 안에도 국민학교, 중학교, 고등학교 그런 시설이 돼 있어서 저는 국민학교에 들어가게 됐어요. 당시 학교에는 외부에서 선생님이 오셔서 책도 주고 공부도 가르쳐주셨는데, 양질의 교육은 아니지만 아주 기본적인 교육은 받을 수 있었던 것 같아요. 남자 선생님이 한 분 기억나는데 그 선생님은 열심히 헌신적으로 가르친 건 아니지만 기본적으로 자기가 해야 할 건 했던 것 같아요. 음악 시간에 그 선생님한테 〈봄의 교향곡〉을 배웠는데 아직도 그 노래가 기억이 나요. "봄의 교향곡이 울려퍼지는……" 형제원을 생각하면 폭행이라든지 살인이라든지 안 좋은 게 많잖아요. 근데 비록 형제원 안이었지만 학교에서 수업받는 시간 동안은 내 나름대로 행복했어요.

토요일 여유 시간에 재밌게 놀았던 기억도 나요. 토요일은 학교도 안 가고 제식훈련도 없고 거의 대청소하는 날이에요. 안에 있는 물건 다 꺼내서 털고 닦고 청소하고 빨래도 하는데 그 와중에 작은 틈이라도 생기면 눈에 잘 띄지 않는 곳으로 몰려가서 친구들끼리 말뚝박기도 하고 기마전도 하고 놀았어요. 친구들이 많지는 않았지만 그 친구들끼리 말뚝박기를 좀 변형시킨 놀이를 만들어서 놀았는데, 우리는 이 놀이를 진짜 재밌게 했어요. 지금도 그 놀이를 생생하게 기억하는데 진짜 웃을 수 있는 얼마 안 되는 시간이었죠.

그런 시간들을 제외하곤 어른들하고 똑같은 시스템이 돌아가요. 아침 먹고 학교 가서 수업받고 하교하면 내무반에 돌아가 제식훈련을 하는데, 어른들은 막노동이나 작업을 했지만 우리들은 아동소대에 있다보니 방과 후 시간은 거의 제식훈련이죠. 식당이 2층에 있었는데 수용 인원이 워낙 많다보니 배식 받으려면 많이 기다려야 했는데 그 시간에도 제식훈련을 받았어요. 주말 되면 제식훈련 심사 대회를 하는데, 그때 좋은 점수를 받으면 휴식 시간이라든지 포상이 있지만 나쁜 점수를 받으면 기합이라든지 얼차려를 받아요. 그렇다보니 소대장이나 서무 같은 사람들이 틈만 나면 제식훈련을 시켜요. 한 30~40명이 함께 움직인다면 모두 다 같은 발을 동시에 움직여야 해요. 만약 발이 틀린 사람이 있으면 폭행이 가해져요.

또 심사지를 들고 다니면서 평가를 하진 않지만 중대장이나 윗사람들에게 지적을 받으면 그 소대는 마이너스가 되는 거예요. 일례로 식당이 있으면 1층에서 2층으로 올라가는 계단이 있는데 사람들이 줄을 쫙 서요. 그러면 우리 소대 순서가 올 때까지 한 30분 정도 기다려야 하는데 식판은 앞으로 드는 게 아니고 허리 옆에 딱 차야 해요. 안 그럼 감점이요. 식판을 떨어뜨린다, 또 밥 먹다가 음식을 흘린다 그것도 감점이고. 급식 받은 음식을 남기면 그것도 걸려요. 음식은 솔직히 너무 형편없었어요. 근데도 너무 배가 고파서 싹싹 비웠던 기억이 나요. 근데 어떤 날은 도저히 못 먹겠는 날이 있는데, 그때 음식 남긴 걸 걸리면 우리 소대가 찍히는 거예요. 그럴 때는 식판 국그릇 있는 데가 움푹 파져 있잖아요, 눈치를 싹 봐서 아무도 안 볼 때 국그릇을 식판 밑 국그릇 자리에 딱 붙여 한 손으로 들고 있다가 식판을 내려놓으면서 싹 비워요. 식은땀이 쭉 흐르죠, 걸릴까봐.

토요일에는 신체검사를 했어요. "전체 앞으로 손" 하면 손톱이 다 깨끗하게 됐는지 검사하고 두발 검사도 하고. 그래서 여하튼 무슨 이유로든 찍히면 그 사람 한 명 때문에 우리 소대 전부가 찍힌 게 되기 때문에, 소대로 복귀해서 폭행이 가해져요.

보통 저녁은 5~6시쯤 먹은 것 같은데, 저녁 식사 시간이 끝나면 소대로 복귀해서 점호 준비를 해요. 침대, 이불, 옷, 사물함 등 점호 전에 모든 정리를 다 끝내야 해요. 이때 정리를 어떻게 하냐면 예를 들어 티 같은 걸 접으면 매장 상품 진열대에 진열된 것처럼 무조건 각을 딱 맞춰야 해요. 상의면 상의, 바지면 바지. 근데 각을 맞출 수는 있어도 아무리 접어도 접힌 면이 서게 각을 접을 수는 없어요, 현실적으로 안 나와요. 하지만 그렇게 하라고 하니 어떻게 하냐? 종이를 오려갖고 각 잡는 데 안에 집어넣어요. 그러면 와이셔츠 포장 뜯기 전처럼 불룩하게 각이 딱 나와요. 그때는 그게 뭔지도 몰랐는데 나중에 보니 이게 딱 군대식이더라고요. 여하튼 그렇게 정리가 다 되면 옷을 맞춰 입고 2층 침대 사이로 입구부터 양쪽으로 쫙 줄을 서고 대기해요. 중대장 오기 전에 소대장이나 서무 등이 점호 준비를 사전에 다 검사를 해놓고 기다리다가 중대장이 도착해 '충성' 하면 딱 '충성' 하고, 그다음에 뒤로 딱 돌아갖고 번호 시작하면 일렬로 번호 해요. "1, 2, 3, 4……" 내무반 인원 수만큼 쭉 돌아가 40명이면 "40, 번호 끝" 해야 돼요. 점호 오기 30분 전에 번호 연습을 하는데, 연습할 때고 점호할 때고 개중에 그걸 못하는 친구가 있을 거 아닙니까? 예를 들어 "27" 해야 하는데 한 1~2초 늦게 나온다 그러면 "대가리 박어". 그러면 전부 대가리 박고 그 상태에서 다시 처음부터 번호 시작이에요. 근데 머리 박은 상태에서 그게 잘되겠어요? 가다가 막히면 이제 구타가 시작되는 거예요. 발로 한 사람만 차면 다 도미노처럼 넘어지고…… 양쪽 끝에서 계속 그런 식으로 구타가 이뤄지는 거예요. 그렇게 했는데도 안 되면 2층 침대니까 다리를 2층 침대에 올리고 거꾸로 매달려서 해요. 그걸 못하면 또 구타가 가해지고. 번호 끝이 됐어요. 그럼 우선 점호는 완료된 건데 다 끝난 건 아니에요.

중대장이 나가면 밖에서 문을 잠가요. 소대장이 다시 집합시켜요. 그러면 점호 때랑 똑같이 서요. 점호 때 만약 27번 때문에 찍혔으면 "너 나와". 그 아이가 나와서 점호 대열 중간에 딱 서요. "담요 가져와." 담요도 군대식 갈색 담요 있잖아요. 담요에 걔를 엎어버려요. 아이들이 다 폭행할 준비를 해요. 소대장이나 서무가 "다구리!"

하고 외쳐요. 폭행하라 이거죠. 이제 그때부터 그 아이를 발로 밟는 거예요, 죽지 않을 정도로 밟는 거죠. 아이가 초주검이 되면 폭행은 끝나는데 아직 다 끝난 건 아니에요. 이제 그때부터 잘 때까지 기합이 새롭게 시작되는 거예요. "다 대가리 박아" 그러면 한두 시간씩 대가리를 박고 땀 뻘뻘 흘리는데 좀 있으면 머리를 박은 상태에서 2층 침대에 발을 올리게 해서 물구나무를 세워요. 그렇게 1시간쯤 지나면 소대장이나 서무가 아이들 팔을 '다다다다' 하고 쳐버려요. 우리가 쓰러지는데…… 그때 바닥이 마루가 아니라 돌바닥이었는데 시멘트로 안 돼 있던 게 천만다행이죠. 물구나무 기합이 끝나면 이번에는 침대 기둥을 잡고 다리를 올리게 해요, 그것도 1층이 아닌 2층에다가, 1시간씩. 애들이 떨어지잖아요. 그럼 몽둥이로 죽어요, 죽어. 소대장하고 서무가 중간에 서서 애들이 발을 내리면 사정없이 몽둥이를 막 날려요. 집단이라는 게 참 기합을 하도 많이 주다보니까 조건과 상황에 맞춰 그런 새로운 기합들을 계속 만들어내는데, 점호 마치고 밤 11시 될 때까지 4~5시간 동안 쭉 그런 기합을 받는 거죠. 기합이 끝나야 비로소 잠을 잘 수 있는데 27번 개 한 사람 때문에 모든 사람이 다 기합을 받은 거잖아요. 그러니까 기합이 끝나면 또 화풀이가 시작돼요. 개는 밑창이 되는 거예요, 모든 아이들의.

박인근의 형제원이 있다면 그 안에 또 작은 형제원이 있는 거예요. 큰 형제원에서 점호가 끝나고 철문이 닫히는 순간 소대 안에서 작은 형제원이 생기면, 소대장이 원장이 되고, 서무가 중대장이 되고. 또 그 시간이 끝나면 아이들이 또 더 작은 형제원을 만들고…… 열한 살, 열두 살밖에 안 되는 애들이 그렇게 하는 거예요. 근데 그때는 몰랐어요. 다른 환경이라든지, 어떻게 하는 게 맞다라는 걸 보고 배운 적이 없으니까 당연히 그렇게 하는가보다, 형제원에서는 그게 규칙이고 절차인가보다 생각했어요. 안 되면 맞고 때리면 되는구나 그리 생각했죠. 그렇게 하루, 일주일, 한 달이 계속 돌아가요. 기합받고 얼차려하고 폭행당하고 폭행하고……

학교 안 가는 토요일은 대청소하고, 일요일엔 교회를 가는데 찬송가도 달달달 외워야 해요. 군가도 마찬가지고. 개인당 할당된 걸 다 암기했는지 확인하는데 안 됐으면 또 기합이에요. 제가 바보가 아니라면 잠을 못 자더라도 달달달 다 외워야 해요, 맞아 죽을 수는 없으니까요. 거기 있는 기간 동안 배웠던 군가가 사회생활하면서 배웠던 군가보다 더 많아요.

탈출구가 없던 두려움

생활하고 기합받고 맞고 그런 거는 일상생활이 됐는데, 음, 남자들이 스트레스를 풀어야 하는데 풀 데가 없어 그랬는지…… 그때 제가 나이도 어리고 얼굴이 좀 귀염성 있는 편에 속하는 것 같아서 그랬는지, 밤에 자려고 누우면 누가 내 뒤에 와서 더듬고 팬티를 내리고……

그때는 몰랐어요. 성에 대한 개념도 없었던 나이니 성추행이라든가 성폭행이라는 건 더더욱 몰랐을뿐더러 교육도 안 받았으니

제가 당했던 일들이 뭔지 제대로 파악을 못했던 거죠. 싫다는 것, 그것만 분명했어요. 나중에 소년의집에 들어가 텔레비전과 매체를 접하면서 알았어요. '아, 그때 내가 성폭행을 당했던 거구나.' 그런 일이 있었다는 걸 평생 동안 아무한테도 말하지 못했어요. 지금까지 내 마음속에만 담아둔 채 살았죠.

밤마다 두렵고 겁났는데, 탈출구가 없었어요. 형제원 안에 들어가면 외부로 나간다는 건 사실 불가능에 가까워요. 사망했거나 크게 다쳐 큰 병원 치료가 필요할 때만 나갈 수 있는데 호송차에도 철창이 있고 관리자들이 도망을 못 가게 감시하거든요. 그러니 탈출이 아니면 나갈 길이 없었는데, 우리는 아동소대에 있다보니까 탈출이라는 개념 자체도 없었어요. 어른들이랑 있으면 종종 밤새 철조망을 뜯고 탈출했다더라, 어떤 사람은 자기 팔을 분질러서 병원에 갔는데 감시가 소홀한 틈을 타 탈출했다더라. 또 어떤 아저씨들은 식당에 재료 싣고 온 트럭 밑에 영화처럼 매달려서 탈출했다더라 하는 이야기를 해줘요. 또 어느 사람은 탈출하다 잡혀서 맞아 죽어서 야산에 묻혔다더라 이런 얘기도 듣고. 우리는 그런 말은 많이 들었는데 아무리 죽을 것 같아도 탈출하자, 그런 생각조차 못했어요. 겁나잖아요, 잡히면 어떻게 하냐고요.

갑자기 찾아온 축복

형제원 생활이 영원할지 알았는데 사건이 터졌어요. 87년이었던 것 같은데 형제원 비리가 터지면서 안에 어떤 일이 있었냐면, 배급 받는 식당 안에 금고가 있었어요. 항상 철문으로 잠겨 있었는데 어느 날 철문이 열리면서 사람들이 물건을 가져나와서 옷을 챙겨 입고, 신발을 신고 그러더라고요. 저도 엉겁결에 누군가 건네준 신발을 신었어요. 근데 형제원 직원이 아닌 누군가가 수용자들을 집합시키는 거예요. 그 사람이 누구누구 이렇게 사람 이름을 호명하더니 제 이름을 부르곤 밖에 있는 차에 타라고. 타라고 해서 탔더니 차가 어디론가 막 가는 거예요. 그때 도착한 곳이 어디냐면 부산 소년의집이었어요.

결론부터 먼저 말하자면 저는 진짜 축복받은 거예요, 진짜 로또에 당첨된 거죠. 부산 소년의집으로 왔던 사람이 열 몇 명밖에 안 돼요. 형제원 안에 제법 사람이 많았는데, 그 사람들에게 그냥 집에 가라고 하진 않았을 거 아니에요. 다른 사람들은 다른 시설들로 갔을 거 아닙니까? 다른 복지시설이 좋다, 나쁘다 이렇게 제가 말할 순 없는데, 제가 배정받아 간 곳은 어떤 거냐면 진짜, 진짜 선택을 받은 곳이었어요. 거기서 고등학교까지 학교 공부 다 시켜주고, 수녀님이 나를 붙잡아줬기에 지금 내가 이렇게나마 있는 거예요. 그건 평생 감사할 부분이에요.

처음에 부산 소년의집으로 갔다가 부산에는 초등학교 시설이 없어서 서울 소년의집으로 보내졌어요. 입학하기 전에 시험을 치더라고요. 이 사람을 5학년에 넣을지, 6학년에 넣을지 배정하려고. 저는 5학년에 배정받았는데, 처음에는 학교도 그렇지만 소년의집 생활에 적응을 못해서 고생을 엄청 했어요. 형제원에서는 내내 그 안에 갇혀만 있었는데, 여기는 경비 서는 사람도 없고, 대문은 항상 열려 있으니까. 나가도 뭐라 안 해, 들어와도 뭐라 안 해. 내무반에 들어갔는데 문을 잠그는 사람도 없고, 점호하는 사람도 없고, 밥을 먹든 안 먹든 아무도 간섭을 안 해. 완전히 신세계가 열린 거죠, 자유죠, 완전한 자유. 그러니 적응이 안 되는 거예요. 몇 년간 갇혀 살다가 그렇게 확 열리니까……

그리고 또 형제원에서 온 그룹하고 기존의 소년의집에서 생활해왔던 그룹 사이에 문제가 생기면서 매일 싸우게 된 거예요. 그럼 혼나니까 또 적응하기가 어렵고. 맘도 안 잡히니 수업 끝나고 (형제원 출신들이랑) 밖으로 나가 밤새도록 돌아다녀요. 잠도 안 오고 문은 항상 열려 있으니까 두세 명이 같이 나가요. 끼리끼리 어울려서 전자상가 골목에 있는 가전제품 매장 유리창을 깨서 미니카세트 훔쳐와 노래 듣고. 새벽에 경찰차 달려오고, 선생님한테 들켜가지고 단체 얼차려 받고. 진짜 죽도록 혼이 났어요. 형제원에서처럼 몽둥이 들고 막무가내로 팬 건 아니지만 거기도 조직이니까 규칙이 있고 벌이 있는 거였죠. 근데 그렇게 혼이 나면서 내가 어떤 생각들을 하게 됐냐면 내가 잘못했기 때문에 정당한 체벌을 받는 거라는 마음이 들기 시작했어요. 억울하다가 아니라 이건 내가 잘못한 거구나, 그렇게 하면 안 되는구나 하는 마음이 생기기 시작한 거죠. 그러면서 아주 조금씩 조직, 규칙들에 적응하기 시작했어요.

한번은 어떤 일이 있었냐면 내가 6학년 때 가출을 해서 서울역에 갔어요. 서울 소년의집이 응암동에 있었는데 서울역까지 반은 걸어가고 반은 어찌어찌해서 갔어요. 서울역에서 기차를 타려고 했는데 돈이 없잖아요. 서울역 광장 벤치에 앉아 어떻게 할까 갈등을 하고 있는데 어떤 남자가 오더니, 그때 초등학생 귀에는 엄청 무섭게 들릴 목소리로, "야, 같이 갈래" 그러는데 그 말이 지금 생각해도 엄청 소름이 끼칠 정도로 무서웠어요. 서울역 그 넓은 데서 나를 아는 사람이 하나도 없잖아요. 형제원의 기억이 스치면서 또다시 잡혀갈까봐 마음이 조마조마해가지고…… 그 순간 내가 벌떡 일어나서 소년의집으로 뛰었어요. 거의 반나절을 쉬지 않고 뛰었어요. 그때 수녀님한테 또 엄청 두들겨맞았는데, 그 수녀님이 나를 호되게 혼내면서 정신이 그쪽으로 안 가도록 많이 잡아줬어요, 따스한 사랑을 주고……

내가 정말 감사한 게 뭐냐면 그때 그 수녀님이 나를 안 잡아줬으면 나도 가출했거나 더 나쁜 길로 빠졌을 가능성이 높아요. 사실 형제원에서 같이 왔던 아이들 중에 반 이상은 가출해서 나갔어요. 내가 그중에 한 명이었으면 지금 이 자리에 없을 수도 있어요. 양아치가 됐든가, 범죄를 저질러서 교도소를 왔다 갔다 했을 수도 있고, 어쨌든 지금보다 더 낫지는 않았을 것 같은데, 이렇게나마 살수 있는 건 다 그 수녀님 덕분이에요.

일반 가정과는 비교가 안 되겠지만 소년의집에서 사랑도 받고 조금씩 안착이 되면서 아버님을 찾아가야겠다는 생각을 하게 됐어요. 물론 소년의집에서 가출을 해서 아버지한테 갈 수도 있었겠지만 당시 소년의집에는 일절 용돈이라는 게 없었어요. 내가 수중에 돈 한 푼 없이 가출했을 때 집까지 무사히 갈 수 있을까를 생각하니 절대 가출은 안 되겠더라고요. 그렇다고 수녀님한테 내가 아버

지를 찾아야겠습니다, 도와주세요, 라는 말도 절대 못하겠고. 아버
지를 찾아갈 생각을 하니 방법은 딱 한 가지밖엔 없었어요. 중·고
등학교 중퇴면 낙오다, 고등학교 졸업할 때까지만 참자, 내가 취업
을 나가서 돈이 모이면 그때……

미움이 녹다

아버지를 찾아갈 생각에 고등학교 때 취업 나가면서부터 줄곧 휴
가도 안 가고 돈을 모았어요. 한 5~6년쯤 지나 제법 돈을 모았을
무렵, 회사에서 여름휴가를 받아 제 머릿속에 박아둔 주소대로 찾
아갔는데 저 어렸을 때 있던 사람들은 다 없더라고요. 사실 제가
가출할 당시에 저희가 큰아버지 집에 얹혀살았는데, 본집도 아니고
옛날에 동네에 가면 있던 사당에 얹혀살았던 거죠. 근데 그 사당만
있고, 저희 아버님이 7남매셨는데 아버지는 물론이고 한동네 살던
큰아버지, 작은아버지들도 모두 안 계시더라고요. 주변에 다른 분
들에게 가서 저는 누구누구다 그러니까 저희 아버지 형제분들하고
연락이 닿아서 찾아갔지요. 근데 아버님은 몇 년 전에 돌아가셨더
라고요. 저 가출하고 아버지가 사람을 찾는다는 전단지를 만들어서
서울이랑 제가 갈 수 있을 만한 데나 제가 있다는 소문이 돌던 지
역은 다 돌아다니셨더라고요. 그 당시에 저를 못 찾고 너무 괴로우
니까 계속 술을 드시다가 간경화로 돌아가셨다고. 큰아버님이 묘를
안 쓰고 화장을 해서 뿌리셨다고 하더라고요.

아버님 소식을 접하고 나니 허망한 게 문득 어머님을 찾고 싶은 거예요. 근데 제가 아주 어렸을 때 어머니가 집을 나가셨으니 어디 계신지 알 수가 없죠. 무작정 시청에 가서 사정이 이러저러하다 이야기를 하고 서류를 한 장 뗐는데 거기에 어머님 이름하고 본적이 나오더라고요. 그 종이 하나 들고 어머님 본적지로 찾아가 수소문을 했어요. 다행히 작은 마을이라 누군가 어머니 친척분들이랑 연락이 닿으시더라고요. 또 서류에 친척분들이 대구에 있는 걸로 주소가 나와서 대구로 가기도 했어요. 그렇게 사방팔방으로 돌아다녀서 겨우 어머니하고 통화가 됐어요. 어머니랑 헤어진 지 10년도 더 되었으니 통화를 하는 것도 어렵고 어색하더라고요. 어머님은 인천에 사신다고 하던데, 일단 살아 계신 걸 알았으니 안 찾아갈 수는 없잖아요. 그래도 나를 10개월 동안 배 속에 넣었다가 낳아서 키워주신 분인데……

　　어머니한테 갔어요. 근데 제가 정말 못 잊는 게 뭐냐면, 큰길 가운데 횡단보도가 있었어요. 횡단보도 바로 앞에서 어머니하고 통화를 했는데, 어디서 기다린다고. 근데 기다린다는 장소가 바로 횡단보도 반대편인데 딱 한 사람밖에 없어요. 분명하거든요. '저분이 어머니구나!' 어머니는 몰랐겠지만 나는 반대편에 서서 녹색불이 켜지길 기다리는데 심장이 뛰기 시작하더니 진짜 죽겠는 거예요. '내가 건너갔을 때 모른다고 하면 어쩌지' '누구냐고 하면 어쩌지' 엄청 걱정을 많이 했어요. 신호가 바뀌는데 심장이 쿵쿵 뛰는 거예요. 그 소리를 내가 들으면서 걸어갔어요. 어머니가 절 보고 "니가 철웅이냐" "맞습니다". 딱 안아주시더라고요. 포옹을 해주시는데,

사람들이 세상을 다 얻었다고 말하잖아요. 진짜 그때 제가 그런 기분이었어요.

왜 그랬냐면 그 당시에 내 맘속에 또 다른 악한 감정이 생겼었어요. 아버지 찾으러 갔을 때 고모님 한 분만 빼고 아버지 형제분들이 다 살아 계셨어요. 아무리 우리 아버지가 고집이 세고 성격이 별나더라도 한 배 속에서 나온 형제잖아요. 형제 6명이 한 사람을 못 챙겨서 아버지를 돌아가시게 내버려뒀잖아요. 사람을 살릴 생각이 있었으면 알코올중독 치료소나 병원에 보냈어야 하는데 그렇게 안 하고 무심하게 방치했던 거예요. 물론 저도 아들로서 도리를 못 했지만 이 사람들은 가까운 동네에 살면서도 아버지를 방치해 그렇게 가시게 했으니까 제 눈에는 이 사람들이 다 범죄자인 거예요. 처음에 혈육을 찾았다고 반갑기도 했는데, 시간이 지나면서 '이 사람들은 내 친척들이 아니다' '이 사람들이 아버지를 돌아가시게 했다'는 원망이 들더라고요. 그러니까 제 맘속에 남이 된 거죠. 다시 세상에 혼자 내던져진 기분이었는데 어머니를 찾은 거예요. 살아 계시니까 그게 엄청 행복한 거예요. 진짜 우리 어머니구나, 내 핏줄이구나, 나를 낳아주신 분이구나.

어머니는 재혼하셨더라고요. 제 밑에 배다른 남동생도 2명이나 있고, 제가 어머니를 설득했어요, 새 아버님한테 인사시켜달라고. 어머님이 고민을 많이 하시다가 가족들에게 저를 인사시키셨어요. 재혼 전에 아버님께 제가 있다고 이야기를 했는지는 잘 모르겠는데, 새 아버님께 인사를 갔더니 밑으로 아들 하나 더 생겼다고 반겨주시더라고요. 남동생 둘하고도 인사를 하고.

그때 제가 충남 당진에 있는 한 철강 회사에 다니면서 기숙사에서 살았어요. 당진과 인천이 가까우니 주말마다 어머니한테 갔어요. 제가 못 가면 어머니가 당진으로 와서 잠도 같이 자고 밥도 먹었지요. 시간이 좀 지나고 난 뒤 제가 진짜 화가 나가지고 어머니한테 왜 그때 아버지하고 날 버리고 갔냐고 물어봤어요. 근데 어머니가 아무 변명도 없이 정말로, 정말로 미안하다고 하시더군요. 그때 저는 아버지 형제분도 나쁜 사람들이지만 어머니도 저를 버리고 아빠를 버리고 갔기 때문에 아버지를 돌아가시게 한 원인 중 하나라고 생각했어요. 제가 형제원에 가게 된 것도 원망했고요. 그래서 어머님을 만나 정말 반갑기도 했지만 한편으론 계속 화가 나 혼자 마음 싸움을 많이 했거든요. 근데 어머니가 자기하곤 상관없다고 발뺌을 하시는 게 아니라 '정말로 너한테 미안하다, 그때 당시에는 내가 그렇게 선택할 수밖에 없었다, 다른 어떤 선택도 할 수 있는 방법이 없었다, 무조건 미안하다' 그렇게 말씀하시니까 모든 게 다 용서가 되는 거예요. 그동안 이렇게 마음에 가득 맺혀 있었던 응어리가 싹 녹아내리는 거예요. 마음속에서 답답하게 묶여 있었던 게 풀리면서 마음이 평온해지는 거예요. 생각했죠. 모든 걸 내려놓고 용서하자. 안고 가면 뭐하겠냐.

열리지 않는 문, 삼켜야 했던 말

이제 맘 잡고 생활하면 되는데, 미래를 향해 나아가면 되는데 그게 잘 안 됐어요. 형제원에서 성추행, 성폭행을 당할 때는 그게 뭔지 몰랐어요. 그러니 모르는 상황에서 끝나고, 형제원에서 나오면서 끝났으면 되는데 그다음이 더 힘든 거예요. 문제가 생기고 마음이 힘들어진다는 게 뭐냐면 그 마음이 계속 이어진다는 거죠. 소년의집에서 생활하면서 내가 무슨 일을 당한지를 알게 됐고, 그러면서 또래보다 훨씬 빨리 성에 눈을 떠버린 거예요. 거기서부터 이제 혼란이 생겼죠. 형제원은 남녀가 철저히 구분되어 생활했는데, 소년의집은 잠자는 시간 외에는 이성이 함께 있는 시간이 많았어요. 그런 상황에서 성적으로 빨리 눈을 떠버리고 나니까 보지 말아야 할 것을 보게 되고, 생각하게 되고, 자꾸 눈이 가는 거예요. 내 딴에는 어떻게든 그 기억을 자꾸 떨쳐버리려고 몸도 많이 쓰고 운동도 하고, 주말에는 허공에 벽 치기를 하면서 버티는데, 그 시간만 벗어나면 통제가 안 되는 거예요. 수녀님도 이성으로 바라보게 되는 거예요, 성적 대상으로요. 그러니 여학생들은 당연하죠. 공부도 안 되고, 생활도 안 되고.

그래도 고등학교 때까진 어떻게 버텼는데 사회에 나오니 더 컨트롤하기 힘들어지는 거예요. 혼자니까, 총각이니까 옆에서 잡아줄 사람이 없는 거예요. 거기에 아버님이 그리 돌아가셨다는 사실을 감당할 수가 없었어요. 내 안에 불이 타오르는데 거기에 기름이 확 부어진 꼴이었죠. 근데 풀 데가 없는 거예요, 얘기할 사람도 없고, 생활도 안 되고…… 그 기억이 한번 뇌리에 박힌 게, 마음이 스크래치된 게, 그게 안 없어지더라고요. 저는 술 마시고 방탕한 생활을 하면 풀리겠지, 사라지겠지, 단순하게 그리 생각했어요. 직장을 다니니 돈은 있잖아요. 매일 술 마시고 월급 나오면 아가씨 집에 가서 다 써버리고. 그렇게 즐기면 짧은 시간은 풀려요. 술 마시면 완전히 필름이 끊길 때까지 마셨으니까. 알코올로 뇌를 완전히 다운시키니까 아무 기억이 안 나잖아요. 하니 짧은 시간 동안은 끝나요, 평온해요. 근데 깨면 또 그때의 기억이 살아나는 거예요. 그 기억을 지우려고 다시 몸부림쳐요. 술 마시고 방탕하게 살고. 그렇게 살다보니 돈도 나름 잘 벌었는데, 통장에 잔고는 한 푼도 없고, 카드 값도 못 갚아 월급에 차압이 들어오고, 신용 불량자까지 됐죠. 좋은 직장도 그만두게 되고.

진짜 저는 여자화장실 들어가고 싶은 적도 엄청 많았어요. 지금 생각하면 정신적으로 좀 미친 짓이죠, 정상이 아니죠. 또 어떤 경험이 있냐면 남포동에 가서 여자 가발을 하나 샀어요. 지금 생각하면 엄청 황당한데 그때는 정신적으로 어떻게 풀 방법이 없으니 여자 가발을 사서 한번 써보자, 일단은 내가 마음이 평온해야 하니까 하고 가발을 사서 써보고. 그렇게 한 달을 하다가 버렸어요. 별로더라고요. 이게 어떤 충격을 받은 상태에서 해소를 하려고 하다보니까 일반 사람들이 생각하지 않는 것으로만 가는 거예요. 그렇게 하면 내가 받은 충격이 좀 해소되지 않을까? 회복되지 않을까? 기억이 사라지지 않을까? 혹시나 이게 답일 수도 있지 않을까? 내가 생각해도 자꾸 이상한 쪽으로만 가는 거예요. 또 상처를 받고, 그래도 계속 성적인 게 생각나고…… 그런 생활이 몇 년 동안 계속 반복됐어요. 그러다보니 삶에 의욕이 없고, 죽지 못해 사는 거예요, 아무것도 못하고. 사실 형제원의 폭력이나 제식훈련은 거기에 비하면 진짜 별거 아니에요. 육체적으로 기합받고 맞고 하는 건, 외부에서 충격이 오고 멍들고 상처 나고 다치고 하는 건 사라지잖아요? 그런데 마음에 충격을 받은 거는, 정신적으로 받은 상처는 거의 안 없어지더라고요. 아니, 절대 안 없어지더라고요.

제 스스로 감당할 수가 없었어요. 누군가에게 말하고 싶어도 아무리 둘러봐도 내 마음을 열고 내 마음이 이렇다 말할 사람이 없는 거예요. 그게 좋은 경험이고 기억 같으면 아무한테나 자랑하겠지만 그게 아니잖아요. 직장 동료에게 이야기할 수도 없고, 어머니한테 털어놓을 수도 없고. 그래서 착각을 한 거죠. 술 마시고 아가씨 집에 가면 일단은 손님이니까, 내가 얘기를 하면 들어주니까, 그러면서 착각을 했던 거죠. 와이프한테도 말을 못했어요. 단순하게 생각하면 부끄러우니까. 그게 내 치부일 수도 있잖아요. 내 잘못이 아닌데도 부끄럽잖아요. 괜히 이야기했다가 그 사람이 상처받으면 어쩌나 걱정도 되고. 그 사람한테 얘기한다고 해서 마음이 평온해지지 않을 거라는 생각도 들고, 혹시나 나를 이상하게 생각하는 건 아닐까란 걱정도 드니까 말하기 싫더라고요. 또 나만 특이하고 다른 사람들은 평범하게 살아왔잖아요. 해서 그런 말을 하면 한마디도 믿지 않을 것 같았어요. 무슨 소리 하느냐, 그럴 것 같았어요. 누군가에게 털어놓고 싶은데 문이 계속 닫힌 거죠, 굳게. 나는 그 문을 열고 싶은데 열지 못하겠는 거예요. 그게 너무 고통스러웠어요.

돌이킬 수 없지만 타임머신을 타고 돌아갈 수 있다면 집에서 가출하기 전으로 돌아갔으면 좋겠다 생각했어요. 가출을 안 했으면, 내가 가출했기 때문에, 밖에 나왔기 때문에 내 인생의 여정이 시작된 거니, 이 모든 상황이 내 탓이라는 자책도 많이 했어요. 누가 뭐라고 그러는 것보다도 내 자신이 밉고 나를 믿지 못했어요. 아버님 돌아가신 것도 내가 가출만 안 했으면 어떻게든 살아 계셨을 텐데 싶고, 거기에 형제원도 겹치고, 내가 성폭행도 안 당했을 텐데 싶고. 그런 것들이 계속 겹치고 쌓이면서 계속 내 탓이 되는 거죠. 겹치고, 겹치다보니 풀 수가 없고 계속 자책하고. 도망가고 싶어 매일 술 마시고, 계속 죽을 생각만 하고.

살아야 했던 이유들

죽으려고도 해봤는데, 너무 겁이 났어요. 죽고 나면 끝이잖아요. 모든 고통이 사라지겠지만 또 다른 삶도, 생활도 함께 끝나는 거잖아요. 생각했어요. 죽지 못할 거라면 악착같이 살자. 안 그러면 나도 아버님처럼 될 수 있다. 절대로 누구한테 손 안 벌리고 내가 생활력을 발휘해 미래를 살아야 한다. 나쁜 일은 나쁜 거고, 일단은 앞으로 나가야만 되니까, 비참한 거 그런 것보다는 삶에서 좋은 기억만 자꾸 생각하고 마음에 담으려고 무진장 애썼어요. 물론 마음에서 떨쳐지진 않지만 이걸 계속 생각하고 마음에 담고 그러면 앞으로 나갈 수가 없잖아요. 미래가 없잖아요, 미래가. 그리고 절대로 남에게 피해 주면 안 된다고 생각했어요. 방탕한 생활의 와중에도 지켜야 할 선이 있었던 거죠. 이 선을 넘어버리면 범죄자가 된다는 생각, 제 끝을 넘어서는 안 된다는 생각을 했던 거예요. 마리아수녀회에서 국민학교 때부터 고등학교 때까지 무상으로 나를 보살펴주고, 의식주를 다 주셨는데 내가 만약 범죄자가 된다면 수녀님들에게 피해를 주게 될 텐데라는 생각. 내가 진짜 전과 하나 없이 선을 지키면서 살아올 수 있었던 건 소년의집에서 받은 은혜를 저버리면 안 된다는 결심 때문이었어요.

음악도 내가 고통과 충격을 잠시나마 떨쳐버리고 다른 방향으로 고개를 돌리게 해준 친구였어요. 내가 방탕한 생활을 하며 매일 술집에서 술 먹고 아가씨들 꼬시고 그랬는데, 그때 재즈바에서 재즈를 알게 됐어요. 재즈가 전체적으로 리듬이 느리고, 우울하고, 어두운데, 당시 내 감정 상태, 처한 환경과 딱 맞아떨어진 거죠. '아 이거구나, 이게 나하고 딱 맞구나.' 그때부터 재즈를 공부했어요. 국제시장에 가서 책도 사고, CD도 사고. 트럼펫을 구입해 혼자 불어도 보고. 클래식이랑 국악도 들어보고, 또 팝으로도 넘어가보고. 음악에 집중하는 시간만큼은 고통에서 자유로울 수 있었어요. 음악 듣는 시간이 짧게는 3분, 길게는 10분인데 그 시간만큼은 술에 취하지 않아도 마약이라도 한 듯 평화를 누릴 수 있으니까, 살 수가 있었어요. 숨을 쉴 수가 있었어요. 지금도 너무 힘들면 일하다가도 화장실에 가서 5분, 10분이라도 음악을 듣고 나와요. 정말, 정말 좋아요. 지금은 음악이랑 떼려야 뗄 수 없는 관계가 됐어요. 음악이 없었다면 지금 내가 여기 앉아 있을 수 있었을까? 아마 힘들었을 거예요.

또 만약 장가를 안 가고 혼자였으면 저는 아직도 방탕하게, 혹은 여전히 자책에서 헤어나오지 못하고 허우적대며 살았을 수도 있어요. 사실 제 와이프 소개받았을 때 저는 결혼할 마음도 없었고 처지도 안 됐어요. 어떻게든 기억을 지우려고 술에 취해 방탕하게 살면서 카드 빚이 엄청났거든요. 근데도 그런 나를 받아줬어요, 부모님의 반대도 무릅쓰고요. 내가 결혼할 당시에 방 한 칸 얻을 돈도 없어 와이프 살던 집에 이불 하나만 들고 들어가서 거기서 신혼살림하고 애 둘 놓고 살았어요. 아이들도 태어나고 가정도 꾸리고, 그런 과정들을 밟아오고 생활도 바빠지다보니 과거를 생각할 수 있는 횟수가 조금씩 줄어들었어요. 이제 혼자가 아니고 책임져야 할 식구들이 있으니까 정신이 번뜩 나는 거죠. 가끔 와이프 애를 먹이기도 했지만 제 나름대로 진짜 열심히 살았어요. 요즘은 살기 바쁘고 사춘기 아이들 키우느라 정신이 없어 때론 원수지간처럼 지내기도 하지만 그래도 제 와이프가 제 삶의 은인인 건 확실해요. 제겐 예수님이에요.

하지만 아직 와이프한테도 제 과거에 대해 다 말하진 못했어요. 그냥 가출해서 소년의집에서 컸다고만 했어요. 형제원 이야기는 생략하고 중간에서 지워졌어요. 너무 상세하게 얘기를 하면 혹시라도 와이프가 상처받을 수도 있고, 충격을 받을 수도 있으니까. 지난번에 〈그것이 알고 싶다〉에서 형제원 이야기가 나왔을 때야 비로소 슬그머니 지나가는 말로 제가 형제원에 있었다고 이야기했어요. 누구나 아는 사실의 선에서만 이야기를 한 거죠. 아이들도 아직 제 과거에 대해 1퍼센트도 몰라요. 할아버지, 할머니 얘기는 해줬죠. 상세하게는 아니지만 할머니는 살아 계신다고. 둘 다 아직은 어리고 사춘기라 제가 말한다고 해도 이해하지 못할 것도 같고, 내 삶은 내 거고 아이들의 삶은 아이들 거니 더 부담 주지 말고 내 대에서 끝내자, 이런 생각도 들고.

·

살아 있어 다행이다

처음에는 형제복지원 피해자들과도 연락 안 하고 내가 겪은 일들은 아무도 열 수 없는 열쇠로 잠가 무덤까지 가져가려고 했어요. 또 형제원의 진실을 밝히는 것도 중요하지만 우선 내가 먹고살아야 하고 내 가정을 이끌어갈 수 있어야만 뭔가를 할 수 있으니까, 이 일에 나서다가 혹시 나한테 피해가 오는 건 아닐까 걱정도 많이 했고요. 근데 다른 분들이 활동하는 걸 보면서, 그들의 처지와 가족들에 대한 이야기를 들으면서 저 사람들은 진짜 모든 걸 다 내놓고 저리 하는데 나도 되는 한도 내에선 힘을 실어주고 싶더라고요. 그리고 혼자만 하기에는 좀 망설여지는데 주변에 도움을 주는 사람들도 많다보니 내가 할 수 있는 한도 내에서 뭐라도 하자 결정을 하게 된 거죠. 그래서 직장이 있어서 공개적인 활동까진 어렵지만 인터뷰도 하고 필요하다면 이야기도 해주고.

처음의 마음은 그랬는데, 사실 제가 지난 1차 인터뷰 끝나고 왜 형제원 사람들을 찾았을까, 만나려 했을까에 대해 곰곰이 생각을 해봤어요. 그렇게 돌아보니 제 안에 '내 자신의 상처를 치유받고 싶다, 힐링을 하고 싶다'는 생각이 있었던 것 같아요. 알코올중독자나 마약중독자들은 그룹을 이뤄서 치유하는 시스템이 있잖아요. 우리도 전문적이진 않지만 같은 아픔을 갖고 있는 사람들이 모여가지고 이야기를 하면 어떨까 하는 생각이 들었던 거죠. 제가 좀 특이한 상황이잖아요. 그런 상황에서 같은 아픔을 가진 사람들하고 만나니까 이게 뭐랄까, 말로 표현하기 힘든데 제 마음이 평온해진다고 할까. 어느 누구한테도 말 못한 상황인데, 이 사람들한테는 설령 이야기한다고 해도 그 사람들은 나를 몰아붙인다든가, 손가락질 하지 않을 거라는. 뭐라 꼭 집어 표현할 순 없는데 마음이 그냥 평온한 거예요, 굳이 감춰야 할 필요도 없고. 그게 치유인지 힐링인지는 잘 모르겠는데 전보다 마음이 가벼워졌고, 생활하는 데도 변화가 많이 생겼어요. 그때의 일을 생각하는 횟수도 많이 줄고. 전에는 아침에 눈을 떠 출근을 하면 마음 한구석에 이렇게 계속 신호가 와요. 그런데 지금은 그 신호 오는 횟수가 줄어들고, 안 좋았던 상황이 떠오르는 게 밤에 자려고 누운 시간 외에는 점점 줄어들었어요. 그러다보니까 회사에서도 업무에 집중이 되고, 사람에게도 집중이 되고 그런 것 같더라고요.

제 인생 전체로 보면 지금이 가장 행복한 순간 같아요. 이런 말 하면 좀 그렇지만 최근 들어 뭐랄까, 내 과거가 내가 경험한 것 같지 않고 타인이 경험한 것 같은 일처럼 느껴져요. 분명 내가 경험하고 살아온 삶인데 그게 나하고 조금씩 멀어진 느낌, 과거의 삶과 괴리가 생긴 느낌, 달라지는 느낌이 조금씩이지만 생기고 있거든요. 물론 내 나름대로도 노력을 많이 했고 많이 떨쳐버리고 했기 때문에 온 결과이기도 하지만 그것만은 아닐 거예요. 그렇게 과거에서 벗어나는 느낌이 생기니 조금씩 기분이 좋아져요. 평온해지고, 행복해지고. 지난 일요일에는 혼자서 부산 팔공산에 다녀왔어요. 팔공산에 가서 공양 한 그릇 먹고, 만 원짜리 초 하나 사서 우리 아이들 건강하게 해달라고 기도하고 내려오는데 진짜 기분이 좋은 거예요. 내가 태어나 그런 걸 처음 해봤는데 산에 가고 부처님 보고 평화를 얻은 게 아니라 내 맘이 왠지 모르게 좋은 거예요.

제가 요즘은 쉬는 날에 용역 사무실에 나가요. 아침 5시 반부터 가서 이름 쓰고 기다리다 7시부터 건설 현장 일 시작하면 땡볕에 땀 뻘뻘 흘려가면서 물 한 모금 제대로 못 마시고 일하는데, 그게 정신적으로 힘든 건 없는데 육체적으로는 엄청 힘들어요. 그런 상황에서 월요일에 직장에 출근하면 감사한 마음이 절로 드는 거예요. 물론 지금의 회사가 꿈의 직장도 아니고, 정신적으로 쪼이고 잔소리도 듣고 그러면서 스트레스도 받지만 그래도 주말에 일했던 거랑 비교해보면 안정적으로 출근할 수 있다는 게 감사한 거죠. 작업 환경도 훨씬 편안하고요. 주말에 몸 쓰면 8만 원 버는데 그걸로 제 담뱃값이라도 버니까 그것도 재밌고. 이렇게 요즘은 작은 것에 감사하는 마음이 자주 들어요. 자꾸 좋은 쪽으로만 생각하게 되고. 진짜 그때 죽지 않고 살아 있어서 다행이다, 살아 있는 게 정말 좋다, 이런 생각도 들고, 앞으로 열심히 살아야겠다 싶기도 하고.

저는 요즘 조금이나마 치유가 되고 있는 것 같은데 여전히 다른 피해자분들은 트라우마 속에 갇혀 계시더라고요. 너무 가난하게 살고 있고 가족이 없는 경우도 많으시고, 안 좋은 상황이 그대로 이어지고 있는 것도 같고. 나도 상처를 안고 여기까지 살아왔지만 그 사람들도 상처를 안고 계속 살아가는 건데 그게 치유가 안 되고 있으니 너무 안타까운 거죠. 죽으면 끝나겠지, 그런 생각으로 버티시는 것 같은데, 맞죠, 죽으면 생각도 안 날 거 아닙니까? 근데 그렇게 끝이 나면 안 되잖아요. 억울한 삶, 제대로 한번은 살아봐야죠. 진실도 규명되고 명예회복도 받고, 지난 삶을 어떻게든 보상받아야 하잖아요. 그렇지 않으면 너무 억울하잖아요. 또 아직 남은 삶이 있잖아요, 살날들이 있잖아요. 그러니 조금만 더 힘을 내셨으면 좋겠어요. 잘살진 못했지만 이만큼 노력했다 보여줄 수 있으면 좋겠어요. 그렇게 살다보면 언젠가 살아 있어 다행이라 생각할 날이 하루 정도는 찾아오지 않을까요? 생의 축복처럼.

* 김철웅 씨는 가족과 지인들에게 형제복지원에서 겪은 일들을 이야기하지 못해 가명을 썼다. '김철웅'은 형제복지원에서 사귄 친구의 이름이다. 부산 소년의집에서 헤어진 후 30년간 소식이 끊겼지만 그가 있어 형제복지원의 시간들을 살아낼 수 있었다. 바람결에 소식이라도 전해지길 소망하며 그의 이름을 세상에 내어본다.

문득문득 그가 생각났다. 형제복지원을 둘러싼 크고 작은 이야기들이 오고갈 때마다 휴대전화에서 그의 연락처를 찾다 그만두기를 여러 번. 안부를 묻지 못한 건, 지금이 가장 행복하다는 그의 일상에 형제복지원을 연상시키는 어떤 방해도 되지 않길 바라서였다. 아니다. 내 안에 그가 평온한 '보통 사람'의 모습으로 남아주길 바랐다는 편이 더 맞을 것이다.

첫 번째 인터뷰에서 그는 어머니에 대한 이야기를 꺼내면서 처음이자 마지막으로 눈물을 흘렸다. 두 번째 인터뷰에서 그는 그의 성폭력 피해 사실을 증언했다. 첫 인터뷰에서도 그는 형제복지원 내 성폭행, 성추행에 대해 말했지만 그건 그의 경험이 아닌 '소문' '들었다'는 맥락에 위치해 있었다. 하지만 다시 만난 자리에서 그는 생애 처음으로, 33년간 홀로 지고 왔던 짐의 무게를 털어놓았다. 내 시선을 피하지 않았던 눈빛과 목소리. 증언을 마친 그는 담담해 보였고 내 착각일진 몰라도 조금 홀가분한 듯 보였다. 오히려 흔들린 것은 나였다. 나도 모르게 차오르는 눈물과 분노를 감추지 못했고, 말을 보태지도 더 묻지도 못했다. 그의 눈물도, 고백도 내가 처음이었다는 사실에 깊이 감사했지만 갑자기 가슴에 돌덩이가 들어앉은 듯 무거웠다. 막차를 타고 집에 돌아왔을 때 여섯 살 난 아들은 아빠 품에 안겨 잠들어 있었다. 아빠의 뭇매 속에 엄마를 부르며 울다 지쳐 잠들었을 여섯 살 철웅의 서러운 모습이 내 아이의 잠든 모습 위로 겹쳐졌다. 형제복지원의 철문 닫히던 밤이 두려워, 뭇매를 퍼붓던 아빠마저 그리워해야 했던 아이의 모습도 그려졌다.

서성이는 마음을 둘 곳 없이 트라우마 치유 센터의 상담 치료사에게 메일을 썼다. 그가 경험해야 했던 성적 혼란과 관련해 다음과 같은 답변이 도착했다.

"지난 세월 아무에게도 말하지 못하고 성폭력의 기억을 감당하면서 살아가야 할 때, 침묵 속에서 사람이 겪게 되는 것들을 견뎌내오신 것 같습니다. 남성 성폭력 생존자로서 자신의 정체성에 많은 혼란을 겪으신 것 같고, 이 혼란을 극복해내기 위해서 수많은 시도를 해오신 것 같네요. 성매매를 하거나, 여성 복장을 해보시거나, 이런 것들은 그런 심각한 정체성의 혼란을 해결하기 위한 투쟁 과정처럼 보입니다. 이성에게 성적으로 관심이 강한 것은 이성애자 청소년에게는 자연스러운 현상이니 큰 문제로 보이지는 않지만, 이 분은 그런 자연스러운 현상마저도 자책하고 스스로를 비난해오신 것이 아닌가 싶어요. 어쩌면 이러한 경험들을 우리가 '증상'으로 해석하지 않고, 혹은 비난하지 않고, 한 사람의 고독한 투쟁 과정으로 이해할 때 더 많은 증언과 기록이 가능하지 않을까 하는 생각이 듭니다."

우리는 어떻게 개인의 고통과 기억을 사회적 고통과 기억으로 바꿀 수 있을까? 그 투쟁의 과정에서 나는 무엇으로 그와 함께 할 수 있을까? 쉬이 길이 보이지 않는, 결심되지 않을 질문들이 머릿속에 한참을 맴돌았다. 이 기록이 아직도 손을 대면 신음이 터져 나오는 그의 상처를 치유하는 데 작은 안식이라도 되길. 동시대를 살았으나 너무나 비동시대적인 삶에 내몰려야 했던 그를 떠올리며 나는 간절히 기도했다.

평생 아버지를 용서하려고
노력했어요

이향직 구술 • 홍은전 기록

이향직이 경험한 아버지의 폭력과 착취는 박인근의 그것과 닮았다.
그의 아버지는 이 사회 도처에서 평범한 얼굴로 살아가는 수많은 '박인근들' 중 하나인지도 모른다.
(출처: 박인근 자서전《형제복지원 이렇게 운영되었다》)

8월과 11월, 경기도 광주의 한 커피숍에서 두 차례 이향직 씨를 만났다. 두 번 모두 토요일 오후였고, 그는 아내와 함께 나왔다. 그는 흡연석에 자리를 잡고 아내가 알아서 주문한 커피를 군소리 없이 마시며 이야기를 시작했다. 아내는 인터뷰 내내 자리를 지키며 남편의 이야기를 들었고, 이미 여러 차례 들어 잘 알고 있는지 중간중간 나에게 보충 설명을 해주기도 했다.

　부부는 평일 저녁마다 회오리감자를 파는 노점을 운영하고 있고, 토요일 오전에는 아내가 진료를 받는 병원에 함께 다녀온다고 했다. 인터뷰를 토요일 오후로 잡은 것도 그 때문이었다. 둘은 처음 만난 그 순간부터 쭉 그렇게 함께해온 듯했고 둘 사이엔 그 세월만큼 성장한 열여섯 살의 딸이 있다고 했다. 나보다 먼저 이들 부부를 만났던 형제복지원 대책위의 활동가는 이들에게서 따뜻하고 선한 느낌을 받았으며 특히 딸에게《살아남은 아이》를 선물했다는 점이 인상적이었다고 전했다.

　그러나 예상과 달리 첫 번째 인터뷰는 쉽지 않았다. 이향직 씨는 분명 성실하게 형제원에 대해 증언하고 있는데도 나는 그의 이야기가 어딘가 겉돌고 있다는 느낌을 지울 수가 없었다. 시간이 한

참 흐른 뒤에야 나는 그 이유가 그가 자신의 '마음'을 거의 표현하지 않았기 때문이었음을 깨달았다. '잊으려고 노력했다'고 말하는 그는 정말 다 잊은 사람처럼 담담했다. 나는 그가 겪었다는 형제원은 잘 알 수 있었지만, 형제원을 겪은 이향직이라는 사람에 대해서는 잘 알 수 없어 답답했다.

두 번째 만났을 때 나는 그에게 트라우마에 대한 설문조사를 부탁했다. 그는 시험을 보는 아이처럼 진지하게 하나하나 체크했다. 그가 "수면을 지속하는 데 어려움이 있고, 당시의 기억을 떠올리면 혼란스러워지기 때문에 회피하려고 하며, 자살할 생각을 가끔 하지만 실제로 하지는 않을 것이다"에 체크했을 때 나는 조금 놀랐다. 1987년 형제원 퇴소 당시 가족들에게서 위로나 도움을 받았는지에 대해 묻는 한 페이지가량의 설문을 읽고 그가 한결같이 "전혀 그렇지 않다"에 체크했을 때엔 가슴 한구석에서 싸한 느낌이 올라왔다. 설문을 마치고 펜을 내려놓자 그는 다시 흔들림 없는 가장의 모습으로 돌아왔다. 그제야 나는 그를 조금 알 것 같았다.

인터뷰를 마치고 자리에서 일어나려던 순간 그는 자신이 SNS에 쓴 글이 있다며 읽어보길 권했다. 서울로 돌아오는 차 안에서 그 글을 읽기 시작했다. 가슴이 먹먹해져 여러 번 창밖으로 시선을 돌려 한숨을 쉬었다. 그것은 바로 형제원보다 더 형제원 같은 그의 가족에 대한 이야기였다. 낯선 이에게 차마 말할 수 없었던 그의 지난 시절 이야기는 그저 읽기에도 버거웠다. 온라인에서 '친구'를 맺은 후에 이루어진 세 번째 인터뷰가 사실 그가 가장 절실하게 말하고 싶은 이야기라는 것을 나는 직감했다. 이 글은 그렇게 세 번의 인터뷰를 재구성한 것이다.

∷

형제원에는 84년, 중학교 1학년 때 들어갔어요. 내가 계속 가출을 하니까 아버지가 나를 파출소로 끌고 갔는데 그때 형제원으로 보내진 거예요. 아버지한테 많이 맞았거든요. 형제원에서 맞았던 건 이미 아버지한테 다 맞아봤던 거였어요. 발로 밟는 건 별일도 아니었고요. 홀딱 벗겨서 손발을 묶은 채로 골목길에서 발로 차면서 굴린 적도 있어요. 어느 날은 젓가락으로 내 손가락을 한 군데만 계속 때렸어요. 세게 때리지도 않고 톡, 톡, 계속이요. 뼈가 부러졌는지 피부가 툭 튀어나오니까 젓가락을 놓으시더니 내 손가락을 힘껏 잡아당겼어요. 뼈가 다시 맞춰졌는지 튀어나온 게 가라앉더라고요. 그 정도로 맞았어요.

집을 나가기 시작했던 건 열 살 때부터였어요. 부산남문구 파출소 옆에 살았는데 버스 세 정거장 거리에 아버지가 하던 가게가 있었어요. 2년 동안 매일 집에서 가게까지 점심을 날랐어요. 나중엔 도가 터서 쟁반을 머리에 이고 두 손 놓고 뛰어갈 수도 있었죠. 하지만 아버지는 밥을 맛있게 드신 날이 거의 없었어요. 음식 맛이 짜다고 밥상을 뒤집어엎어서 다시 가져가야 하는 날이 많았죠.

어느 날 나무에 박힌 못을 잘못 밟아서 발을 심하게 다쳤어요. 그 덕에 점심 심부름을 안 했죠. 그런데 3일쯤 후에 또 가게 됐어요. 못에 찔린 곳이 잘못되면 발목을 잘라야 된다는 소리를 들었던 터라 무서웠어요. 그래도 안 갈 수는 없으니까 가면서 내내 울었어요. 비가 와서 음식에 빗물이 들어갔어요. 아버지한테 갖다드리니까 밥을 그따위로 가져왔다고 쟁반째로 바닥에 내팽개치고는 내 머리를 쥐어박았어요. 내 발의 붕대도 다 젖어 있었는데 그런 건 보이지도 않는 사람이었죠.

그동안은 크건 작건 내가 잘못을 해서 맞은 거라고 생각했어요. 그런데 그날은 아픈 것도 참고 갔는데 아무 잘못도 없이 맞으니까 내가 잠시 미쳤던 거 같아요. 아버지한테 막 덤볐어요. 반찬 그릇을 던지면서 내가 뭘 잘못했는데 또 때리느냐고 악을 썼어요. 그랬다가 또 엄청 맞았죠. 결국 눈썹 쪽이 찢어져서 병원 가서 꿰맸어요.

그때부터 가출을 하기 시작해서 집에 있었던 적이 거의 없어요. 신문배달하면서 보급소에서 자기도 하고요. 아버지한테 잡혀 들어가면 주머니에 있는 돈 다 뺏기고 안 죽을 만큼 맞고 또 가출했어요. 그 와중에도 신기하게 학교는 꼬박꼬박 나갔어요. 그런 생활을 몇 년 했는데 어느 날 아버지가 나를 부전역전 파출소에 처넣어버린 거죠.

경찰이 나를 유치장에 가뒀어요. 아버지가 빵하고 우유를 넣어주면서 "네가 먹고살 만한 데를 보내준다고 하니까 거기서 생활하면서 잘 살아라" 하더니 가버렸어요. 그때 기분은 별로 좋지도 나쁘지도 않았어요. 이제 아버지랑 같이 안 살아도 되는구나, 하고 생각했던 정도죠. 그날 밤에 형제원으로 보내졌어요. 우리 집은 잘살았어요. 그 시절에 의상실을 3개나 운영했을 정도니까요. 내가 형제원으로 가게 된 건 다른 피해자들처럼 가난해서가 아니었어요. 아버지 때문이었죠.

교도소보다 더 무서운 곳

요즘으로 치면 택배차처럼 생긴 차에 나를 태우고 어디론가 가더라고요. 그 안에는 내 또래 아이가 한 명 있었고 어른이 5명 정도 있었어요. 가는 도중에 한 아저씨가 "우리가 지금 가는 곳이 이렇게 순순히 따라갈 곳이 아니다. 교도소보다 더 무서운 곳이다. 그러니까 도망을 가려거든 지금 가는 게 좋을 거다"라고 말했어요. 형제원에서 지냈던 적이 있는 분이었어요. 하지만 아이가 뭘 할 수 있었겠어요. 미적미적하다가 결국 그 안까지 들어갔죠.

신체검사를 받은 후에 신입소대에 들어갔다가 며칠 뒤에 아동소대에 배정받았어요. 들어가서 며칠 안 됐을 때 도망쳤어요. 배고픈 거 정도만 참으면 되는 줄 알았는데 아니더라고요. 신체검사부터 아주 겁났어요. 무슨 검사인지 모르겠는데 두께가 빨대보다 좀 더 두꺼운 유리막대기 같은 걸 항문에 쑥 집어넣더라고요. 되게 아팠어요. '여기 무서운 곳이구나, 도망쳐야겠다'고 생각했죠.

아동소대 배정받은 다음날, 교회에 예배를 보러 줄을 서서 이동하다가 볼일 보러 간다고 빠져나와서는 화장실에 한참 동안 숨어 있었어요. 밖이 조용해질 때까지 기다렸다가 나와서 담을 타고 기어올라갔죠. 거의 다 올라갔을 때 경비가 아래에서 몽둥이를 들고 "너, 거기서 뭐 하냐?" 그러더라고요. 경비소대로 끌려갔는데 운이 좋게도 안 맞았어요. 신입이라고 봐주시더라고요. 대신 우리 소대 소대장을 불러서 빠따를 다섯 대 쳤어요.

아동소대에 있을 때 '밥 먹고 선착순' 그게 진짜 괴로웠어요. 밥을 타자마자 입에 털어 넣고 식판 던지고 바로 뛰어가서 줄을 서야 하는 정도였는데 선착순 몇 명 안에 못 들어가면 일단 빠따를 맞았어요. 그런데 대가리가 좀 큰 애들은 다른 애들한테 자기 자리를 맡아놓으라고 시키고서는 밥을 다 먹고 와요. 그러니까 우리 같은 애들은 빨리 가도 소용이 없어요. 어쩌다가 한두 개 남은 자리에 들어보려고 그 고생을 하는 거죠.

중등부소대에 있을 때 제일 많이 맞았어요. 프로레슬링에서처럼 선수들이 상대방 몸을 거꾸로 들고 머리를 바닥에 메다꽂는 식이었어요. 우리는 심지어 매트도 아니고 맨바닥에서 그렇게 수시로 맞았어요. 빗자루로 맞는 건 운이 좋은 것이고, 대걸레 자루도 그나마 괜찮았어요. 보통 삽자루나 곡괭이 자루로 때렸는데, 곡괭이 자루도 그나마 맞을 만했어요. 제일 아픈 건 물통에 밤새도록 담가놨던 자루로 때리는 거예요. 살에 좍좍 달라붙죠. 세 대만 맞아도 살이 터져요.

기합 중에 제일 힘들었던 건 '히로시마'예요. "히로시마 타!" 그러면 2층 침대에 발을 올리고 물구나무를 서야 해요. 진짜 괴로워요. 보통 사람은 10분도 버티기 힘들 거예요. 지금 하라고 해도 못해요. 그걸 겨울에 화장실에서 벌거벗겨놓고 시킨 다음에 몸에다가 물을 붓기도 했어요.

중등부소대 시절에 악명 높은 소대장이 하나 있었어요. 그 사람이 예쁘장하게 생긴 아이들을 밤에 잘 때 강간했어요. 한두 명한테만 그런 게 아니라 거의 매일 돌아가면서요. 하루는 우리 소대 한 아이가 그 사실을 자기 아버지한테 일러바쳤어요. 그 아버지는 다른 소대 소대원이었거든요. 결국 문제의 소대장은 근신소대로 보내졌어요. 그런데 어이없는 건 근신이 끝나고 나서 그 사람이 다시 우리 소대 소대장으로 왔다는 거예요. 돌아와서도 처음 한동안은 안 그러는가 했더니 어느 날 또 한 아이를 덮치려고 하더라고요. 그때 소대원하고 조장들이 떼로 덤벼들어서 말렸죠.

얼마 전에 〈진짜 사나이〉(군대를 체험하는 TV 예능 프로그램)를 봤는데 출연자들이 흙벽돌을 나르는 장면이 나오더라고요. 보통은 그걸 두 장씩 나르는데 어떤 사람이 힘자랑하느라고 세 장씩 지고 나르더라고요. 나는 그거 보고 웃었어요. 우린 열댓 장씩 날랐거든요. 그것도 열네 살 때. 그걸 지고 산으로 옮겼어요. 뭔가 옮겨야 할 게 있으면 기계나 차가 와서 하는 게 아니라 다 사람이 했어요.

형제원 건물이 되게 크잖아요. 그렇게 흙벽돌을 날라서 세운 거예요. 겉은 시멘트지만 안은 다 흙이에요. 조금만 긁어내면 흙이 나오죠. 도망가려고 애들이 그걸 긁었어요. 머리만 통과할 정도로 구멍을 뚫으면 몸도 빠져나갈 수 있으니까. 일주일 동안 흙을 파서 벽을 뚫고 나가는 거죠.

나도 탈출하려고 몇 번 계획을 세웠던 적은 있는데 시도는 못했어요. 엄두가 안 났던 거 같아요. 실패해서 맞는 걸 많이 봤으니까. 직접 보지는 못했지만 맞아서 죽었다는 사람들 얘기도 들었죠.

어떤 사람은 도망치다가 잡힐 것 같으니까 아무 가게나 들어가서 주인에게 상해를 입혀서 교도소에 갔다고 했어요. 여긴 언제 나갈지도 모르고, 잡히면 죽을지도 모르는데 교도소는 끽해야 1년 살다 나오면 자유의 몸이 되잖아요. 그런데 그 사람은 그렇게 나갔다가 또 잡혀 들어왔어요.

운동장 옆에 감자 창고가 있었어요. 아이들이 창고 문 아래로 철사를 집어넣어서 감자를 한 알씩 빼먹었어요. 대충 씻어서 소금에 찍어 먹으면 생감자인데도 그렇게 맛있을 수가 없었어요. 얼마 전에 형제원 피해자모임에 갔을 때, 내가 회오리감자 장사를 하고 있다고 했더니 그때 그 감자 맛을 못 잊어서 지금도 감자 장사를 하느냐면서 웃더라고요.

그때는 먹는 게 워낙 형편없었으니까요. 말로는 전어젓이라지만 생선 썩은 그런 것들이 반찬으로 나올 정도였으니까. 개구리 뛰어다니면 잡아서 갖고 놀다가 구워 먹기도 하고 어떤 애들은 생으로 먹기도 하고요. 쥐를 먹는 애들도 많았어요. 나는 구더기도 먹어봤어요. 허기가 져서 먹었다기보다는 먹을 게 워낙 없으니까 그냥 그게 한번 먹어보고 싶었던 거 같아요. 공장에서 일할 때 할당량을 채우면 상으로 라면을 줬어요. 그때의 라면은 요즘으로 치면 랍스타(바닷가재) 같은 거였어요. 라면 하나 받으면 면은 과자처럼 부숴 먹고 수프는 남겨뒀다가 일주일 동안 밥 먹을 때 국에 조금씩 타 먹었어요. 얼마나 맛있었는지 몰라요.

봉제 공장에서 일했을 때 옆 사람하고 장난쳤다고 맞은 적이 있어요. 조장이 몽둥이를 찾다가 안 보이니까 마침 옆에 있던 PVC

파이프로 얼굴을 때려서 코 윗부분이 찢어졌어요. 의무실에 가서 마취도 안 하고 생살을 꿰맸어요. 아픈 건 둘째 치고 내 눈앞에서 바늘하고 실이 왔다 갔다 하는 걸 다 봐야 하니까 괴롭죠. 다른 부위가 찢어지면 안 볼 수가 있는데 코 쪽을 꿰매니까 그럴 수가 없잖아요. 아직도 흉터가 남아 있어요.

한번은 미싱에서 기름이 몇 방울씩 발로 똑똑 떨어져서 미싱독이 옮았어요. 발 전체가 거의 썩다시피 했어요. 치료를 받긴 했는데 제대로 받은 건 아니죠. 잘 먹고 깨끗하게 지냈다면 쉽게 나았을 텐데 그러지 못했으니까 습진이 굉장히 심해졌어요. 형제원 나온 뒤에 습진은 다 없어졌는데 껍질이 일어나는 건 계속 가더라고요. 내 발을 본 사람이라면 "어, 너 발이 왜 그래?"라고 꼭 물어볼 정도로요. 그 증상 없어진 게 불과 5~6년밖에 안 됐어요. 그 독이 한 30년 간 거죠.

그 안에서 야학을 다녔어요. 교사는 밖에서 들어온 사람들이었는데 대학생이거나 고등학교 선생님들이었어요. 나중에 형제원 나와서 검정고시를 보러 갔다가 그때 교사들을 만났는데, 그분들이 부산에서 야학을 설립해서 같이 활동하고 계시더라고요. 구서야학이라고 했어요.

추억이라면 추억인데 노트가 한 권 있었어요. 야학소대에는 종이가 나왔거든요. 한때 소대에서 종이들을 묶어서 자기 노트를 만드는 게 유행처럼 번졌어요. 거기에다 일기도 쓰고 그림도 그렸어요. 지금 생각해도 어떻게 그림을 그렇게 잘 그렸나 모르겠어요. 종이로 하트 모양을 만들어서 그 끝을 크레파스 색깔별로 칠해요. 그

런 다음에 손으로 문지르면 크레파스가 번져서 색깔이 되게 예뻤
어요. 그 노트를 형제원 나온 후에도 한동안 갖고 있었는데 잃어버
렸어요. 그게 있었다면 책으로도 만들 수 있을 텐데 너무 아쉬워요.
그때 썼던 시만 다른 곳에 옮겨두어서 남아 있어요.

알고도 데리러 오지 않았어요

어느 날 새벽에 군인인지 경찰인지 모를 사람들이 장총을 들고 와
서는 형제원을 살폈어요. 그 다음날 소문이 좍 퍼졌어요. 울산에서
누가 도망을 가다 죽었다더라, 원장이 잡혀갔다더라, 우리 이제 다
나갈 수 있다더라. 그게 1987년 1월 형제복지원 사건이 터졌을 때
인데 그러고 나서도 몇 달이 더 지나서야 나왔어요.

　　바깥에서 온 사람들이 우리를 한 명씩 면담했어요. 어느 날 내
차례가 되어서 불려갔는데 나를 면담하던 분이 내 서류를 넘겨보
면서 정인자 씨가 누구냐고 물었어요. 중학교 1학년 때 선생님이라
고 대답했더니 나를 면회하려고 세 번이나 다녀간 기록이 있다고
하더라고요. 나는 그걸 그때 처음 알았어요. 그리고 그분이 또 두
명의 이름을 대면서 아는지 묻더라고요. 잘 모르겠다고 했더니 고
모하고 고모부라고 했어요. 고모부가 국무총리를 지냈던 누구누구
의 아들이라면서. 그분은 우리 아버지는 물론이고 큰아버지 이름도
알고 있었어요. 지금까지도 궁금해요. 그분은 그걸 어떻게 알고 있
었을까? 사전 조사를 하고 왔을까? 아니면 형제원 내 서류에 그게

다 적혀 있었을까? 아직도 미스터리예요.

　내가 그분한테 집에는 가기 싫으니 학교를 다닐 수 있는 고아원으로 보내달라고 했어요. 그래서인지 부산 소년의집으로 보내졌죠. 그런데 거기서 하루이틀 정도 지나니까 다시 서울갱생보호소로 보내더라고요. 소년의집 수녀님하고 상담했을 때 내가 집에 가기 싫다고 말하니까 수녀님이 나를 좋지 않게 본 거 같아요. 갱생보호소는 소년의집에서 말썽 일으키는 아이들을 근신시켰던 곳이라고 하더라고요. 가보니까 부랑인, 알코올중독자들이 있었어요. 형제원과 별 차이가 없었어요. 철문 안에 갇혀 있는 건 마찬가지였으니까.

　갱생보호소에서 봉투 붙이는 일을 했어요. 일주일 동안 일하면 1,500원 정도를 주는 일인데 차비를 모으면 집에 보내주겠다고 하더라고요. 며칠 일을 하니까 수사님이 이제 집에 가도 된다면서 나를 강남터미널에 데려다줬어요. 표를 끊어주고 3,000원인가를 줬어요. 버스를 타서 부산으로 오는 동안 옆자리에 앉은 사람하고 이야기를 나눴어요. 형제원에서 나왔다고 했더니 그분이 고생했다면서 휴게소에서 먹을 걸 사주시더라고요. 당시 매스컴에서 하루도 빠짐없이 형제원에 대한 보도가 나오고 있었으니 사람들이 많이 알고 있었죠. 터미널에 도착해서도 그분이 집까지 택시를 태워주셨어요. 그렇게 집으로 돌아왔어요. 돌아오고 싶지 않았지만 갈 곳이 없었어요.

　사실 나는 형제원을 나올 수 있는 기회가 여러 번 더 있었어요. 아버지는 내가 형제원에 있다는 사실을 알고 있었어요. 그러니까 담임 선생님이 나를 찾아 그곳까지 면회를 오셨겠죠. 형제원에 있을 때 나는 집으로 수도 없이 편지를 보냈어요. 아버지는 그걸 다 받고도 데리러 오지 않았어요. 설사 형제원이 어떤 곳인지 몰라서 그랬다 치더라도 87년에 뉴스에서 그렇게 떠드는데도 찾아오지 않았어요.

형제원 들어가서 1년이 조금 넘었을 때 집으로 '외출'을 했던 적도 있어요. 1년에 몇 차례 없는 기회인데 교회에서 하는 행사 같은 거였어요. 집이 있는 아이들 중에 모범생을 몇 명 뽑아서 보내줬어요. 목사님이나 전도사님이 동행해서요. 나도 거기에 뽑혀서 전도사님하고 같이 집으로 갔어요. '이젠 나가는구나' 하고 생각했죠. 그런데 우리 집까지 갔다가 아버지한테 욕만 신나게 얻어먹고 돌아왔어요. 심지어는 아버지가 나를 때리려고 하는 걸 같이 갔던 전도사님이 말려서 다시 형제원으로 데리고 왔어요.

그런데 그 전도사님이 부산에 있는 어느 고등학교의 성경 선생님이었거든요. 그 학교 교감 선생님이 우리 큰아버지였어요. 나는 큰아버지한테 편지를 썼고, 전도사님이 그 편지를 전해주면서 큰아버지를 설득했는데 씨알도 안 먹혔대요. 면회 한 번 안 오셨어요. 나중에 큰아버지한테 그때 왜 그랬냐고 물어봤더니 우리 아버지가 무서워서 못 왔다고 하더라고요. 큰아버지도 원망스러워요. 자기밖에 모르는 사람이에요. 결국 그 기회들을 다 보내고 형제원이 폐쇄될 때까지 지옥 같은 생활을 2년이나 더 했어요.

이름 하나로 엄마를 찾다

집으로 돌아갔더니 집안 형편이 많이 나빠져 있었어요. 낮엔 보석 공장에서 일하고 밤에는 고입 검정고시를 준비하려고 야학에 다녔어요. 하루는 아버지랑 같이 형제원에 적금을 찾으러 갔어요. 박인근 원장이 늘 그렇게 말했거든요. 너희 월급을 적금으로 들어놨다, 퇴소할 때 주겠다고요. 가서 그 돈 달라고 했더니 15만 원을 주더라고요. 2년 동안 죽을 고생을 해서 일한 게 겨우 15만 원이었어요. 그런데 그것마저도 아버지가 가져갔어요. 나 고등학교 보낼 때 쓸거라면서. 보석 공장에서 받은 월급도 꽤 많았는데 그것도 전부 아버지가 가져갔어요.

검정고시 날짜가 다가와서 아버지한테 물어봤어요. "대학을 가려면 인문계 고등학교로 가야 하고, 대학을 안 가려면 상업고등학교로 가야 하는데 어떻게 할까요?" 그랬더니 아버지가 "네 맘대로 해라. 그런데 나한테 돈 달라고 하진 마라. 나는 네 동생 학원 보내는 것도 힘들다. 네 살길은 네가 찾아라" 그러시더라고요. 그때 아버지가 나를 고등학교에 보내줄 마음이 없다는 걸 알게 된 거죠. 나는 고등학교 진학을 포기하고 조용히 짐을 싸서 집을 나왔어요. 공부도 돈이 있어야 하잖아요. 그런데 집에 있으면 아무리 일을 해도 월급봉투를 아버지한테 뺏기니까 집을 나올 수밖에 없었어요.

지금도 가끔 미칠 것같이 억울해요. 학교도 안 보내줄 거면서 내 뼈와 살이 섞인 15만 원은 왜 빼앗아갔으며, 공장에서 받은 월급은 왜 꼬박꼬박 가져갔는지. 그땐 열일곱 살이었으니까 아버지가 나를 때릴 수 있었던 것도 아닌데 내가 너무 착했나봐요. 돈이 있으면 부모 갖다주는 게 정상이라고 생각했어요. 집을 나와서 부산의 연산고등공민학교에 다니면서 검정고시 공부를 했어요. 낮에는 공장에서 일하고 밤에는 학교 가고, 잠은 회사 기숙사에서 자고요.

열여덟 살에 고입 검정고시를 합격하고 나니까 삶의 목표랄까, 그런 게 없어졌어요. 어차피 고등학교는 못 가니까요. 그러던 어느 날 어린 시절에 같은 동네에 살았던 아주머니를 만났어요. 그분이 어머니 안부를 묻더라고요. 순간 몸에 소름이 돋았어요. '아! 나한테 엄마가 또 계시지……' 그 생각이 드니까 친어머니가 찾고 싶어졌어요.

아는 거라고는 엄마 이름하고 이모 이름밖에 없었어요. 찾으려면 발품을 팔아야 했어요. 일주일 뒤부터 돌아다니기 시작했는데 처음에는 경북 상주에 갔어요. 아주 어렸을 때 엄마랑 상주에 있는 외갓집에 간 기억이 어렴풋이 남아 있었던 것 같아요. 이름 두 개 달랑 들고 동사무소, 면사무소를 다 뒤졌어요. 상주를 다 뒤지고도 못 찾아서 김천, 점촌, 경산까지 다녔어요. 반팔 옷을 입었을 때부터 다니기 시작했는데 두꺼운 잠바를 입고 얼음이 얼 때까지도 계속 찾으러 다녔어요. 처음에는 여인숙에서 잤는데 나중에는 돈이 다 떨어져서 교회나 기차역에서 자면서요. 결국 못 찾고 부산으로 돌아갔어요. 다시 보석 공장에서 일해서 3개월 치 월급을 거의 안 쓰고 모았어요. 그 돈으로 다시 찾아 나섰어요. 이번이 마지막이다, 라고 생각하면서.

그때 왜인지 모르겠는데 예전에 다 뒤져본 동네인데도 상주가 또 가고 싶더라고요. 게다가 상주역에 내려서는 생전 안 타던 택시를 탔어요. 그런데 그때 만났던 이름 모를 그 택시 기사님이 하늘이 내려준 행운이었던 거예요. 기사님이 내 얘기를 들으시더니 경북 예천에 가면 황씨(어머님 성씨)들만 모여 사는 동네가 있다면서 거기로 가보자고 했어요. 차비는 받지 않으시겠다면서요.

그렇게 해서 찾아간 곳이 예천군 풍양면 당촌부락이라는 마을이었어요. 봄이었는데 마을 입구에 동네 할머니, 할아버지들이 모닥불을 피우고 둘러앉아 계시더라고요. 거기 계시는 할머니한테 어머니 이름을 대면서 혹시 아는 분이 있느냐고 물었더니 그중에 한 분이 "우리 아가씨뻘인데, 니 누고?" 그러셨어요. 어렸을 때 헤어진 어머니라고 했더니 그분이 내 얼굴을 빤히 보시면서 "엄마야, 니 향직이가?" 그러시더라고요. 그분이 나를 자기 집으로 데려가서 밥을 차려주셨어요. 그러고는 여기저기 전화를 걸어서 수소문을 해주시더라고요. 외삼촌이 서울 염창동 파출소에 근무하고 있다는 걸 알았고, 그길로 바로 서울로 올라왔어요. 어머니는 구로에서 의상실을 운영하고 계셨고, 재혼해서 두 아이가 있다고 했어요. 외삼촌 댁에서 어머니를 만났는데 절을 하려고 하니까 말리면서 나를 끌어안고 한참을 우셨어요.

그때 어머니한테서 충격적인 이야기를 들었어요. 아버지는 줄곧 어머니가 바람이 나서 도망갔다고 말했거든요. 그런데 그건 사실이 아니었어요. 어머니는 아버지한테 하루도 빠짐없이 맞다가 살려고 도망을 쳤던 거였어요. 나를 데리고 가려고 했지만 아버지가 못하게 하니까 결국 혼자 떠났던 거래요. 이혼 도장을 찍으러 다시 찾아왔을 때도 나를 데리고 가겠다고 울면서 통사정을 했는데 아버지가 절대 못 준다고 했대요. "그래놓고선 그 생지옥에 아이를 집어넣다니…… 사람도 아니다……" 하면서 어머니가 엄청 분해하셨어요. 어머니 뵙고 난 후에 부산으로 내려가서 처음으로 술을 마셨어요. 아주 진탕 마셨어요. 그때가 스무 살이었는데 그 후로 아버지와 연락을 아예 끊고 살았어요.

스물한 살에 서울로 올라왔어요. 어머니가 방을 하나 얻어주셨어요. 검정고시 공부할 수 있도록 학원도 연결해주고 대학도 보내주시겠다고 했어요. 그런데 그때 내가 잠깐 다단계 판매에 빠져 있어서 공부를 안 했어요. 그 후에 인천에 있는 보석 공장에서 몇 년 일했어요. 나중에는 공장을 하나 차린답시고 기계도 사놓고 했는데 그때 하필 IMF가 터졌어요. 보석 가공 업계에는 완전히 치명타였죠. '금 모아 수출하자'는데 누가 반지를 사서 끼겠어요. 그때 아주 힘들었는데 지금의 아내를 만났어요. 아내도 당시에 집안 환경이 썩 좋지 않아서 방황하고 있을 때였어요. 서로 기대게 된 거죠. 같이 살기 시작했어요.

아내가 임신을 해서 혼인신고를 하려고 동사무소에 갔던 날, 또 경악할 만한 일을 알게 됐어요. 내 주민등록이 말소되어 있더라고요. 실종 신고를 한 사람은 아버지이고, 기간이 지나면서 절차에 따라 동사무소에서 말소를 시켰다고 하더라고요. 어떻게든 호적을 살려야 하니까 아버지한테 연락했어요. 아버지는 기초수급자가 되려고 그랬던 거였어요. 법적인 부양의무자인 나를 정리해야 당신이 보조금을 받을 수 있으니까. 아…… 아버지는 왜 그렇게 나를 괴롭히는 걸까요.

아, 아버지

딸을 낳고 아내랑 같이 인천에서 비디오 대여점을 했어요. 뭐든 시작하면 열심히 하는 스타일이라 아내하고 교대해가면서 24시간 운영했어요. 나중에는 영상음반유통협회 이사로 올라가기도 했어요. 그때 아주 잘나갔죠. 아내가 '사모님' 소리도 들을 정도였으니까.

비디오 사업이 시원찮아진 후에는 문방구도 운영했고요. 그다음엔 노점을 깔아주는 일을 했어요. 당시에 길에다가 속옷이나 가죽 잠바를 죽 늘어놓고 파는 노점이 한창 유행했어요. 내 역할은 봉고차에 노점에서 팔 물건들을 싣고 판매원들을 태우고 다니면서 자리를 깔아주는 거였어요. 그 일을 2년 정도 하다가 독립해서 아내와 경기도 광주에서 가죽 잠바를 파는 노점을 시작했어요.

장사가 무척 잘됐어요. 얼마 안 가서 구제 옷가게를 차렸고 나중에는 분점도 낼 정도로 키웠어요. 그런데 장사가 잘된다는 소문이 나니까 너도나도 그 옆에 구제 옷가게를 내기 시작했어요. 지금 그곳이 구제 거리가 됐어요. 우리는 장사가 잘 안 되니까 가게를 이전했는데 그때부터 일이 꼬이기 시작하더니 몇 년 만에 홀딱 말아먹었어요. 벌어놨던 돈도 다 까먹고요.

그래서 재작년부터 다시 노점을 시작했어요. 아내가 먼저 얘기하더라고요. 몸은 고되더라도 다시 한 번 해보자고. 그래서 아파트

장을 알아봤어요. 아파트 장이라고 하면 낮에 하는 알뜰장하고 밤에 하는 야시장이 있어요. 우리는 야시장에서 양말, 란제리를 팔다가 작년부터는 회오리감자를 팔고 있어요. 이 장사는 4~6월이 피크인데 올해는 세월호 참사 때문에 장사를 못했어요. 아예 야시장 자체가 서지를 않았으니까요.

요즘은 장인, 장모님을 모시고 살아요. 장인이 건강이 좋지 않은데 아들들이 다들 사정이 나쁘다고 아무도 안 모시겠다고 하는 거예요. 아내가 걱정을 많이 해서 옆에서 보기가 안쓰럽더라고요. 우리 딸이 나중에 그러면 어떡하나 싶기도 해서 죽이 되든 밥이 되든 합쳐보자고 해서 같이 살게 됐어요. 부모님을 모시고 살려니까 경제적 부담이 커서 수급권을 신청했다가 탈락했어요. 우리 수입이 부양의무자 기준보다 조금 웃도는 수준이래요. 동사무소 직원이 올해 10월에 법이 좀 완화가 될 거라면서 다시 신청해보자 그래서 지금 기다리고 있는 중이에요.

형제원에서 나왔을 때가 열일곱 살이었어요. 인생에서 가장 반항심이 클 때잖아요. 아버지에 대한 원망이 제일 컸을 때였어요. 하지만 나는 그때 공부에만 매달렸어요. 어떻게든 공부할 생각만 했어요. 그냥 그래야 할 것 같았어요. 그것도 아주 잘해야 한다고 생각했어요. 검정고시도 전 과목에서 2개밖에 안 틀렸어요. 사람들이 그러잖아요. 공부 잘하면 학교에서 서로 데려가려고 한다고, 학비도 다 대준다고요. 그런 말의 영향이 있었던 것 같아요. 공부하는 동안만큼은 아버지에 대한 원망도 잊을 수 있었어요. 결정적으로는 그 시기에 엄마를 만나기도 했고요. 충분히 위로를 받은 것 같아요.

그럼에도 그 시기가 가장 힘든 때였어요. 죽으려고 여러 번 시도했어요. 약국을 돌아다니면서 수면제를 사서 서른 알 정도를 먹고 자기도 해봤는데 자꾸 일어나지더라고요.

형제원에 있었던 사실을 숨기지 않고 살았어요. 나는 떳떳하니까요. 아내한테도 딸한테도 다 이야기했어요. 형제원을 나와서도 나쁜 길로 안 빠지고 열심히 살았어요. 하지만 그곳을 떠올리면 괴롭고 화가 나요. 그곳은 정말 지옥이었어요. 그런데 그 생각을 자꾸 하다보면 형제원에서 겪었던 일들뿐만이 아니라 아버지에 대한 원망이 생겨요. 아버지는 왜 나를 그곳에 보냈을까. 그게 더 괴로웠어요. 그래서 형제원에 대해서 깊이 생각하지 않으려고 했어요. 아버지와 언젠가는 화해해야 한다고 생각했거든요. 그래도 나를 낳아준 사람이니까.

그 후에 아버지랑 잘 지내보려고 애를 썼어요. 세월도 많이 흘렀고 이미 지나간 일인데 그만 잊자, 나도 자식이 있는데…… 생신도 챙겨드리고 어버이날도 챙겨드렸어요. 새어머니는 작은 것에도 항상 고맙다는 말씀을 해주셨는데 아버지는 달랐어요. 선물해드리고도 오히려 욕을 먹어야 했어요. 선물이 작으면 작다고 역정을 내시고요. 어머니 몰래 나한테 자꾸 돈을 달라고 하셔서 드린 것도 여러 번이에요.

사업이 쫄딱 망한 지경까지 갔을 때 너무 괴로워서 죽을 생각까지 했어요. 유언장을 써놓았더니 아내가 너무 놀라서 시댁에 전화를 했나봐요. 그때 아버지가 이렇게 대답했대요. "뭐 어쩌라고. 네가 뭘 잘못했으니까 그런 거겠지." 아버지한테 내 죽음 따위는 여전히 중요하지 않았어요.

얼마 전에도 생신이라 아내가 전화를 드렸더니 신경질적으로 끊어버리더라고요. 내 귀에는 꼭 "돈도 안 보낼 거면서 귀찮게 전화는 왜 하냐"는 말이 들리는 것 같았어요.

최근에 내가 형제원에 대해 인터뷰했던 기사를 보고 동생이 연락을 했어요. 집안 창피하게 그런 걸 왜 떠들고 다니냐는 듯이 말하더라고요. 동생한테 정말 서운했어요. 아버지는 동생 학원 보내줘야 된다면서 나는 고등학교도 안 보내줬잖아요. 그런데 동생은 대학도 갔거든요. 동생이 나에 대해서 약간의 미안함 정도는 갖고 있을 줄 알았는데 아니었던 거죠. 심지어 동생은 내가 형제원에 갔다 온 사실조차 몰랐대요. 나 혼자만 참고 살았던 게 너무 억울해서 며칠 동안 글을 써서 SNS에 올렸어요. 동생 보라고요.

나는 평생 아버지를 용서하려고 노력했어요. 하지만 이제는 아니에요. 해도 해도 너무하더라고요. 눈물로 용서를 구해도 쉽게 잊히지 않을 기억들인데 아버지는 나에게 조금도 미안해하지 않았어요. 지금도 가끔 악몽을 꿔요. 아버지가 내 손발을 줄로 묶은 채로 구둣발로 차면서 공처럼 굴리는데 나는 손발이 전혀 움직이지가 않는 그런 꿈요.

누구에게나 유년기의 꿈이나 추억이 있을 텐데, 그 모든 걸 아버지와 형제원이 빼앗아갔어요. 삶의 한 걸음 한 걸음마다 독하지 않으면 버텨내지 못했을 만큼 아버지는 나를 힘들게 했어요. 이제는 더 이상 아버지에 대한 원망을 잊으려고 애쓰지 않을 거예요. 그리고 그것을 잊기 위해서 형제원의 악몽을 지우려고 애쓰지도

않을 거예요. 이제 하나둘 모이는 형제원 생존자들과 함께 우리의
억울함을 알리기 위해서 노력할 거예요.

글을 쓰기 전에 그에게 이 이야기를 책으로 출간해도 괜찮겠냐고 물었다. "네." 그가 망설임 없이 대답했다. 그렇다면 아버지에 대한 이야기를 뺄 수 없을 것 같은데 그래도 되느냐고 물었다. "네! 괜찮아요." 한층 단호한 목소리로 그가 답했다. 혹시 가족들이 보면 관계가 더 힘들어질 텐데 정말 괜찮은 거냐고 재차 확인했을 때 그는 이렇게 말했다. "이제는 사과를 받고 싶어요. 화해가 아니라……"

'사과'라는 단어를 듣는 순간 나는 코끝이 시큰했다. 그것은 두 번의 인터뷰가 이루어지는 동안 그가 자신의 감정을 드러냈던 말들 중에 가장 선명한 것이었다. 인터뷰가 시원스럽게 풀리지 않았던 이유를 그제야 알 것 같았다. 그가 분노해야 할 대상에 대해 충분히 분노하지 않아서. 그리고 미워해야 할 대상을 충분히 미워하지 않아서. 그러니까 너무 '착해서'.

작고 힘없는 어린 이향직이 기댈 곳은 세상 어디에도 없었다. 형제원이 폐쇄되자 갈 곳이 없어 다시 집으로 돌아갔으나 그를 기다리는 것은 아버지의 폭력이었다. 그는 다시 집을 나갔다. 그러자 아버지는 오히려 그의 주민등록을 말소시켰고, 이향직 씨는 자신의 딸을 위해 제 손으로 이 불행한 관계를 되살려야 했다. '나도 자식이 있으니까. 그래도 나를 낳아준 사람이니까.' 그는 그렇게 아버지를 용서하기 위해 평생을 애쓰며 살아왔다. 그러나 정작 아버지는 그에게 미안해하지도, 용서를 구할 생각도 없었다.

아버지의 폭력과 착취가 박인근의 그것과 너무도 닮았다. 어쩌면 아버지는 이 사회 도처에서 평범한 얼굴을 하고 살아가는 수많은 '박인근들' 중 하나가 아닐까. 박인근이 그토록 잔혹한 왕국을 쌓을 수 있도록 도와준 것도, 왕국이 무너진 후 그에게 면죄부를 준 것도 바로 이 평범한 박인근들이다. 그러니 아버지를 용서하기 위해 애쓴 필생의 노력으로 그는 결국 자기 안에 또 하나의 형제원을 품었고 그 속에 어린 향직을 가두고 말았던 게 아닐까. 그가 아버지를 대하는 태도가, 이 사회가 박인근을 대하는 태도와도 닿아 있다고 나는 생각했다. '자기 안에 감옥을 품고 사는 것'*, 그것은 너무나도 나쁜 것이어서 그것에 비하면 벽이나 철문 안에 몸이 갇히는 일은 아무것도 아니다. 그러나 그처럼 정직하고, 부지런하고, 착한, 대부분의 사람들이 그렇게 살고 있는 것이다. 그가 "사과받고 싶어요"라고 말했을 때, 나는 그 말을 이렇게 이해했다. '이제는 탈출하고 싶어요.' 그러나 그는 이미 탈출에 성공했을 것이다. 차마 말할 수 없었던 기억을 글로 쓰던 며칠간의 사투 끝에, 결코 용서할 수 없는 것들을 '용서할 수 없다'고 쓰고는 기어이 그 문장을 '전송'했을 때 말이다. 그의 탈출에 응원의 박수를 보낸다.

---

* 우리를 잡았다. / 우리를 감옥에 넣었다. / 나를 벽 안으로 / 너를 벽 밖으로 / 이런 것은 아무것도 아니다. / 가장 나쁜 것은 / 알면서 모르면서 / 자기 안에 감옥을 품고 사는 것이다. / 사람들 대부분 이렇게 살고 있다. / 정직하고, 부지런하고, 착한 사람들이. (나짐 히크메트, 〈파라예를 위한 저녁 9시에서 10시의 시〉)

묻어놓고 살면
뭐가 잘못된 건지도 모르고 살아요

최승우 구술 • 이묘랑 기록

식사 시간에 중대장은 음식을 남기지 않는지 늘 감시했다.
최승우가 냄새 때문에 짜장면을 먹지 못하자 중대장은 식판으로 그의 머리를 내리쳤다.
(제공: 형제복지원사건진상규명을위한대책위원회)

소년은 개금중학교 교복을 입고 있었다. 이제 막 시작한 중학교 생활, 새 교복이 주는 의젓함과 기대를 품고 있었다. 그리고 부모님의 이혼으로 세상이 붙여준 '결손가정'이라는 딱지는 자연스럽게 남들보다 더 열심히 공부해야 한다고 다짐하게 만들었다. 하지만 그 기대와 다짐은 하굣길 파출소에서 경찰의 '승진용 스펙'이 되어 형제복지원에 그와 함께 갇혔다.

소년이 사라지자 할머니는 집 앞 파출소에 실종 신고를 했다. 흔적도 없이 사라진 아이를 찾아줄 유일한 희망은 국가, 경찰이었다. 할머니가 그나마 비빌 언덕이라고 믿었던 파출소는 그이를 형제복지원으로 인계한 바로 그 개금파출소였다. 형제복지원을 나오고 나서 그 사실을 알았지만 그이가 할 수 있는 일은 없었다. 오히려 박인근 원장은 부산 지역의 경찰이나 공무원을 쥐락펴락할 수 있는 힘을 가진 사람이라는 사실을 깨달았을 뿐이었다.

"저는 정말 그 안에서 어마어마하게 많은 일을 겪었습니다." 처음 만나는 자리의 어색함과 '피해생존자'와의 대면이 주는 무게에 마냥 조심스러운 내게 최승우 님은 기다렸다는 듯이 이야기를 시작했다. 표현 그대로 그는 말을 쏟아냈다. 인터뷰이의 말이 끝날 때까지 충분히 들어야 한다는 원칙보다는 이야기의 속도를 따라잡지 못하고 있다는 조바심에 중간중간 끼어들어 질문을 던지고야 말았다. 한참 대화를 이어가고서야 그동안 삼킬 수도 뱉을 수도 없어 때로는 외면하고 때로는 혼자 괴로워해야 했던 이야기들을 그이 스스로 의미화하고 재구성해가는 게 보여 나의 조바심을 누를 수 있었다. 그동안 어떤 마음으로 저 많은 모욕과 폭력을 품고 살아왔을지 감히 위로의 표정도 말도 찾을 수가 없었다. 밤마다 악몽으로 현실이 되고, 흉터로 상처로 몸이 기억하고, 다른 사람한테 맞지 않으려면 내가 더 강하게 때려야 한다는 삶의 방식으로 여전히 재현되건만, 없었던 일인 듯 사는 것이 현명하다고 여겼다. 아니 그래야만 살 수 있었다.

이제야 조금 그때의 자신을 바라볼 용기를 내본다.

⊞

계속되는 악몽

누군가 날 끌고 가서 가둬요. 가운을 입고 마스크를 한 사람이 몽둥이로 때리기 시작하고 피가 툭툭 터져요.

자다가 벌떡 일어나죠. 30대 후반까지 계속 이런 꿈을 꿨어요. 불면증에 계속 수면제를 처방받아서 먹고, '어렸을 때다, 다 지나간 이야기다' 스스로 타일러도 자꾸 악몽을 꾸게 되고 머릿속에서 떠나지를 않았어요. 그러다보니 네댓 번 정도 자살을 시도했죠. 우리 집에 가면 천장의 전등 다는 곳이 다 부러졌어요. 하두 목을 매니까. 누우면 눈에 그게 먼저 보이니까 자꾸 그렇게 되더라구요. 자꾸 자살 시도를 하니까 보건소랑 경찰서에서 공조해서 집에 찾아오고 그랬어요. 하지만 동사무소나 구청에 내가 형제복지원 피해생존자다 말해도 "아, 그렇습니까"라고만 해버리죠. 나는 형제복지원 안에서 맞아서 이래 온몸에 병이 들어 살아가지만 그 사람들은 알 수가 없으니까 과거의 일은 중요하게 생각을 안 하더라구요.

부산에 형제복지원이 있었다 하지만 부산 사람들도 잘 몰라요. 제가 지금 사십 중반이 넘었는데 제 또래 사람들도 거기에 대해서 몰라요. 그런데 10대, 20대는 더 그러겠죠. 제가 부산의 형제복지원이라는 사건을 알리면 "거 뭐 하는 덴데요?" 이러고 묻습니다. 그래서 부산에서 일어난 사건이니, 부산에서 더 많은 걸 알리고 싶은 마음에 지금은 일인 시위도 하고 그러고 있습니다.

사실 저도 누구한테 말 안 하고 살았습니다. 2000년 이전에 다른 사람한테 형제복지원 이야기를 듣고 한번 찾아봤더니 야후(사이트)에 형제복지원 카페가 있었어요. 그거를 보고 가입할까 생각만 하다 말았어요. 그때는 형제복지원이 거기 그대로 있었거든요. 겁이 나서 그 근처는 안 지나다니려고만 했죠. 2000년도에 친구랑 경북 울진 덕구온천에 갔는데 거기서 박인근을 봤어요. 박인근이가 보이는데, 와, 진짜 그 순간에 죽이고 싶은 충동이 들면서도 한편으로 얼마나 놀랐는지 도망갔습니다. 저 사람이 또 나를 어떻게 하는 거 아닌가 진짜 끔찍하더라구요. 진짜 그 순간에 오만 상상을 다 했습니다. 내가 놀라서 도망가니까 친구가 이상했겠죠. 그 친구는 몰랐거든요. 그때 이야기해줬죠. 그냥 세월이 흘렀고 이제 와 신경 쓸 필요 있겠나, 이런 생각이었는데 이 일이 다시 신문에 나고 하니 조금씩 다시 보이는 거죠.

그러다 2014년 3월에 인터넷을 보다가 우연찮게 서울신문의 최지숙 기자가 형제복지원에 대한 기사를 쓴 걸 봤어요. 그거 보고 제가 최지숙 기자님한테 메일을 보냈어요. '저도 그 피해생존자 중 한 사람인데 이제 와서 이렇게 말씀을 드린다' 하면서. 그래서 피해생존자 모임을 알게 되고 4월 8일 국회 증언과 〈그것이 알고 싶다〉에 출연도 하고 지금처럼 하나라도 알리고자 활동을 시작하게 됐습니다. 저는 지금 기초생활수급자로 살고 있어요. 혈압도 높아 200까지 올라가기도 하고, 어려서부터 너무 많은 기합이라든가 구타를 당해서 그런지 진행성 디스크가 심해요. 이빨은 지금 다 틀니예요. 어릴 때부터 맞아가지고 아랫니 2개가 빠져버리고, 어금니는 흔들거리고. 이빨이 전부 다 깨졌는데 제대로 치료를 못 받아서 전부 다 부러지고 빠져버렸어요. 형제복지원에서는 칫솔도 없이 손에 소금 묻혀서 이빨을 닦았으니까요. 서른 한 일곱인가 여덟 되니까 다 빠져버리더라구요. 그때부터 틀니를 하고 있죠. 병원에 가니까 수백만 원 불러서 그냥 야매로 해갖고 아래위로 100만 원씩, 200만 원을 모았죠. 참 형제복지원에 갔다 나와서의 삶이 진짜로 많이 힘들었습니다. 거기다 뼈가 좀 부실해서 계속 치료를 받고 있어요. 오늘도 오기 전에 병원 가갖고 치료하고, 한 달에 한 번씩 주기적으로 약을 타 오죠. 몸이 이러니 심한 일 같은 거는 못하고, 그러다보니 딱히 결혼을 하고 자식을 가지고 원만한 가정이 꾸려져 있는 그런 상태가 아니에요. 피해생존자 중에 가정 있는 사람들은 먹고살아야 되잖아요? 저는 그렇지 않으니까 시간 짬짬이 날 때마다 이렇게 조금이라도 알리자, 그런 차원에서 움직이고 있습니다.

처음에 귀가조치됐을 때는 아무것도 안 하고 그냥 무작정 돌아다녔어요. 여기저기 다닐 수 있다는 것, 그 자유가 그리워서. 87년도 3월에 형제복지원 사건이 터지고 나서 대거 귀가조치되면서는 그 사람들하고 같이 어울려서 멀리까지 가보고, 어떻게 보면 조금 방탕한 생활을 한 거죠. 나와서도 그냥 길거리에서 꼭꼭 숨어서 잤어요. 서면에 동천강이 있는데 그 다리 밑에서 살았어요. 거기 가면 혼자 숨거나 잠잘 만한 데가 있습니다. 아버지는 그런 저를 이해를 못했어요. 그런데 어떻게 아버지한테 제가 그 안에서 당한 것들을 다 이야기하겠습니까. 혼자서 속앓이를 했고, 사실 나를 찾지 않은 아버지에 대한 원망도 있었던 거 같아요.

솔직히 저는 86년도에 아버지가 데리러 왔을 때는 사회에 나오는 것이 무서웠어요. 거기서 길들여진 5년이 몸에 배서인지 사회에 나와서 내가 어떻게 살아갈까, 어떻게 변할까 이런 생각에 오히려 더 무서웠어요. 나와서는 폭행으로 교도소를 밥 먹듯이 들락거렸어요. 5년이라는 시간을 그 안에서 살다보니까 정신병 아닌 정신병이 생겼던 거 같애요. 그래서 술에 의존하다보니 알코올중독 증세도 보였고, 술만 먹으면 사람이 다 이상하게 보였어요. 나를 공격할 거 같았고…… 40대까지 정말 병이 든 사람처럼 그렇게 살았어요. 폭력으로 교도소 가도 사람들은 내가 왜 술 먹고 폭력을 행사하는지 이유를 알아보려고는 안 했고 무조건 구속을 시켜서 징역만 살리려고 했어요. 나는 거기에 더 반항심이 생겼고. 또 술 먹다가 시비가 붙어 누가 날 때릴라 하면, '여기는 형제복지원이 아닌 사회니까 나도 같이 팰 수 있다'는 생각이 들었어요. 맞지 않으려면 내가 더 강해지는 수밖에 없잖아요. 그래서 더 심하게 하고 깡패도 해보고. 그렇게 사는 내 자신이 잘못됐다는 생각을 절대로 하지 않았습니다.

동생이 떠나가며 남긴 오늘

그런데 하나밖에 없는 동생이 자살하고 나서 생각이 달라졌습니다. 그때도 제가 자살을 시도해서 사상보건소 직원들이 집에서 떠나지를 않았어요. 동생이 죽기 전까지 그냥 형제복지원의 트라우마 속에서 살아왔던 거죠. 동생도 형제복지원에 몇 개월 있으면서 그 트라우마로 어릴 때부터 술을 엄청 마셨어요. 형제복지원에서 나오고 동생은 한동안 말문을 닫고 말을 안 하더라구요. 동생은 나와서 아버지랑 같이 살았는데 아버지가 동생이 말을 안 한다고 걱정을 하셨어요. 갇혀 있는 걸 억수로 두려워하고 밤에 불도 안 끄고 잤어요. 술로 스트레스를 풀었는데 그것도 아니다 싶었는지 자기가 또 그렇게…… 동생 그렇게 보내고 제가 철이 들었습니다. 이제는 세상을 이렇게 살지 말자, 우리가 억압받고 살아서 지금 이렇게 힘들게 살지만 이제는 조금 다르게 보자는 생각이 들었어요. 형제복지원의 진상을 알리고 사회복지시설이라든지 이런 걸 나라가 올바르

게 운영을 할 수 있게 저 역시도 좀 운동을 하고 싶어요. 지금 세월
호 유민 아빠가 그렇듯이 그 고통을 당해본 생존자들이 움직여가
지고 밝혀야 된다고 생각합니다. 제 인생도 동생 인생도 국가가 이
렇게 바꿔놨잖아요. 나라가.

동생은 저보다 두 살 어려요. 열다섯 살 때인 거 같은데 지금
도 그 생각 하면 눈물이 납니다. 식당에 밥 먹으러 갔는데 동생이
신입소대에 차렷 자세로 있는 거예요. 동생이지만 말도 못 붙이고
눈만 쳐다보다 눈물만 났지요. 그 순간 눈물이 확 흐르더라구요. 동
생 재우는 서면의 오락실에서, 친구들과 놀다가 잡혀왔다고 하더라
구요. 같이 들어온 친구들은 다른 소대로 분산돼서 가고, 아는 사람
들은 한 소대에 안 두니까, 재우는 13소대에 있었다고 하더라구요.
한창 사춘기 때다보니 누가 뭐라 하면 혈기에 달려들었다가 더 맞
았다 하더라구요. 동생이 성격이 좀 급한데 그래서 더 맞지 않았을
까 싶고……

밥은 먹기 어려울 만큼 냄새가 났어요

형제복지원에 들어가게 된 것부터가 불행이지만 저는 들어가면서
부터 순탄치를 못했어요. 입소하면 잠시 머무는 곳이 있어요. 대부
분 다음날이면 신입소대로 넘어가는데 저는 거기 소대장한테 찍힌
거죠. 소대장이 제 옷가지를 싹 다 벗겨놔서 이틀을 옷을 안 입고
살았습니다. 옷도 안 주더라구요. 저를 혼자 그 방에 갖다놓고……

단층 침대가 5개인가 6개 있었어요. 소대장이 저녁에 오면 내 옆에 자면서 못된 짓을, 나는 그 사람한테 성폭행을 당했어요. 이틀 동안 그냥 죽다가 살았죠. 갑자기 세상이 뒤바뀌니까 너무 힘도 들고 뭐 이런 데가 있나 싶기도 하고 아프기도 하고, 그 나이에 처음으로 정말 죽고 싶다는 그런 생각이 들었어요.

소지인가 하는 사람이 밥을 갖다줬는데 이틀 동안 아무것도 먹지를 못하고 몸은 성폭행으로 만신창이가 되고 거의 죽을 것 같으니까 신입소대 11소대로 넘기면서 챙겨주라고 하더라구요. 그런데 신입소대 소대장이 바로 그 소대장인 거예요. 이름은 기억이 안 나고 덩치 소대장이라고 별명만 기억나요. 뚱뚱하고 나이가 좀 많은 편이었어요. 신입소대 들어가서도 참 맞기도 많이 맞았죠. 먹지 않는다고 신입소대 조장들이 억지로 먹이고 그래 한 일주일 동안 길들여진 거죠. 거기서 신체검사하고 신분장 대조하고 〈탄생〉 보면서 시청각 교육하는데 보통 3일에서 일주일 있다가 본방으로 배방이 되죠. 신입이 많으면 하루나 이틀 정도 있다가 보내기도 하더라구요.

저는 청소년소대인 2소대로 배정됐는데, 한 6개월 정도 있다가 그 덩치 소대장이 저를 나종혁이 소대장으로 있는 아동소대 24소대로 데려갔어요. 23소대, 24소대, 27소대, 28소대가 아동소대였는데 보통 일곱 살에서 열 살 정도의 아이들이 있어요. 23소대는 남녀가 같이 있었고 나머지는 다 남자 아이들이 있었죠. 하여간 덩치 소대장의 소개로 명분은 서무라고 해가지고 갔는데 명칭만 서무지 목적은 다른 데 있었던 거예요. 나종혁은 완전 변태예요. 손을 안 댄 애가 없다는 말이 돌 정도로 유명했습니다. 나를 데려간 목적도 서무라기보다는 성적인 거였죠. 2소대 있을 때도 많이 당했는데 또 그 상황이 된 거죠. 항문도 파열되고 맞아서 멍도 시퍼렇게 들었는데 약도 없었어요. 그냥 자연치유가 될 때까지 기다리는 거죠. 죽고 싶다는 생각을 하면서도 또 한편으로는 살아야겠다는 그런 생각이 왜 없겠습니까. 내 스스로 할 수 있는 치료를 하고, 이런 일 가지고는 의무과 못 갑니다. 내가 의무과에 간 건 중대장한테 맞았을 때 딱 한 번입니다.

김광석 중대장이 식판으로 머리를 때려서 깨졌을 때 의무과 가서 꼬맨 적이 있어요. 식당에 보면 '개인행동 금지'라는 표어 밑에 '음식 남기지 말 것'인가 '잔반 남기지 말 것'이라는 지시 사항이 있습니다. 언젠가 처음으로 짜장면이 나왔는데 진짜 사람이 먹을 만한 게 아니었어요. 개, 돼지가 먹는 것보다도 못한 거예요. 받기는 받았는데 냄새가 나서 도저히 못 먹겠더라구요. 식사시간이면 늘 중대장이 뭐를 남기나 감시하러 왔다 갔다 하거든요. 제가 먹지를 못하고 있으니까 앞에 와서는 "왜 안 먹어 인마, 먹어 인마, 새꺄" 하면서 머리를 한 대 때리고 가더라구요. 도저히 못 먹겠어서 젓가락만 들고 가만히 있었어요. 중대장이 갔다가 다시 돌아오는 거예요. "이 새끼 이거 조금 전에 먹으라고 했는데 이 새끼가 안 먹고 있네, 먹어 인마" 하면서 또 머리를 때리더라구요. 몇 대 맞았죠. 그래도 제가 안 먹었거든요. "이 새끼 안 먹어?" 하면서 자꾸 때려서 짜장면을 입에 넣는데 들어가는 순간 나오는 거예요. 냄새가 너무 많이 나고 거기 배추가 들어 있었는데 너덜너덜하니 이상하더라구요. 입에 넣으면 냄새 때문에 몸에서는 자꾸 올려서 오바이 트 나오는데도 중대장은 앞에 서서는 "이 새끼 이거 봐라" 하면서 계속 때리다가 식판 들고 입구에 가서 손들고 서 있으라고 했어요. 그때 중대장이 빈 식판을 들고 와서 "이 새끼, 이 거지 같은 새끼가 이래 좋은 거 해주고 이라면 처먹어야지 왜 안 처먹어?" 이러면서 막 때리는데 뒤통수 쪽이 찢어졌어요. 식판 모서리에 찍혀가지고. 그 순간에는 따끔하다고 느꼈는데 찢어진 줄은 몰랐죠. 피가 줄줄 줄줄 너무 많이 흐르니까 그때서야 중대장이 사람 시켜서 의무실 로 갔어요. 하얀 가운을 입은 사람이 있었는데 원생인가 의사인가 는 잘 모르겠습니다. 찢어진 데를 듬성듬성 집어 꼬맸는데, 이게 터 져버렸어요. 나중엔 곪아 터져 고름도 났다가 다시 아물었다가 또 터졌다가 그러면서 이렇게 울퉁불퉁하게 된 거죠. 곪았을 때 마이 싱 한 번 먹고 소독 같은 건 한 적이 없는 거 같애요. 그냥 시간이 지나면서 저절로 이렇게 흉터로 굳어졌어요. 그래도 나이가 어려놓 으니까 상처가 나도 금방금방 낫잖아요.

단체생활에 다쳤다고 예외는 없습니다. 안 그럼 또 맞고 기합 받는데…… 아파도 참아야 되고 몸살이 나도 움직여야 되는 데가 그곳입니다. 매일 5시면 기상을 했던 거 같애요. 일어나서 담요나 이불을 개어놓고 방송 예배를 봐요. 임국영 목사가 주최하는 설교 를 듣고 6시 되면 아침 점호를 치죠. 그리고 운동장으로 나가서 한 30~40분 구보를 돌고 식당으로 가서 밥을 먹고, 하루 일과가 이게 다입니다. 밥은 먹기 어려울 정도로 냄새가 났어요. 내가 지금은 살 이 좀 붙었지만 나올 당시 열여덟 살인데 40킬로 정도였어요(키는 대략 170센티미터 내외).

반찬은 늘 전어젓에 당근 볶음 그리고 김치. 당근만 볶은 찬이 자주 나왔는데 이건 석유 냄새가 나서 진짜 못 먹겠더라구요. 김치도 보면 고춧가루도 없는 완전 이상한 거였어요. 김치를 못 먹겠는 게 배추를 아동소대 옆 계단에 늘 이빠이 쌓아놓은 걸 봤거든요. 썩어서 진물이 질질질 흐르고…… 어떤 때 소고기국이라고 나오는데 고기는 없고 그냥 기름만 한두 개 떠 있어요. 우리는 그걸 낚시한다고 했어요. 음식은 진짜 밥 외에는 먹을 수 있는 게 없었어요. 84년도쯤엔가 빵하고 콩국을 간식으로 줬어요. 전체에게 배식이 됐는데 이거마저도 못 먹을 때가 많죠. 조장들한테 뺏겨서. 조장들은 몇 십 개씩 쌓아놨다가 저희끼리 먹고 그러니까 일반인들한테 돌아갈 것도 없죠. 늘 반납해야 되니까. 그 안에서도 약자들은 못 먹고 강자들은 먹고 그랬습니다.

먹는 것뿐만 아니라 물품도 흡족하지 않았어요. 수건은 다 같이 쓰고 추리닝 한 벌로 살았습니다. 저 들어갔을 때는 파랑색이었죠. 고거 달랑 한 벌이고 다른 것은 없었어요. 속옷도 제가 들어갔을 때는 안 받았습니다. 속옷 없이 추리닝 입고 지내다가 본방 배방을 받으면서 2개를 받았던 거 같아요. 세탁할 때만 티셔츠하고 한 벌 더 줬죠. 화장실 옆에 세면장이 있었는데 한쪽에 물탱크 같은 게 있었어요. 3명씩 12명이 나란히 앉으면 물탱크의 물을 바가지로 부어주기도 하고, 세면대에 수도꼭지가 있는 경우도 있고 그건 소대마다 조금씩 달랐어요.

5년간 5개 소대를 전전하다

소대 안에서는 거의 기합이나 교육을 받으며 지냈어요. 교육이라는 거는 원장 박인근의 지시 사항이라든지 중대장 지시 사항을 말해요. 그거나 주기도문, 사도신경은 무조건 외워야 되고. 새로운 신입들이 들어오면 오래된 원생도 있지만 똑같이 계속 반복되는 교육을 받아야 합니다. 할 일이 없으니까 늘 교육받고 부동자세로 있어야 되고, 얼차려 해야 되고, 번호 연습 해야 되고. 정해진 시간이 아닌 때 침대 위에 올라가거나 자면 그냥 개 맞듯이 맞는 거죠. 그래서 지급을 나가는 사람들이 부러웠죠. 솔직히 지급을 나가는 사람들은 편한 사람들이에요. 소대 안에서 하루 종일 생활하는 사람들은 거의 초주검이에요. 진짜 듣도 보도 못한 별의별 벌을 다 받았죠. 벌칙 종류가 어마어마하게 많습니다.

오토바이 자세, 오토바이 타듯이 그 자세로 있는 것도 있고, 뒤꿈치를 다 들고 있기도 하는데 종아리 엄청 아프고 힘들죠. 그다음에 나룻배라고 해가지고 누워서 두 손 두 발을 위로 올리고 30분씩 있기도 하고, 원산폭격은 머리를 박고 발로 지탱하면서 손은 뒤로 올리는 거. 히로시마는 2층 침대 난간에 다리를 올리고 손을 바닥으로 하고. 한강철교는 여러 사람들이 엎드려뻗쳐 자세에서 두 다리를 뒷사람 어깨 위에 올려요. 엎드려뻗쳐 해놓고 조장들이 위에 타고 있을 때도 있고, 그 상태로 몇 분 동안 참고 있으라고 했는데 넘어지면 뒤에서 때리고. 저는 기합 중에서도 최고 힘든 게 히로시마였어요. 왜 그게 최고 받기 싫었냐면 히로시마 자세로 있을 때 조장이나 소대장이 뒤에서 손으로 다리를 제끼면 휘떡 넘어가버리 잖아요. 그러면 사람이 정신이 하나도 없어요. 땅바닥에 철퍼덕 넘어지고 나면 못 일어나요. 그렇게 넘기기도 하고 앞사람 발로 차버리면 뒷사람까지 다 넘어지고 그랬거든요.

지금 나가는 사람은 낮에 일하러 가니까 이런 기합은 안 받잖아요. 그때 나전칠기, 철공소, 목공소가 있었어요. 그리고 낚싯줄 감는 것도 있었고. 그런데 거기는 자기가 가고 싶다고 가는 게 아니에요. 저희 같은 사람은 꿈도 못 꿨죠. 신청을 해도 자기네들이 심사를 해가지고 시켰지 아무나 가는 게 아니었어요. 그나마 신분장이 조금 깨끗한 사람들이 가죠. 신분장이 뭐냐면 생활 기록이에요. 거기 보면 비고란에 무슨 잘못을 했고, 전방조치, 근신 등 다 적혀 있어요. 그걸 보고 신분장이 깨끗한 사람은 좋은 데로 지금도 보내고 사무직이나 경비를 시키기도 하고 그랬습니다. 신분장은 우리가 보고 싶다고 해서 보는 게 아니고 무슨 잘못을 했다 하면 중대장이나 누가 이 신분장을 보면서 전과가 있는 사람이다 하면 "새끼, 이거 완전 전과자네" 뭐 이럴 때 사용하죠. 그때는 컴퓨터가 없으니까 마분지 같은 두꺼운 종이를 이용해서 다 적어놨더라구요. 인원이 많으니 신분장도 어마어마하게 많았어요. 아마 어딘가에 보관하고 있지 않겠습니까. 이런 기록이 여러 가지로 남아 있겠죠. 경찰서에서 형제복지원에 넘길 때 경찰들이 기록한 게 있을 거고, 또 소대장이나 선도위원들이 인수받으면서 기록한 게 다 있을 겁니다.

우연히 제 신분장을 본 적이 있는데 뭐 성폭행당했다 이런 거는 기재를 안 하지 않겠습니까. 그냥 개인행동이라고 해놓고 근신,

전방, 전방 이렇게 돼 있더라구요. 전방은 소대를 옮기는 건데, 뭐 어디나 한곳에 있으면 거기가 더 편하고 어느 정도 있으면 그 안에서 레벨도 올라가면서 자리도 잡고 그러잖아요. 그런데 다른 소대로 가게 되면 조장들한테 맞는 건 기본이고 그 소대에 또 적응해야 되니 엄청 힘들지 않겠습니까. 저는 5년 동안 있으면서 신입소대에서 2소대(청소년 소대)로, 거기서 24소대(아동소대) 갔다가 근신당해서 6소대(근신소대) 거 있다가 9소대(청소년 소대)로, 다시 27소대로, 이 소대 저 소대 많이도 다녔는데, 한 번도 지급을 나간 적이 없어요. 아동소대 있을 때 축대가 무너져서 마다리를 진 적은 있죠. 정문 바깥에 위쪽으로 산이 있어요. 거기 가서 마대자루에 흙을 지고 날랐죠. 만보뛰기. 만보를 뛰어야 한다고 해서 그렇게 불렀어요. 소대 밖으로 나가는 일은 거의 없었죠. 소대 내에서 그렇게 하루 종일 기합받다가 6시쯤 되면 점호 쳐요. 그 후에 기합 없는 날은 자유시간이죠. 그때 서머타임이라는 것도 만들어서 운영했어요. 1시간 일찍 일어났다 늦게 일어났다 그런 것도 했어요. 교도소에서 할 만한 짓거리를 그때 당시 했어요.

하여튼 제가 소대 밖으로 나가는 건 운동하고 식당 이동할 때, 그리고 매주 월요일 전체 회의나 교회 갈 때가 전부였습니다. 전체 회의는 박인근 회의예요. 교회당에 3,000명 정도가 들어가거든요. 아동소대나 정신병동 사람들은 참석 안 할 때도 있지만 일반적으로 전 소대원들이 다 참석하는데, 보통 4시간에서 6시간을 혼자 설교를 해요. 설교라는 게 뭐냐면 일주일 동안 그 안에서 있었던 이야기들이에요. 도망을 가다가 잡혀온 사람, 각 소대에서 벌어진 사

문어놓고 살면 뭐가 잘못된 건지도 모르고 살아요   **257**

건, 자기 생활과 규율에 대한 건데 진짜 쉬지도 않고 이야기를 해요. 점심도 못 먹고 내려올 때도 있었죠. 도망가려다 걸리거나 도망쳤다가 잡혀온 사람들 그리고 원장 말을 안 들은 사람들은 앞에서 마다리를 지고 있어요. 마대자루를 씌운단 말이에요. 규율 위반한 사람들은 다 단상 너머 양쪽에 일렬로 세워놔요. 보통 일주일에 네다섯 명은 돼요.

회의를 시작하면 각 소대장들이 앉아 있다가 1소대부터 일주일에 있었던 내역을 보고해요. 그러고 나면 사무장이나 총무가 출소, 입소, 귀가조치 및 부식 등 제반 관리사항에 대해 보고하고 그다음으로 선도실에서 보고를 하죠. 선도실에는 중대장과 경비들이 있어요. 형제복지원 담벼락 전체를 둘러 경비들이 보초를 서죠. 초소를 만들어서 야간에도 도망가지 못하도록 하는 거죠. 그러고 나면 박인근 원장이 규율을 위반한, 마다리를 진 사람들을 훈계하기 시작해요. 그 많은 사람들 앞에서 욕을 해대고 손바닥이나 앞에 책 있으면 그거 집어 때리고 발로 걸어차고. 싸대기를 때려도 그냥 때리는 게 아니고 왕복으로 때리더라구요. 어려서 그랬는지 진짜 무서웠어요. 그 안에서는 원장이 곧 대통령이잖아요. 지금은 있을 수 없는 일이겠지만 그때 당시에는 그렇게 했다고.

마다리 진 사람들은 인제 근신소대로 배치되죠. 일주일부터 많게는 수개월 동안 똥마다리를 지고 똥 푸러 다니고 소대 안에서 심하게 기합을 받죠. 저도 한 번 근신받아서 6소대로 간 적이 있어요. 제가 24소대에 있을 때 나종혁의 못된 짓에 더 이상 참을 수가 없어서 도망을 친 적이 있어요. 이렇게 살 바에야 그냥 도망이라도 시도해보자, 맞아 죽더라도 그게 낫겠다 싶어서 혼자 소대를 나가서 병동과 아동소대가 있는 운동장 한쪽에 숨어 있었어요. 어린 나이에 뭘 알겠습니까. 그냥 무작정 밤이 되면 어디로 도망가자, 이렇게 단순하게 생각하고 하수구 밑에 웅크리고 숨어 있었죠. 저녁에 결국 잡혔어요. 왜 도망쳤냐고 해서 나종혁이 밤마다 괴롭힌다고 이야기를 했어요. 근데 중대장이 저만 때리더라구요. 이만한 빠따를 갖다가 때리는데 허벅지가 터져버렸어요. 그때 나종혁이 '나는 성폭행했다' 뭐 이런 거를 쓴 마다리를 진 적이 있죠. 그러면서 24소대 소대장을 박탈했지만 얼마 안 있다가 다시 소대장으로 돌아왔어요. 저는 근신소대로 갔죠. 거기서 또 덩치 소대장을 만났어요. 4소대도 있고 5소대도 있는데 하필 6소대로 배방이 돼가지고 또 완전히…… 근신소대에서는 하루 종일 히로시마, 꼴아박어, 오토바이 자세 등 기합만 받았죠. 여기에서 한 4주 있다가 청소년소대 9소대로 갔어요. 여기서는 한 번 간 소대는 다시 안 간다는 철칙이 있는 모양이더라구요. 같은 소대를 두 번 보내지는 않았어요.

9소대 있을 때는 그때 당시의 용어로 '통띠'라고 몇 달 동안 조장한테 엄청 시달렸죠. 통띠라는 건 '똥구녕을 준다'는 그런 의미예요. 거의 기합만 받고 살다가 27소대로 다시 옮겨갔어요. 이유는 잘 모르겠어요. 당시 27소대 소대장이 이동민이었는데 그 사람이 나를 데려간 것인지, 거기서도 이동민이한테 당했죠. 그때 이동민이 귀여워하던 이쁘게 생긴 준수라는 애가 있었어요. 그 애도 나처럼 그랬어요. 여기 있다가 제가 귀가조치됐습니다. 참 그 안에서도 여러 소대를 돌아다니다보니까 못 볼 것도 많이 봤습니다.

신입소대에서 처음 사람이 죽는 걸 봤습니다. 조장들이 신입한 명을 모다구리 놨어요. 사람을 담요에 싸가지고 조장부터 소대장, 서무가 합세를 해서, 사람 하나를 그냥 지근지근 밟아버리더라구요. 한 30대 후반에서 40대 초반의 혈기 왕성한 사람인데 눈이 휙 뒤비지더니 동공이 하얗게 되고 입에서 거품이 질질 나오는 게 죽은 거 같았습니다. 그길로 데리고 나갔는데 다시 돌아오지 않았거든요. 강제로 끌려오다보니까 내가 왜 이런 대우를 받아야 하나 하면서 달려드는 사람도 있고, 개중에는 어차피 못 나갈 거면 맞아 죽더라도 덤벼들어보자는 사람들도 있었어요. 그런 사람들은 조장이나 소대장한테 모다구리, 몰매를 맞는 거죠. 보통 한 소대에 조장이 3명에서 4명 정도 돼요. 인원이 적으면 2명 있기도 한데, 조장은 규율을 잡는 사람이에요. 소대장이 추천을 하면 이 사람들 명단이 올라가죠. 형제복지원의 구조가 박인근 원장을 필두로 임국영 목사, 김도형 총무, 주영은 사무장, 그다음이 김광석 중대장 이런 식으로 되어 있어요. 이 사람들이 형제복지원 자체를 운영하는 사람들이죠. 소대도 마찬가지예요. 소대장 밑에 서무, 그 아래 조장으로 되어 있어요. 서무는 소대 안 살림을 총괄하는 사람인데, 인원을 점검하는 종이가 있어요. 여기에 늘 번호와 이름을 적어 매일 제출해요. 창고에서 옷이나 청소 도구들을 타 오고 성인소대 같으면 하루에 담배가 다섯 가치인가 세 가치가 나왔는데, 이런 거를 타 오는 일을 담당하죠. 조장은 소대장 지시하에 모든 기합과 구타를 하죠. 소대장은 조장들을 조지고 소대원들도 조질 수 있는 대장이죠. 방안에서는 이 사람이 대통령이라고 보면 돼요.

소대 들어가면 소대장 책상이 있고 그 옆 벽면에 몽둥이가 늘 걸려 있습니다. 옛날에 왜 파출소 순경들이 허리에 차고 다니던 동그란 그 몽둥이 있지요? 원장이 전체 회의에서 늘 그렇게 지시해요. "말 안 들으면 두드려 패 직이더라도 잡아라"라고. "너희는 부랑아들이고 말 안 들어서 잡혀온 것들이니 맞아 죽어도 무연고 처리를 하면 된다"는 소리까지 했어요. 그 사람은 국가훈장도 받고 경찰들을 등에 업은 사람이니 이런 말도 충분히 할 수 있었겠죠. 그러니까 너희는 거리에서 주워온 부랑아, 부랑인이니 너희 하나쯤은 죽여도 문제없다면서 겁을 주니까 사람들이 그렇게 몇 천 명이 있어도 데모 한번 못하고 산 거 아니겠습니까.

말만 그런 게 아니라 실제 사람들이 죽어나가는 걸 보고 듣는데 누가 나서겠어요. 한번은 아동소대 있을 때 리어카에 시체 실려나가는 걸 봤어요. 사무직원이 조사할 거 있다고 해서 사무실로 가는데, 원내에서는 개인행동이 금지되어 있어서 보통 그 시간대에는 돌아다니는 사람도 없고 감옥같이 조용해요. 사무직원하고 같이 내려가는데 형제복지원 옷을 입은 사람이 리어카를 끌고 정신병동 쪽에서 나와서 운동장을 가로질러 가더라구요. 위에는 옛날 짚으로 짜서 만든 쌀가마니를 엎어가지고 가는데 덜렁덜렁, 다리 6개가 보이더라구요. 정확한 내막은 모르겠고 뭐 물어볼 수도 없으니까 그냥 쳐다만 봤어요. 정말 생소한 장면이었습니다. 시체라는 확신이 들었던 이유가 뭐냐면, TV 같은 거 봐도 죽으면 가마때기 같은 걸로 덮고 다리도 그렇게 힘이 없잖아요. 그런 생각이 드니까, 아 죽은 사람이다, 산 사람을 저렇게 덮고 갈 리는 없다는 생각이 들었죠. 지금 가만히 생각해보면 교회당 근처에 무덤이 있었는데 그쪽으로 올라갔던 거 같애요. 무연고자들은 거의 다 거기에 묻은 거 같애요.

완전 폐쇄된 공간이었어요. 형제복지원에 사람이 오고 가는 거를 저희는 전혀 알 수가 없었습니다. 간혹 부산시청에서 실태조사 같은 걸 나오면 그냥 전부 다 소대 안에 처박혀서 문을 잠가버리죠. 아동소대에 있을 때는 공무원들이 한번씩 훑어보고 가던 때가 있었어요. 정부나 시청에서 왔다고 하면 아동소대, 여자소대, 성인소대 중 몇 군데를 딱 정해놓고 돌고 가죠. 그때는 침대 앞에 다 일렬로 서 있었어요. 그 사람들은 소대 안으로는 안 들어오고 소대 밖에서 둘러보고 그냥 가죠. 제가 있는 동안 공무원이 방문한 게 몇 번 안 됩니다.

근데 우연히 거기서 국민학교 때 담임 선생님을 만났어요. 정태수 선생이라고, 개금국민학교 담임이었어요. 내가 살던 동네 바로 옆이 부산 형제복지원이니까 여기 개금분교가 들어오면서 정태수 선생이 들어왔더라구요. 깜짝 놀랐어요. 그런데 그 사람이 우리 집에 연락을 해줄 줄 알았더니 연락을 안 해주더라구요. 그 안에서 두 번 정도 봤는데 따로 불러서 이야기를 했어요. "너 언제 들어왔어? 어떻게 된 거야?" 처음에는 그리 묻더만 그 뒤로는 아무것도 없었죠. 그 선생도 형제복지원 사람이랑 똑같다 싶었어요. 자기 제자가 그 안에 들어와 있는데 왜 가족들한테 연락조차 안 해줍니까? 만나면 그것 좀 물어보고 싶어요. 교사가 이야기하면 신문에 대문짝만 하게 나지 않았겠어요. 중학교 다니는 학생을 강제로 잡아갔

다고, 실종 신고까지 해놨는데…… 자기도 그 안에서 크라고 그랬
겠지요. 형제복지원 내 야간중학교 교장까지 했다고 하더라구요.
나중에 들어보니까 형제복지원 박인근 편에 서서 이야기를 했더라
구요. 그 사람도 그 안에서 호의호식하고 살았겠죠. 그래서 그 사람
은 진짜 내 스승이 아니구나 싶었어요.

'부랑아'가 된 그날

부모님이 이혼을 하신 후 동생은 아버지가 서울로 데리고 갔고 나
는 부산에서 할머니랑 할아버지 그리고 삼촌이랑 살았어요. 날짜
는 정확하게 기억이 안 나는데 1982년 3월인가 4월이었던 거 같애
요. 학교 마치고 집으로 가는 길목에 개금파출소가 있어요. 제가 살
았던 곳이 부산 진구 개금동이거든요. 학교 다녀오는 길이라 개금
중학교 마크가 뚜렷하게 새겨진 교복을 입고 있었는데 파출소 순
경 한 사람이 "이루 와봐라" 하면서 "너 지금 어데 가는 거야?" 하
는 거예요. "집에 가는 길인데요" 그랬더니 "너 마 이 새끼야, 가방
안에 뭐 들었어?" 하면서 무작정 가방을 막 뒤졌어요. 당시 학교에
서 결손가정 아이들에게 빵하고 삼각형 우유를 급식으로 주고 그
랬어요. 나중에 배고플 때 먹으려고 그냥 가방에 넣어왔는데 그거
를 어디서 훔쳤냐고 다그치더라구요. 학교에서 급식받은 거라고 아
무리 말해도 계속 의심했어요. 도시락 안 싸가냐고 해서 도시락 싸
지만 따로 급식을 준다고 해도 끝까지 훔친 거 아니냐며 고문을 하

더라구요. 바지를 벗겨가지고 라이터를 켜서 고추에다가 갖다 대면서 바른말 하라고. 끝까지 안 훔쳤다고 하니까 나중에는 머리를 막 쥐어박더라구요. 그러다가 어디에 전화를 했는데 조금 있다가 '부랑아, 부랑인 수용소'라고 쓰여 있는 닭장같이 생긴, 지금으로 이야기하면 냉동탑차 비슷한 차가 오더라고요. 그 순경이 거기에 강제로 태웠습니다.

지금 생각해보니 당시 개금파출소 바로 옆이 형제복지원이었어요. 지나다니는 일반 시민들을 그냥 무조건 잡아넣었던 시절이었죠. 지금에 와서 알았지만 그때 당시에 강도나 도둑놈을 잡았을 때 성과 점수가 2점, 3점이라면 형제복지원은 하나당 5점이라고 하더라구요. 1명만 잡아넣어도 성과 점수가 5점이 되니 공무원이라는 신분을 이용해서 평범한 사람을 납치한 거죠. 박인근 원장은 그 일대의 파출소라는 파출소는 다 끼고돌았던 사람이에요. 종교라는 인두겁을 쓰고 사람들을 잡아다 자기들은 돈을 벌어 호의호식하고. 신문을 보니 박 원장의 자식들은 전부 다 호주로 유학을 갔다고 하더만. 그 돈이 다 어디서 나와서 보냈겠습니까. 우리를, 사람을 사람으로 본 게 아니고 한 사람당 얼마씩 돈으로 봤겠죠. 그렇게 자기는 사리사욕을 다 챙기고…… 허허허.

성인이 되어서 주민등록증을 만들려고 하는데 제 주소가 부산시 북구 주례동 산18번지로 되어 있는 거예요. 국가가, 공무원이 협조했으니까 이렇게 되지 않았겠습니까. 국가는 진짜, 이기주의적입니다. 남은 어떻게 되든 말든 안중에도 없고 자기들만 잘 먹고 잘 살려고 하는 이기주의. 사람으로 하여금 돈 욕심을 내게 만들었잖아요. 그 돈 때문에 부랑아도 아닌 사람들까지 잡아가게 만들었잖아요. 정말 대단한 대한민국입니다.

그저 시간을 되돌릴 수 있다면 엄마랑 살던 네 살, 다섯 살 시절로 돌아가고 싶어요. 엄마가 저를 참 애지중지하며 곱게 키웠어요. 그때 당시에 모자에 넥타이를 매고 다녔으니까요. 나를 아껴주고 소중히 여겨주는 행복했던 그 시절로.

최승우 님은 '엄마가 애지중지'해주던 시절을 이야기하며 웃었다. 따듯함과 그리움이 담긴 진짜 웃음…… 인터뷰 동안에도 그이는 자주 웃긴 했다. 다만 그것은 입소 후 계속된 성폭행, 죽고 싶다는 생각마저 하게 만들었던 그 끔찍한 시간들에 대한 애도, 이제는 그것을 스스로 증명해내야 하는 현실의 비루함 때문에 짓는 웃음일 뿐이었다. 자신의 삶을 뒤바꿔버린, 그러나 30여 년이 지난 지금까지도 그 일을 어떻게 설명하고 받아들여야 할지 여전히 서성여지는 난감함과 답답함이 담긴 웃음이었다. 나를 잡아간 경찰, 나를 알아보고도 아무런 조치도 취해주지 않은 국민학교 담임 선생님, 살아 있음이 더 고통스러운 그곳에 행사 차량을 타고 드나들면서 우리를 알아채지 않던 공무원, 그런 원장에게 훈장을 주는 대통령과 국가. 최승우 님은 "정말 대단한 대한민국입니다"라고 말할 때도 알 듯 모를 듯한 웃음을 흘렸다. 원생들의 탈출을 감시하는 경비, 성폭력에 노출된 사람들을 오히려 놀리던 같은 원생들, 성폭력을 목적으로 자신의 권력을 이용해 전방조치하고 폭력을 일삼던 소대장이 있던 그 '대단한 형제복지원'과 이 대한민국이 너무 똑같아서 흘린 허탈한 웃음이 아니었을까.

구타나 기합과 달리 성폭력은 이야기를 하는 사람도 듣는 사람도 긴장하게 했다. 한 호흡 쉬어갈 때면 그 떨림과 분노가 전해졌다. 지금 그이는 어떤 심정으로 그 기억들을 길어 올리고 있을까. 이야기가 끝나고 혼자 돌아갈 때 다시금 세상에 덩그러니 던져진 것처럼 허무해지는 건 아닐까. 혹시나 헤쳐진 상처들을 혼자 술잔을 기울이며 그러담지는 않을까. 우리가 믿었던 것처럼 '지금까지 자기의 이야기를 할 장소와 기회를 갖지 못했던 사람들이 자신의 경험과 느낌을 이야기하면서 문제를 드러내고 스스로 치유할 수 있는 힘'을 얻어 갈 수 있었을까. 그리고 나는, 우리는 어떤 마음과 태도로 이 이야기를 들어야 하는 걸까. 그이가 멈춘 한 박자는 수많은 질문으로 다가왔다. 답은 선명하게 열렸다 다시 흐려진다. 아마 많은 피해생존자분들이 기억하는 과정 속에 상처가 덧나기도 하고 조금은 치유가 되기도 할 것이다. 여전히 우리는 그 어디쯤을 흔들리며 걷겠지만, 다만 우리가 함께 내딛은 이 걸음이 서로에게 의지가 됐으면 좋겠다.

혼자 살 수 없는
이 삶 자체가 어디서 왔나

홍두표 구술 • 박희정 기록

홍두표는 지난해 말 부산 곳곳에서 형제복지원 특별법 제정을 촉구하는 서명운동을 벌였다. 지하철역에서 '민원'이 들어와 서명대를 접은 그는 그 옛날 자신을 품어준 남포동 육교가 있던 자리에 다시 서명대를 폈다.

홍두표 씨와 처음 만난 건 2014년 9월 30일이었다. 그는 앉자마자 내게 '형제복지원 문제에 관심을 가지고 뛰어들었다고 하는 사람들이 적극성이 없다'고 못마땅해했다. 진상 규명을 하려면 '할 수 있는 데까지만 한다'는 식으로는 안 된다고 목소리를 높였다. 형제복지원 문제를 사회에 환기시킨 한 텔레비전 시사 프로그램도 그의 성에는 차지 않았다. "내가 보고 판단하기에는요, 빠질 건 다 빠져빼고 가릴 건 다 가려빼고 맛뵈기만. 그래갖고 무슨 선전하는 것도 아니고 그러면 안 됩니다. 내가 홈페이지에 글 올리니까 그라데요. 2편에서는 그런 문제까지 다룰 겁니다. 2편은 뭐 사람 죽고 난 다음에 하냐구요!" 나는 그가 성급한 사람이라고 생각했다. 낯선 이가 쏟아내는 격앙된 감정이 당황스럽기도 했다. 하지만 그와 이야기를 나누며 곧 깨달았다. 그는 '시간이 얼마 없는 사람'이었다.

홍두표 씨는 1968년생이다. 그가 기억하는 삶은 강원도의 한 고아원에서 시작된다. 강원도에서 부산의 덕순보육원으로 옮겨진 그는 놀러 나왔다가 1972년 다섯 살에 영도다리 근처에서 형제육아원에 납치된다. 그가 본격적으로 '사회'에서의 삶을 시작한 것은 2005년 말부터이다. 1987년 6월 형제복지원이 폐쇄된 후 갱생원으로 보내졌다가 부산으로 온 이후 정신병원에 입원했기 때문이다. 표면적인 이유는 형제복지원 안에서 당한 구타로 생긴 간질 때문이었다. 그러나 그가 전전해온 정신병원들은 형제복지원의 또 다른 이름이었다. 병상은 돈벌이를 위해 채워졌고, 자유는 허락되지 않았다. 갇힌 삶이 그에게 남긴 것은 몸 이곳저곳에서 그를 갉아먹고 있는 병이다. 지금 그는 언제 꺼질지 모르는 촛불 같은 삶을 살고 있다. 그 간절함은 진상 규명의 의지를 더 활활 타오르게 한다. 하지만 그가 진상 규명에 매진하는 것은 그의 남은 삶이 짧기 때문만은 아니다. 그의 깊은 마음속 이야기를 조금만 더 귀 기울여 들어주면 좋겠다.

땅에 묻힌 채 찾지도 못한 시신이 있을 겁니다

요새 저녁에 잠을 잘 못 자요. 내가 원래 불면증 진단도 받았고 해노니까 그런갑다 그렇게도 생각할 수 있는데, 형제복지원 문제 해결을 위해 나도 나서겠다 하고 난 다음부터는 눈만 감고 누우면 좋은 생각들은 안 나고 과거의 악몽만 비디오 돌아가듯 돌아가버리니까 와, 잠을 못 자는 거야. 그전에도 잠을 깊이 자진 못했어. 보통 3~4시간 자고 새벽 기도 가고 뭐 이런 식으로 생활하니까. 그래서 항상 채워놓고 있는 게 수면제. 다섯 알씩 무뿌야지 한숨 자는 거야. 그라믄 한 3시간 자고 인나뿌고. 상당히 힘들어요.

내가 형제복지원 사건을 다 잊어버릴라고 했어요. 근데 어느날 인터넷에 형제원 모임이 있다는 걸 알게 된 거야. 부산시청 복지과에 근무하는 아가씨가 있는데, 내가 형제복지원 일 때문에 그 아가씨도 친하게 알았어. 전화가 왔는데 그러는 거야. "형제복지원 카페가 있다고 하던데 카페 만들었습니까?" "아니요. 나 그런 일 이제 신경 쓰고 싶지 않은데." "그래도 한번 가보세요." 카페 가보니까 거기 공지에 《살아남은 아이》책이 있어. 피해생존자 모임에 전화하기 전에 그 책을 사서 쭉 읽어봤는데 '나도 저런 사연이 있는데……' 싶은 게 가만히 있어선 안 되겠다 싶어서 카페 가입하고 대표님하고 통화를 했어요.

내가 다니던 교회에서 맡았던 일을 다 그만두고 교회 목사님들한테 양해를 얻어서, 나의 아픔을 지우고 난 다음에 다시 교회에 봉사하겠다 그랬어요. 나는 금전적인 보상이나 그런 거는 원하지 않아요. 이런 아픔을 만든 잘못은 그때 당시 박인근 원장 한 명에게만 속한 게 아니다. 박인근이가 악마면 악마 뒤에 있었던 정부는 악마 할아버진가. 난 그게 알고 싶다는 거야.

조금 정서적으로 막 힘들고 이라면 나는 형제복지원 있던 그 자리 뒷길로 해서 산을 한 바퀴 쫙 돌아요. 그리고 내가 도망 나와 피신했던 약수터 가서 물 한잔 먹고 내려오면 조금 마음이 진정돼요. 이유는 나도 잘 모르지만. 그리고 영락공원에 자주 갑니다. 지금은 형제복지원에서 온 시신들이 별도로 묻혀 있는 곳은 없어요. 영락공원에 무연고자, 행려자로 분리돼가 한 군데 다 묻혔는 거야. 다녀오면 마음에 위로도 되고, 가족의 품으로 돌아가야 되는데 지금도 돌아가지 못하고 묻혀 있는 사람들을 다시 한 번 생각해보고.

영락공원 관리하는 사람들 하는 말이 "특별법이 꼭 통과돼서 다른 무연고 시신과 분리 작업을 해야지, 법이 없으니까 우리가 하지를 못합니다. 경찰이나 국가나 이런 데서 오면 자료를 찾아가지고라도 여기 형제복지원 사망자들이 몇 명 있다 해볼 수는 있는데 지금은 좀 그렇습니다. 단체에서 와갖고는 힘듭니다" 그래. 내가 알기로는 형제복지원에서 죽어서 아직도 어딘가 묻혀 있는데 찾지도 못한 시신이 있을 거라고.

나는 주례를 지켜야 됩니다

지금은 주례동에 살고 있습니다. (현재는 다른 곳으로 이사했다.) 우리가 형제복지원 드가던 정문 길 바로 옆에가 우리 집이라. 정신병원을 옮겨 다니다가 마지막으로 합천의 ㄱ병원을 나와서 부산으로 왔지요. 나는 제2고향이 형제복지원이라고, 부산이라고 생각해요. 그래서 부산에서 사는 게 제일 낫다 해서 온 거지요. 부산에서 살아가는 과정은 참 힘들었어요. 병이 있다보니까…… 그때 당시에도 간질이 있었고 힘든 일을 해서 돈을 벌 수는 없는 거라. 하다보니까 껌팔이, 신문팔이, 귓방망이(귀이개), 짜대기(볼펜) 이런 장사를 주로 해가지고 묵고살다시피 했는데 그 장사 하다가 부산 ㅅ교회 목사님을 만났어요. 그 목사님이 내가 지금 다니는 교회 목사님을 소개시켜줘갖고 그 목사님이 나를 전적으로 돌보기 시작했어요. 방세 다 내줘서 고시원에 살다가 내가 주례로 가고 싶다 해서 주례로 온 거지요.

주례로 온 이유요? 난 주례를 지켜야 됩니다! 원장 구속되고 형제복지원은 폐쇄됐어요. 근데 형제정신요양원은 아들 박두선 이름으로 돼 있었어요. 박두선이는 구속됐는데 그 건물은 폐쇄 안 시켰어요. 그거 우리가 쫓아냈다 아입니까. 그때 형제복지원에서 나온 애들 전부 다 노숙하고 그럴 때였는데 형제복지원 정문 앞에다 텐트 치고 지금 좋은 말로 하면 농성, 우리 말로 하면 몇 달을 개겼어요. "너그 나가라! 우리가 지은 집인데, 너그가 왜 지금 집주인 행세하나!" 그렇게 해갖고 결국은 형제정신요양원이 이사 간 거라.

형제정신요양원 그거 안 쫓아냈으면 박두선이 나와서 계속 했을 거라고. 우리가 쫓아내노니까 박두선이가 복지사업에 손을 뗀 거야. 박두선이가 첫째아들이거든요. 원래 박인근하고 둘이가 마음이 안 맞아요. 박인근 원장의 성격하고 박두선이 성격하고 달라요. 원래 정신요양원 C동도 박두선이 건물이기 때문에 전부 일반 환자였어요. 박두선이는 진짜 정신병원을 한 거야. 그런데 박인근이가 압박을 넣어가지고 C동은 우리 형제복지원 환자 넣자고, 우리 형제복지원에도 환자가 많다 막 이래갖고 어쩔 수 없어서 넣기 시작한 게 밑에 지하실까지 생기게 된 거라. 박두선 씨는 징역 살고 완전히 복지사업에서 손 떼삐렸잖아.

나중에 그 자리에 아파트가 들어서데요. 좀 섭섭했지요. 우리가 지은 집 다 뜯을 때 되니까. 우리가 고생해가지고 지은 집인데……

나올 때 토큰 하나 받았어요

내가 형제복지원 안에서 사건을 하나 일으켜서 교도소에서 8개월을 살다 나왔어요. 형제복지원 안에서 합동결혼식이 몇 차례 있었어요. '깜상' 중대장이 2차인가로 합동결혼식을 했다고. 당시에 사회에서 들어오는 선생들이 있었는데 깜상 중대장이 그중 한 여선생하고 결혼을 했어. 나는 깜상 중대장하고 감정이 많았어요. 깜상한테는 특히 무자비하게 당했기 때문에 악에 받친 거야. 빠따 맞는 건 예사고 담요 씌워놓고 한겨울에 얼음물 팍팍 붓는다고. '깜상 중대장 결혼하는 걸 못 보겠다. 결혼을 하면 축하도 해줘야 되는 거 아이가.' 그래갖고 똥물을 준비했어요.

하수도 구멍에서 똥물을 봉지에 넣어서 숨카갖고 올라가 있다가 '딴딴따' 하는데 "축하합니다!" 하면서 부은 기억이 나요. 합동결혼식은 민간인이 많이 오걸랑. 새마음교회에 주일날 민간인 앞에 쫙 넣어놓고 그다음에 원생들 앉는 거라. 외부 사람이 많기 때문에 그거는 은폐하면 안 되는 거니까 원장은 경찰 불러 잡아넣는 거라. 그전에 1차 합동결혼식 때 박인근 원장한테 똥물을 부은 사람이 있어요. 그 사람 이름은 잘 모르겠어요. 그 사람도 형무소로 갔어요. 그 사람한테 배운 거라.

교도소에서 나온 지 얼마 안 있어서 원장이 구속됐어요. 어느 날부터 의경들이 담 위에서 총을 들고 지키고 있는 거야. 원장이 구속되고 나서 거기서 총대빵이라고 할 수 있는 놈은 중대장인데 "사고 나니까 다 잠가라!" 그래갖고 방에 다 갇혔어요. 우리가 안에서 두들기고 데모를 했어요. 삼천 몇 백 명을 문을 잠가놓고 밥을 안 주면 되겠습니까. 며칠 있다가 신민당에서 헬기로 넘어왔어요. 그래서 우리 설문조사를 했다구요. 밥을 안 묵었다 하니까 식당에 가가지고 거기 있던 걸로 식사하고 상담을 한 다음에 그 사람들이 몇 달 안에 다 내보내주겠다, 집이 있는 사람부터 우선적으로 다 보내주겠다 했어요. 우리는 악마의 소굴에서 나간다는 희망으로 너무 좋아했지요.

원생들을 부산 시내 모다놓으면 부산 시내 난리난다고 전국으로 다 뿌려버렸어. 관광버스 큰 거 와가지고 싣고 가서 전국으로 뿌려버리는 기야. 우리는 내보낼 때 돈이라도 좀 줄 줄 알았어요. 그런 것 없더라고. 나올 때 작업 좀 했다는 사람들은 차비 정도 받고, 그냥 사복 갈아입혀가지고 보내버린 거야. 나도 거기서 편물 작업, 봉제 작업, 자개, 철공소 일 다 해봤어요. 땡전 한 푼도 못 받았어요. 참, 나올 때 토큰 하나 받았어요. 서울 토큰. 내 그건 기억나.

설문조사를 했던 당에서도 잘못한 게, 사람을 내보내면 밖에 나가서 먹고살 수 있는 걸 준비해가지고 내보내든가 해야 되는데 그냥 내보내놓으니까 그 사람들이 전부 다 전과자 되고 죽어 없어지는 사람들이 됐다고. 그때 언론도 그랬어. 형제복지원을 저렇게 폐쇄하면 저 사람들을 앞으로 어떻게 할 것인가. 그런 문제가 언론에 많이 나왔다고. 실제 우리가 그 안에서 살았던 얘기 말고 '형제복지원 사람들 중에 전과자도 있고 깡패도 있고……' 그런 것만 실어가지고 많이 떠들었어요.

충무동 육교 밑은 지상낙원이었어요

나는 형제복지원 사무실에서 내 주소지가 강원도니까 서울로 가라고 했어. 주소지에 부산 적혀 있으면 부산 내려줄게, 해서 싹 흩어버린 식이니까 나도 서울 시내 그냥 떨가줄 줄 알았거든요. 근데 그게 아니고 서울 갱생원에 잡아넣더라고. 그런데 갱생원 가니까 형제복지원보다 땅도 좁은데다가 완전히…… 도저히 못 있겠다 해갖고 도망을 나와서 부산으로 왔지요. 형제복지원 아이들이 나와가지고 일단 배고프니까 아무 데나 가서 묵고 이래 하던 무렵이었어요. 나 자신도 어디 가갖고 형제복지원 찍혀 있는 등허리 한번 들이밀고 술도 먹고 밥도 먹고 다 했으니까. 노태우 대통령이 형제복지원 출신자들 때문에 부산 시내가 혼란하다고 특별지시를 내려서 형제복지원 이름 자만 붙으면 데려다 가둬놓고 6개월씩 순화교육을 시켰어요. 그곳이 지금 금정경찰서 자리에 있었습니다.

주로 기합받고 정신교육하고 그런 식입니다. 군대식으로 통나무 이만한 걸 내놓고 한 줄로 쭉 서서 훈련받는 거 있잖아요. 군인들이 꼭 삼청교육대 식으로 때려 조져가지고 대가리를 완전히 바꾸는 겁니다. 군복 입고 워커 신고 와서 차고 하니까 옆에 사람이 뭐 어찌되는지 그거조차 생각할 시간이 없는 기라. 식사 이런 거에 대해서는 기억조차 할 수 없을 정도로 주면 주는 대로 먹는 거고. 내가 6개월 교육을 받고 다시 사회 나와서 돌아다닐 정도 됐을 땐 그게 또 없어졌어요. 그때 당시 형제복지원 나와가지고 부산 시내에서 노숙해본 사람들은 거의 다 겪어본 거라고. 지금 언론에 아무리 봐도 그런 거에 대한 얘기는 하나도 없어.

그래갖고 그때 당시 충무동 육교에 있던 애들이 다 흩어진 거야. 노태우 대통령이 순화교육시키고 나서 육교 밑에 천막이고 뭐고 다 철거가 됐다고. 육교 새로 싹 짓고, 그 밑에 장사꾼들 싹 다 없애고, 밑에 공원 식으로 만들고 이랬다고. 그전에는 거기가 낙원이지 낙원. 천막 딱 쳐놓고 있으면 아무도 안 들어온다고. 방범대원도 안 와. 저기는 골치 아프다, 등 들이대고 돈 돌라 하면 줘야 된다 이거지.

충무동 일대에서 장사하던 사람들은 싹 다 우리를 도와줬다고. 복지원 나와갖고 저래 됐다 하면서. 남포동에 먹자골목이 쫙 있어요. 3,000원짜리 정식 팔고 이런 덴데 거기 아줌마들이 밥 먹을 때 우리가 바께스 들고 가면 챙겨주고 그랬어요. 형제복지원에서 도망 나왔다 하는 사람들은 충무동, 남포동 일대를 다니니까 그 아줌마들은 다 아는 거야. 우리 도망 나왔을 때 단속차 몇 시에 온다 그런 것까지 갈쳐주는 거야. 형제원 폐쇄되고 나서도 우리가 껌 팔고 다니니까 대번에 아는 거야. 이제 어떻게 살 거냐고 하고.

또 중앙동에 남포나이트라고 있어요. 그런 술집에서 일하는 형님들은 나쁜 평을 많이 받잖아요. 그런데 그 형님들이 억수로 도움을 많이 줬어요. 구청 같은 데서 와서 천막 뜯으라고 하면 그 형님들이 와서 다 쫓아뿌고. 그래서 충무동 육교 밑에 천막을 치고 해도 구청에서 맘대로 못 뜯는 거야. 그때 연탄난로가 많았잖아요. 추우면 연탄난로 요만한 거 갖다주고. 맥주 남은 거 상자때기로 갖다 놓고. 그래서 나는 충무동도 참 좋아. 그래 살았던 곳이라서 여기서 형제원 얘기를 하면 사람들이 많이 알아준다고. 관심을 갖는다고.

광복이란 형님이 아직도 남포동에 있어요. 그 형님이 그때 당시 신문 가판소를 했다고. 형제복지원 도망 나와서 그 형님 밑에 있으면 형님이 잡혀간 애들 빼주기도 하고, 안 잡혀가도록 보호해 주기도 하고. 신문팔이라는 게 도로가에서 하다보니까 봐서 없다 하면 잡혀간 거야. 서면 신씨라고 또 있어요. 이름은 모르겠는데 신 씨라고 하면 다 알아요. 나는 신씨한테 도움을 많이 받았지. 신씨 밑에서 일하면 광복이 형님한테 신문을 받아야 되니까 광복이 형 님도 알게 된 거라. 신씨가 형사하시던 분인데 형제복지원 찾아가 갖고 "두 번 다시 서면 일대를 단속하면 내 가만 안 있는다!" 이래 해가지고 그다음부터 서면로타리 근처에는 형제원 똥차가 못 다녔 다고. 형제원 똥차가 그런 식으로 못 다닌 곳이 서면 일대. 그다음 에 안남동, 송도, 영도. 그래서 우리가 단속 심하다 싶으면 송도 드 가고, 영도 드가고 그랬다고.

부산 시내에서 광복이 형님이나 신씨 형님은 힘이 셉니다. 신 씨는 경찰을 했기 때문에 그런 파워가 있는 거고, 광복이 형님은 열두 살 때부터 신문만 계속 해서 본사에서 직접 신문을 받을 정도 가 된 거야. 보급소에서 받아갖고 가판 몬하걸랑. 그러다보니까 애 들을 많이 보호해줬습니다. 잡혀갔다 카면 그날 당장 가갖고 "이 새끼, 왜 우리 아 델꼬 가나!" 하고 델꼬 나오는 거야. 광복이 형님 도 무식해갖고 절차가 필요 없어요. 신분증 내라 그런 거 필요 없 는 거야. 그런 바람에 많이 보호를 받았어. 그 집 2층 가면 그때는 거기가 다 방이었어. 시키면 애들 잘 데 없으면 "얌마! 집에 가서 자고, 씻고, 내일부터 신문 팔아! 왜 그래 다녀!" 이러시던 분이라. 그래서 기억에 남는 거야. 그래 좋은 일을 하다보니까 아직까지도 살고 있잖아. 나이가 일흔여덟인가 그런데.

형제복지원과 다를 바 없던 정신병원들

형제복지원 안에서 머리를 맞아서 간질이 생겼어요. 노숙하니까 발작이 더 심해지는 거야. 도저히 혼자서 살 수 없어서 부평파출소 통해서 부산 ㄷ병원에 입원했어요. 이름만 병원이지 조금만 뭐해도 독방에 감금해서 손발을 침대에 묶고 마취 주사 맞고 3~4일은 자고…… CP세트를 강제로 투약해서 침을 질질 흘리면서 사는 삶이에요.

건물 안에서 내보내달라고 데모를 한 적이 있어요. TV를 들고 던져서 폭발시켜 다 함께 죽겠다고 공갈치면서 격투 끝에 그곳에서 내보내준다는 답을 들었습니다. 1명씩 간호사들이 뒷문으로 데리고 나가는 거예요. 다들 나가고 3명이 남았을 때 나를 불러요. 간호사실에서 퇴원 서류 작성하고 가자고 의자에 앉아 있으라고 하더니 휠체어를 가져와서 강제로 앉히고 결박하는 거야. 끌고 내려간 곳이 병원 앞 주차장인데 양산 ㅎ병원 앰뷸런스가 딱 대기되어 있더라고요. 그래서 ㅎ병원 간 거라. 그때 우리는 정말 퇴원하는 줄 알았는데 타 시설로 보내뿌더라고. 이런 가혹 행위가 정당한가 해서 정신보건법도 알아봤는데 환자 발작 시 사용할 수 있도록 법에 쓰여 있어요.

양산 ㅎ병원에서도 의사만 오면 불만을 터뜨리고 그러니까 계속 독방 갔다 오고 알티(결박)되고 이런 생활 하다보니까 도저히 못 살겠더라고. 원장이 아침에 회진 돌면 쫙 다 침대에 앉아 있거든요. 물통을 뒤에 숨고 있다가 원장이 나한테 "지금 어떻습니까?" 할 때 "지금요? 이렇습니다!" 하고 때려뿌니까 바로 나를 합천으로 날린 거야.

합천에 있는 ㄱ병원은 정신병원 중에서도 막장이라 해갖고 거기서 살아나온 사람이 드물다 해요. 그때 당시도 죽는 사람이 많아서 말이 많았어요. 그래서 거기 병원복지과에 인권 사무실이 들어왔다고. 그 사람들하고 면담을 했더니 "여기서 일단 인정을 받으세요. 그래야 우리도 접수가 됩니다" 그러데. 그래서 내가 합천 ㄱ병원 안에서 중환자실 사람들 똥오줌 치우고 운동시키고 목욕시키고 하는 거 했어요. 그거 하면 한 달에 8만 원을 준다 그러더라고. 간식비도 될 거 같고 해서. 그것도 추천을 받아야 돼. 보호사들 몇이 추천을 해서 간호사, 간호과장 허락 맡아서 하는 거야. 그걸 하다보니까 복지사들하고도 자주 만나고 그랬는데 어느 날 한 복지사가 올라와서 우리 힘으로는 내보내주기가 힘들다며 오늘 복지과에서 사람이 하나 온대. "그 사람이 오면 우리가 이름은 미리 얘기해놨으니까 면담 좀 합시다 하세요. 그 사람한테 이야기하세요" 그러더라고. 나를 인수할 사람이 있어야 나오는 거야. 그 사람이 대리로 나를 인수하는 식으로 해서 내가 거기서 빠져나왔어요.

빠져나와갖고 보니까 주민등록이 직권말소가 돼 있는 거야. 양산 ㅎ병원에서 합천 ㄱ병원으로 나를 보내면서 직권말소를 시켜버린 거지. 서울 갱생원에서도 도망갔다고 바로 직권말소 띠아삐리고. 이런 세상이었어요. 그래서 ㅎ병원 가서 지랄 생난리를 피워갖고 다시 재등록했는데 3일 만에 전입신고를 하라는 거야. 그래가 부산 영도에 살던 '자갈치할매'한테 가서 전입해달라고 했어요. 옛날에 형제복지원에 같이 있던 할맨데 잡혀와갖고 얼마 안 있다가 나갔어요. 자갈치시장에서 생선 팔면서 보리밥도 팔고 그랬어요. 충무동 육교 밑에서 내가 껌 팔고 이럴 때 밥 갖다주고 한 할매라.

혼자서 살 수 없는 이 삶 자체가 어디서 왔나. 내가 그렇게 된 원인이 바로 형제복지원에서 생겼다는 거. 그런데 이것을 세상 사람들은 듣기를 싫어하는 거야.

내 이름은 3개예요

내 이름이 3개예요. 첫 번째 김영도. 두 번째는 장충렬. 그다음 본명 홍두표. 김영도는 다섯 살 때 처음 형제원에 잡혀 들어갈 때 영도에서 김형사가 붙인 이름이고요, 장충렬이는 나중에 도망 나와서 충렬사 앞에서 낮잠 자다가 장형사가 잡았다고 그리 됐어요. 다섯 살에 형제복지원 들어가서 일고여덟 살 이후에는 도망을 한 여덟 번 나왔다 들어갔다 했어요.

처음 도망갔을 때는 계곡을 타고 산으로 올라가서 한 일주일 동안 굶고 살았어요. 사람들이 고사 다 지내고 바위틈에 갖다놓은 떡이나 과일 그런 거 먹고 살았어요. 처음에 숨어 있던 약수터 근처에는 사람이 많이 왔어요. 누가 신고할까봐 겁이 나서 더 위로 올라가려는데 예비군 훈련 온 사람을 만난 거야. 우리가 그때 형제복지원 찍힌 옷을 그대로 입고 있었는데, 난 내 잡으러 왔는 줄 알고 제발 거기 보내지 말라고 사정했지. 그랬더니 그 사람이 그게 아니라 하고 "언제 나왔는데 이렇게 있어요?" 묻더라고. 우리를 보고 "요 잠깐 있으쇼" 하더니 등산복 윗도리 한 개씩을 주고 화명동 가는 길까지 알려줬어요. 그때는 지금 같은 소방 도로가 없었걸랑. 대충 길 보고 따라가는 거야. 여기서 잡히느니 간다 이거지.

뒷산에서 일주일 정도 있다가 양산 내원사 계곡으로 도망갔어요. 거기서 한 3일 있다가 단속해갖고 내려오는 형제원 똥차에 걸린 거야. 양산에 형제복지원 똥차가 온다는 소리를 들었어요. 숨는다고 내원사로 도망갔는데 거기에도 있더라고.

끌려오면 첫 번째로 깨지는 곳이 사무실이라. 사무실에 딱 드가면은 먼저 이불을 덮어씌워. 폭삭 덮어씌우는 게 아니고 얼굴만 딱 덮어씌워. 그러면 누가 누군지도 모르겠고 그냥 막 뚜들기는 거야. 방망이로 맞는 게 아이고 그냥 개 맞듯이 맞는 기라. 사무실은 다 보통 그리 때려. 그다음에 선도실 가서 중대장한테 2차로 맞고 3차로 원장한테 가는 거야. 엔간한 것들은 선도실에서 끝나고 내 같은 놈은 원장실까지 가는 거야. 원장실에 가면요, 자료 사진에도 보이는 이만한 커텐 있죠. 그 안에 빠따 8개가 있어요. 칼빠따, 줄빠따, 대나무빠따, 야구빠따 등등 이래 있습니다. 그때 나는 칼빠따 맞았습니다. 칼빠따라는 게 스텡. 앞에 칼날 이래 돼 있고 좀 뚜껍

뚜껍해. 손잡이 딱 달린. 그 사람들이 만드는 거야. 엎드려뻗쳐해갖고 오른손, 왼발 들라 그래. 그럼 들고만 있기도 진짜 그하죠. 거기에 칼빠따 꺼내갖고 종아리 계속 때리다 다음에는 허벅지 계속 때려. 양쪽 팔다리 바꾸라 해서 또 때리고. 원장이 그런 식으로 악독하게 때린다 말입니다. 사람을 때릴 때 그냥 때리는 건 장난이에요.

그다음에는 '똥복'을 입고 6개월간 근신을 합니다. 똥복은 군복 식으로 된 건데 죄지은 사람만 입혀요. 식당 같은 데 딱 서게 해갖고 '잘못했습니다' 시키는 거야. '나는 뭐 잘못했습니다' 등에도 쓰고 원내를 뺑뺑 돌아. 그것만 하면 다행인데 똥복을 입게 되면 형제복지원 안에 똥이란 똥은 다 퍼야 된다고. 그래서 옷 이름이 똥복이라. 근신 중인 사람이 보통 보면 20명 정도 되는데 그 사람들이 건물 다 돌아다니면서 똥 푼다 그러면 보통 일이 아닙니다. 똥을 퍼가지고 버려야 되잖아요. 산에 갖다가 땅을 파갖고 묻습니다. 파는 것까지 다 해야 돼.

6개월은 근신복 벗는 날이고 보통 1년 있어야만 근신소대에서 딴 소대로 배방시켜줍니다. 그때 나를 음악 선생 있는 음악부소대에 보내줬어요. 스피커 큰 거 있죠? 음악실이니까 그게 있어요. 고 뒤에 물 호스를 연결해서, '이게 흙벽돌이기 때문에 내려앉히면 빵 꾸난다' 그래갖고 세멘에다가 호스만 들어가게끔 요만큼 뚫버서 물을 잡아넣어갖고 내려앉힌 거야. 그래 밤에 5명이서 튀자 해갖고 부수고 나갔어요. 그날 밤에 경비 서는 사람들을 피해 목욕탕 뒤로 탈출을 했는데 한 이틀 만인가 영도에서 3명이 잡혔다는 거야. 그때 당시 난 남포동에 있었고. 그리고 또 한 명이 어디 있었는진 모르겠는데 또 잡혔다 하더라고. 그래서 내 혼자 남포동 육교 밑에서 돌아다녔다고요. 한 3개월 정도. 그 뒤에 동네를 옮겨서 바깥 생활을 한 1년 했어요. 그러다 다시 파출소에 잡혀서 입소했다고.

재입소했을 그 무렵에 소대에서 기합받는다고 물구나무서서 2층 침대에 발을 걸치고 있는데 조장이 "야, 이 새끼야! 똑바로 안해!" 하면서 나를 확 땡겨뺀 거야. 침대가 쇠잖아요. 그래서 배가 긁혀서 완전히 찢어진 거야. 의무실에서 보니까 상태가 너무 심해가지고 원장한테 보고를 했어요. 원장이 오드만 어떻게 했나. 굵은 소금을 이만큼 갖고 오더만 상처에 확 뿌리더니 발로 지근지근 밟더라고.

ㅂ의료원에 가서 상처를 깁었어. ㅂ의료원 가면 행려병실이 있어요. 행려병실 한쪽 구석에 방이 있어요. 거기는 형제복지원 환자만 집결. 신임을 얻는 소대장만 보내서 지켜요. 오줌 누러 갈 때도 따라가고. 그런데 얼마 전에 좀 알아볼 게 있어서 ㅂ의료원에 가갖고 치료받았던 기록을 다 꺼내봤는데 맹장 수술한 걸로 되어 있더라고. 황당하더라고. 분명히 째져갖고 깁었는데. 경찰이 행려로 끊어갖고 도장 받아서 거기서 깁었다고.

여긴 인간 재생소다

ㅂ의료원에서 나와서 내가 2소대로 갔어. 2소대가 '예비군'이 소대장 할 땐데. 예비군이라는 사람이 쉽게 말하면 통 따묵는 데 대장

인 거야. 남자 성관계. 2소대 배정받아서 소대에 도착하니 신고식에서 잘못했다는 이유로 소대장부터 소대원들이 돌림 빠따를 치기 시작하는데 이거는 못살겠더라고요. 그때 내가 혀를 깨물어버렸다고. 그래가 지금 혀가 짧아서 말이 좀 안 좋다고. 그때 소대장이 때린 곳에 손대면서 "아프지?" 하더니 화장실로 끌고 가서 동성관계를 강요했어.

완전히 조장, 서무, 소대장한테 돌림빵으로 이래 너무 심하게 되다보니까 못 견디겠어서 내가 원장한테 건의를 한 거야. 원장이 원내 순찰하는 때가 있어요. 그 앞에 튀어나갔다 하면 조장, 서무 다들 만류를 하지요. 그걸 뿌리치고 나가갖고 "할 말 있다!" 이야기 해야 하죠. 그러니까 터질 각오를 한 거지. 아무리 남자끼리 있지마는 이렇게 해서는 안 된다 그카니 원장이 하는 소리가 "소대에서 있었던 일은 밖에 나와서 누설하면 안 돼! 니가 여기 하루이틀 있었나!" 그러면서 개 패듯이 패는 거야.

소대장에게 타 소대로 보내달라고 사정하니 편물소대로 보내 줬어요. 그런데 편물 관리 소대장이 2소대 소대장이랑 같은 거야. 아예 작정하고 하려고 그렇게 한 거지. 그래서 죽으려고 편물기계 기름을 먹고 잠들었더니 ㅂ의료원에 보내더라고. 도망하려는 마음이 있었는데 병실에서 나오니까 형제원 똥차가 대기해 있었어. 이 새끼 도망갈라 했다 이래가지고 맞다보니까 간질이 발작한 거야. 간질 심하게 하면 C동 지하에 갖다 묶어삔다꼬. 요즘 언론에 나오는 거 보면 정신병동이라 그래 나오던데 그때 당시는 정신병동이라는 단어도 안 썼어. "여긴 인간 재생소다" 이랬다고.

C동 지하가 정신병원이 아니고 형제원에서 꼴통들, 그리고 아파갖고 작업 몬하고 비실비실한 사람들을 다 넣어. 딱 묶어갖고 주사 한 방 놔버리면 한 3일 자고 일어나. 형제복지원 선전 영화에 보면 원장님한테 손가락질 막 하는 사람 나오죠. 언젠가 내가 아파서 드가갖고 묶여 있는데 보니까 내 옆에 묶여 있는 거야. 아침 되니까 없어. 형제복지원에도 없어요. 그렇게 죽어나가는 곳이에요. 그러니까 형제복지원에서 골치 아픈 사람은 거기서 다 없앨뿐 거야. 옛날에 형제육아원 당시에 중대장 망치라고 있어요. 그 사람도 거기서 죽었어요. 망치 중대장이 조금 뭐라고 할꼬, 우리 좋은 말로 정의를 막 세우는 기야. 원장한테 "원장님, 이거는 군에서도 이렇게는 안 합니다!" 이러믄서 많이 따지는 거야. 거 갖다 묶어놓은 것까지는 우리도 봤어요. 그러고 사라지는 거야.

A, B동이 정신과 병원이다보니까. CP세트라고 또라이약 있어요. 빨간 거. 또 아티바. 아티바가 수면제거든요. 아티바 대신 606호라고 그래. 606호 한 번 맞아뿌면 한 3일 자요. 거기가 정신과이기 때문에 그런 걸 쓸 수 있게 되어 있다고. 정신보건법에. 고걸 이용해가지고 형제복지원에서 말썽 일으킨 사람이 드갔는데도 빡 놔갖고 홍콩 보내뿌고. 한 3일 만에 깨나뿌면 밥을 먹었나 뭘 먹었나 힘이 쫙 빠져서 있으면 끄잡아내갖고 쓸 만하다 하면 쓰고 안 그라면 보내는 거야.

나중에는 내가 공부하고 싶다는 이유로 28소대에 갔어요. 그때 당시 개금분교가 들어왔으니까. "나도 공부하고 말썽 안 부리고 살겠습니다" 원장한테 그래 해가지고. 소대장 이름이 전모인데 별

명이 개눈깔이에요. 모진 기합과 빠따를 기본으로 하는 인간 이하의 소대장이라고 말하고 싶어요. 원장한테는 충성된 소대장. 원장 꼬봉이란 별명까지 붙어 있다고. 신입 신고식이라고 빠따를 맞고, 머리 박고 빙글빙글 돌다가 일어서서 벽에 붙어 있는 사진 속 사람 눈을 콕 찍어야 하는 거야. 나는 간질도 있고 빙글 도니 정신을 못 차리겠더라고. 몇 대 맞고 말자 그래갖고 "못하겠습니다" 그랬더만 조장 서무보고 "손 좀 봐라" 그러데. 그래가 화장실에서 젖은 담요 덮어씌워서 똥다구리를 맞았어요. 그때 눈을 잘못 맞았다고. 이렇게 부었다고.

눈이 잘 안 보이는 걸 느껴서 소대장한테 계속 항의를 했어요. 소대장이 나를 개인적으로 보드만 "그라믄 니는 성인소대도 있었고 하니까 소대에서 사람도 관리할 겸 소지반장을 해라. 그라고 소대에서 있었던 일은 밖으로 누설하지 마라. 그 대신 내가 안경은 하나 맞춰주꾸마" 그러더라고요. 그래서 거기 순응했지. 순응한 목적은 고걸 이용해서 탈출할라고. 소지반장이라고 청소에서 열외로 빼준 거야. 몰래 철공소 가서 쇠톱을 훔쳐와갖고 철창을 짤랐어요.

그때 같이 탈출하기로 한 사람이 8명인데 그중에 '아기머리'라는 사람이 있어요. 우리 소대도 아니고 27소대 소지반장이야. 같이 가기로 해놓고 말까지 다 맞춰놓고 중대장한테 일러바쳐뿐 거야. 그래서 중대장한테 내가 개박살이 났는데, 중대장이 나한테 압박을 넣는 게 "니 절대 안 때리고 내보내줄 테니까 공범을 불으라" 하데. 그 말을 누가 믿겠습니까. 한두 번 당해본 게 아닌데. 내가 터지고 말지. 입 딱 다물고 중대장한테 실컷 맞다가 "중대장. 안 피곤합니

까. 이제 고만 때리지예" 했어. "이 새끼 봐라" 그러더니 선도 서무
보고 때리라 하는 거야. 선도 서무한테 터지고 사무실에 또 터지러
가는 거야. 사무실에서 실컷 터지고 나서 원장한테 가는 거야. 그래
가지고 소대에 가면 소대장한테 또 맞아야 돼. 맞는 데에도 지쳐서
눈물, 콧물이 얼굴 전체를 적셨어.

우리 또한 국민의 한 사람입니다

형제복지원 말뚝을 박고 박인근 원장이 종교를 더 앞세우면서 교
회를 짓게 되고 종교위원을 각 소대에 1명씩 배치를 했어요. 내가
20소대에서 처음으로 세례와 안수를 받고 종교위원이 됐어요. 그
렇게 하나님을 만났지만 그때 당시는 하나님을 의지했어요. 그 힘
든 상황 속에서도 이불 속에서 기도하면서 마음에 조금 위로가 있
었어요. '하나님은 너와 함께한다. 하나님은 너의 방패가 되느니라'
하시는 성경 말씀이 있어요. 그런 말씀이 형제복지원 안에 있을 때
도 와 닿았다고. 하나님은 우리를 버려두지 않는구나. 이곳에도 하
나님이 계시구나.

　　사회 나와서 자살을 하고자 한 것이 두 번이야. 한 번은 영도
다리에서 술을 먹을 줄도 모르는 놈이 사흘들이 소주 한 병을 마시
고 죽겠다고 뛰어내렸어요. 깨나고 나니까 B대학병원에서 물 빼고
있더라고요. "내 왜 델꼬 왔어요!" 하니까 "집 어디야?" 그래. "집
없어요!" 하니까 B의료원 보내서 치료 좀 받고 나니까 나가래. 두

번째는 ㄷ병원에서 잠시 도망 나왔을 때. 그때도 죽겠다는 마음으로 충무동 육교에서 큰마음 딱 묵고 뛰어내렸는데 시내버스 지붕 위에 떨어져버렸어요. "쿵!" 하니까 기사가 차를 쫙 돌려가지고 내가 부평파출소 앞으로 떨어져갖고 바로 다시 ㄷ병원 갔어요. 그 뒤로는 죽고 싶다는 생각은 안 했어.

사는 게 뭔지 모르겠는 것처럼 죽는다는 것 또한 잘 모르겠습니다. 내가 언제 하늘나라로 갈지 몰라요. 그러니까 내 마음속에 있는 걸 알리고, 한편으로는 내가 믿는 하나님께 내 생명을 맡기고 그러고 살아요. 지금도 하루하루 기도로 살아갑니다. "내가 세상의 아픔을 씻는 걸 볼 때까지 시간을 주세요." 하나님이 아시니까, 나의 마음에 있는 뜻도 아시니까 분명히 이루어주실 거라 믿어요.

나에게 주어진 시간 안에 진상 규명이라는 것을 한 번 보고 아픔을 씻고 갔으면 좋겠어요. 나는 다른 거는 상관 안 합니다. 그게 내 전부예요. 보상이야 받아봐야 내가 뭐 할 건데요. 그거 받아갖고 아픈 몸 수술해봐야 평생 살 것도 아니고. 나는 진상 규명이 이루어지면 또 하나 분명히 바라는 게, 시신을 못 찾은 가족들이 있어요. 그 유가족들에게 시신이 돌아갔으면 합니다. 부산 영락공원에 묻힌 형제복지원 희생자들 중에는 이름이 있는 사람들도 있더라고요. 그것을 왜 그렇게 그냥 방치해두는가. 그게 난 참 그래요. 그 유가족들이 아직 살아 있다고요. 대한민국 땅 어디엔가 있다고요. 시신조차도 가족들한테 안 가면은 그건 좀 안 된다고 생각해요.

그런 것을 국가에서 외면하고 있다고요. 왜? 자신들이 책임져야 될 일이 더 많으니까. 내가 청와대 블로그에 대통령님한테 호소한 글이 있는데, 거기 답변에 '아주 오래된 일이지만 그렇게 많은 유가족이 살아 있는 줄 몰랐다, 여기에 대해서도 참조하겠다' 하더라고요. 참조하겠다? 나는 그런 대답 듣고 싶지 않아요.

　이런 사건을 무마시키고 넘어가게 되면 분명히 또 몇 십 년 뒤에 지금 사건처럼 또 일어난다구요. 그래서 모든 사건은 진상 규명을 해야 된다고 말하고 싶습니다. 그리고 이런 사건을 해결하는 데여당 야당 스그끼리. 싸워갖고는 될 일이 아닙니다. 내가 무슨 당, 무슨 당 하면 나쁘게 들릴지 모르겠지만 새누리당 같은 경우는 무조건 큰 사건은 빨리빨리 마무리야. 왜 그렇나. 정권을 잡았던 사람들은 다 그쪽이니까. 이런 사건을 처리하는 데에서는 당을 따져선 안 된다, 국회에서 여야가 함께해야 된다고 나는 말하고 싶습니다. 우리 또한 국민의 한 사람입니다. 피해생존자들은 형제복지원에서 잃어버렸던 우리 삶의 인권을 돌려달라고 하늘에 외치고 있습니다. 이 아픔에서 벗어날 수 있게 해주는 것이 현 정부의 책임 아닌가 묻고 싶어요.

홍두표 씨가 형제복지원 터 정문 근처에 살고 있다고 했을 때, 의
아했다. 잊기 힘든 괴로움을 준 장소를 보통은 피하고 싶은 곳으로
생각하게 마련이니까. 마음의 고통으로 힘들 때마다 형제복지원 뒷
산이나 희생자들이 묻힌 영락공원으로 가면 한결 풀린다는 이야기
를 들었을 때도 나는 그 마음이 무엇인지 잘 이해할 수 없었다. 미
안한 마음을 뒤로하고 재차, 삼차 그의 마음을 캐물었다. "이유는
모르겠지만……" 짧은 머뭇거림 끝에 그는 덧붙였다. "사람의 본능
이 아닐까요. 여기가 내 고향이다."

그는 박인근을 때때로 '아버지'라 부르며 친근히 대했다고 한
다. 박인근은 홍두표 씨에게 탈출과 입소를 자주 반복한다며 그의
이름과 연관지어 '홍두깨'라는 별명을 붙여주기도 했다. 박인근에
대한 그의 증오를 떠올리면, 이 미묘한 관계가 쉽게 이해되지 않을
것이다. 그러나 엄마, 아빠에 대한 기억도 없이 고아원에 맡겨졌다
형제원에 들어온 다섯 살 작은 아이의 마음을 떠올려보자. 그 아이
는 그곳에서 스무 살까지 성장기를 오롯이 다 보냈다. 홍두표 씨에
게 형제복지원은 지옥 같은 곳이었지만, 그 안에서 만나 오랜 시간
함께 부대끼며 산 사람들은 미우나 고우나 그에게 친구이자 가족,

그리고 이웃이었다. 그리고 그곳은 그가 뿌리내린 '집'이자 '마을'이고 '고향'이었다.

형제복지원이 폐쇄되고 그는 다른 원생들과 힘을 합쳐 형제정신요양원을 몰아냈다. 박인근 일가는 홍두표 씨와 원생들이 만든 '집'의 진짜 주인이 아니기 때문이다. 지금도 "주례를 지켜야 한다"는 그의 말은 그 '집'이 온전히 그의 것이 되지 않았음을 의미한다. 그의 집은 악행으로부터 지켜지고 진짜 주인의 것이 되어야 한다.

홍두표 씨는 홀로 2014년 11월부터 두 달 남짓 부산 곳곳에서 형제복지원 특별법 제정을 촉구하는 서명을 받았다. 11월 28일 부산의 한 지하철역에서 세 번째로 그를 만났다. 역사 안에 서명 참여를 호소하는 그의 목소리가 쩌렁쩌렁 울렸다. 5시로 예정된 종료 시간을 1시간 남겨놓고 역장이 찾아왔다. 지하철에서 이런 걸 해도 되느냐는 민원이 들어왔다고 했다. 역장은 허가를 내준 서류가 있는지 찾아보니 없더라며 서명대를 치워달라고 했다. 장소 사용을 신청하는 과정에서 혼선이 있었던 모양이었다. 어쩔 수 없이 자리를 접던 그가 멋쩍게 웃으며 나를 보며 말했다. "오늘도 그놈의 법이 인간을 갖다가 자유롭게 안 놔두네."

그에게 '법'은 그런 존재였다. '악마' 박인근의 탄생은 합법의 테두리 안에서 이루어졌다. 그를 결박하고 강제로 약물을 투여한 정신병원의 가혹 행위 또한 그러했다. 그래서 홍두표 씨는 박인근이라는 '악마' 뒤에 숨어 있던 거대한 '진짜 악마'의 실체를 파헤치고 싶어한다. 매일 밤 그를 잠 못 들게 하고, 하루하루 그의 생명을 꺼트리고 있는 고통의 진짜 근원을 밝혀 다시는 이런 아픔이 반복되지 않도록 하고자 한다.

지하철 역사에서 쫓겨난 다음날 홍두표 씨는 충무동 육교가 있던 자리에 서명대를 다시 펼쳤다. 그 엄혹한 시간 속에서 그를 지켜준 거리의 사람들이 있던 곳, 박인근의 세 치 혀로 더럽혀진 천국이 아닌 진짜 '낙원'이 있던 그곳 말이다. 그 거리에서, 그 시절의 기억을 가진 이들이 찾아와 서명지를 차곡차곡 채웠다.

동생한테 늘 미안했어요

이혜율 구술 • 명숙 기록

이혜율과 동생에게는 외국인 후원자가 있었고 외국으로 입양을 갈 뻔하기도 했다.
형제복지원은 외국인들이 좋아하는 외모를 지닌 아이들을 통해 후원을 받았다.
(제공: 형제복지원사건진상규명을위한대책위원회)

그녀를 만나기 위해 약속을 잡을 때, 그녀는 집 밖에 나가는 걸 좋아하지 않으니 본인 집에서 인터뷰하자고 했다. 목소리는 낮고 힘이 없었다. 형제복지원에서 겪은 경험 때문에 몸이 많이 좋지 않거나 세상을 꺼려하나보다 생각했다. 그런데 만나보니 상상과 달랐다. 그냥 밖에 나가는 걸 그다지 내켜하지 않는 젊은 사람 축에 그녀도 속할 뿐이었다. 내 추측이 '편견'에 따른 것임을 깨닫고 놀랐다. 게다가 나이에 비해 한참 어려 보이고 얼굴도 예뻤다. 형제복지원에 가기 전에 주변에서 미스코리아에 내보내야겠다고 할 정도였으니 타고난 미인인 셈이다. 그녀 얘기를 들으니 여자소대는 남자소대와는 폭력의 양상이 다른 듯했다. 게다가 형제복지원을 나온후 얼마 지나지 않아 가족도 만나서 남은 청소년 시기를 집에서 보낼 수 있었다. 그녀처럼 가족을 빨리 찾는 경우는 흔치 않다.

그래서일까? 그녀와 인터뷰하면서 '고통의 상대적 크기를 재고 있는 나'를 발견하고 화들짝 놀랐다. 극한의 고통스런 이미지만을 전하려는 선정적 보도에 나도 어느새 익숙해진 게 아닌가 자문했다. 인터뷰를 끝내고 돌아오는 길에 내가 담으려는 형제복지원 피해자들의 모습은 과연 무엇인지, 아니 내가 전하려는 폭력의 모습은 무엇인지 근본적으로 돌아보았다. 타인의 고통을 '어떻게 전하느냐'는 '어떻게 듣느냐'와 직결되며, 고통의 재현 방식과 연결된다.

1987년도에 형제복지원이 폐쇄될 때까지 다양한 사람들이 여러 곳에서 여러 방식으로 끌려갔다. '부랑인'도 있었고 그녀처럼 길을 잃은 아이들도 있었다. 중요한 건 그들이 누구이든, 어떻게 지냈든, 형제복지원에 들어가서 겪은 폭력이 그들의 삶을 부쉈다는 사실이다. 그녀는 형제복지원으로 인해 아직까지 고통받고 있고 '꿈이 깨진 현재'를 살고 있다.

그녀는 1983년도에 엄마한테 가기 위해 다섯 살 동생과 함께 집을 나왔다가 형제복지원에 끌려갔다. 4년 6개월을 그곳에서 살면서 동생과 떨어지지 않으려 애썼다. 누나로서의 책임과 동생을 데리고 온 책임의 무게는 폭력의 무게만큼 컸다. 함께한 시간이 많기에 가족 중에서 동생과 가장 가깝다. 동시에 그녀는 동생이 방황할 때마다 다섯 살 동생을 지옥 같은 그곳에 들어가게 만들었다는 죄책감을 느껴야 했다. 그녀의 젊은 날은 죄책감으로 채워졌다. 그녀는 매번 '동생'이라 하지 않고 '내 동생'이라 했다. 그 표현에서 동생에 대한 애착, 책임감, 고통이 어렴풋이 느껴졌다.

⚏

1983년도, 그러니까 제가 일곱 살이었을 때였어요. 전 서울에서 태어났는데 아빠는 건축업을 하셔서 사우디아라비아를 왔다 갔다 하셨어요. 제가 다섯 살 때 엄마, 아빠는 이혼을 했어요. 저랑 남동생은 할머니 집에 맡겨지고 언니는 큰고모 집에 맡겨졌어요. 저랑 동생이 할머니와 삼촌한테 구박을 많이 받았어요. 어린 나이에 그게 너무 싫어서 엄마 찾아간다고 둘이서 기차 타고 대전에 갔어요. 엄마 쪽 집이 대전이었거든요. 대전 외할머니 집에 가서 이모를 만났는데 저희를 다시 서울 집으로 보냈어요.

영등포역에서 아빠를 만났고 아빠가 삼촌을 혼냈고 저희한테는 집에 가라고 했어요. 하지만 집에 가면 또 삼촌한테 혼날 거 같아 다시 대전에 가려고 기차를 탔어요. 기차를 탈 때는 초저녁이었던 거 같은데 눈떠보니까 밤 11시 30분 넘은 늦은 시간이었어요. 기차에서 잠이 든 거 같은데 도착하니까 부산이었어요.

기차역에서 애들 둘이서만 내리니까 표 찍어주는 역무원 아저씨가 부모님은 없고 왜 둘이만 있냐고 물어서 대전에서 내려야 하는데 잘못 내렸다고 했어요. 잠이 들어서 그렇다고. 그러니까 역무원 아저씨가 파출소에 데려가주겠다고 해서 파출소에 갔어요. 거기서 집 주소랑 전화번호를 알려줬어요. 전 그 당시 집 주소랑 전화번호를 외우고 있었거든요. 경찰들은 알았다고 연락하겠다고 그랬어요. 그러다가 파출소에서 잠이 들었고 얼마 지났는지 모르겠는데 집에 가자고 우리를 깨우길래 집에 가나보다 생각했어요.

차를 탔는데 일반 차가 아닌 냉동차 같은 탑차였어요. 차 안에는 양쪽에 의자 같은 게 있었어요. 이상하다고 생각했는데 그냥 올라탔어요. 경찰이니까 데려다주겠지, 집을 잃어버린 사람이 많나보다 생각했어요. 가다가 갑자기 횡단보도 앞에서 차를 세우더니 그 앞에 서 있는 남자를 잡아서 강제로 차에 태우고 출발하는 거예요. 그 오빠는 저랑 같은 날 입소한 거죠. 저희는 애들이니까 차 안에서 또 잠들었어요. 일어났는데 거대한 철문이 있는 곳에 내렸어요. 그 문을 몇 개 따고 툭 밀고 들어갔어요. 들어가서 자라고 해서 들어갔는데 얼핏 봐도 미국식으로 양쪽에 2층 침대가 쭉 늘어서 있는 거예요. 아침에 일어났더니 한 백 몇 명의 아이들이 있더라구요. 정말 충격이었어요. 그때부터 형제복지원 생활이 시작된 거예요. 저랑 남동생이랑 거기서 4년 반을 살았어요. 87년도에 폐쇄될 때 나왔어요. 그때 입은 옷이 긴팔이었으니까 초가을일 거예요.

어려서 그런지 입소카드를 쓴 기억은 없는데 입소카드 기록이 있더라구요. 입소카드를 보니까 죄수처럼 숫자 적힌 것을 들고 찍은 사진이 있어요. 몇 년도에 입소했는지 적혀 있었어요. 초반에는 동생이 나이가 어려서 같이 있다가 옆 소대인 24소대로 넘어갔어요. 동생이 들어갈 때 나이가 다섯 살이었으니까. 23소대와 24소대는 바로 옆이라서 낮에 가끔씩 얼굴을 볼 수가 있었어요. 저희는 어린 나이이기 때문에 훈련을 많이 하지 않아서 틈틈이 시간 날 때마다 봤어요.

들어가서 한동안은 멋모르고 눈에 보이는 사람마다 아빠한테 보내달라고 말했던 거 같아요. 집에 보내달라고, 제발 보내달라고. 그런 말 하면 때리기만 하고, 여기선 그런 말 절대 입 밖에 내지 말라고 했어요. 초반에는 들어가서 되게 많이 맞았어요. 처음부터 그곳 생활을 아는 사람은 거의 없잖아요. 맨날 두들겨패고 말 못하게 하고. 지나다보면 그게 익숙해져서 부모 얘기는 아예 못하고 속으로만 하게 되죠. 겉으로는 아예 말을 할 수가 없었어요.

전 일곱 살이었지만 학교에 일찍 들어가서 초등학교 1학년이었어요. 형제복지원 안에 있는 개금분교에도 1학년으로 들어가서 4학년까지 다녔어요. 제가 있는 23소대가 아동소대인데 거기 애들이 다 어리지는 않았어요. 아주 어린 애들도 있고 나이가 좀 있는 언니들도 있었어요. 그 언니들은 아마 고등학생 정도의 나이, 열여섯, 열일곱 정도 됐던 거 같아요.

후원자가 누구냐에 따라 대우가 달랐어요

전 일은 안 했고 합창단을 했어요. 어릴 때부터 노래 부르는 걸 좋아했거든요. 합창단이 있는데 새로 사람을 뽑는다고 하길래 저도 지원해서 노래 테스트를 받고 들어갔어요. 그때가 여덟 살쯤이었어요.

합창단 애들한테는 대우가 좀 남달랐어요. 합창단 옷이 좀 이뻐요. 세라복이라고, 해군이 입는 그런 옷 있잖아요, 그걸 하나씩 줘요. 형제복지원에서는 똑같은 파란색 트레이닝복을 입고 있는데 합창단을 하면 세라복을 입을 수 있다는 특권이 있어 좋았어요. 평상시에는 못 입고 합창단 연습할 때 입어요. 옷장에 가지고 있었던 거 같아요. 합창단이라 맨날 노래 연습하고 교회에서나 형제복지원 안에서 행사가 있을 때 공연을 했어요. 밖에 나가 공연을 한 적은 없어요. 합창단 안에서도 크게 기억에 남는 건 없어요.

애들 중에는 사회에서 후원해주는 사람이 있는 경우가 있는데 내 동생하고 저는 후원자가 있는 쪽에 속했어요. 내 동생이 어렸을 때는 조금 이뻤거든요. 후원자가 누구냐에 따라서 대우가 달랐어요. 동생도 그렇고 저도 그렇고 후원자가 많았고 외국인 후원자도 있었어요. 한번은 입양을 갈 뻔한 적도 있어요. 정확하게 몇 년도인지 모르겠는데 하루는 음악 선생님이 불러서 애들 몇 명이 입양 가는데 너희도 가게 됐다고 말씀하시는 거예요. 같은 나라 같은 부모한테 입양 가는 거였다면 갔을 거예요. 그런데 나는 영국, 동생은 프랑스, 이렇게 따로따로 가게 돼서 난 죽어도 못 간다고, 절대 내 동생이랑 헤어질 수 없다고, 못 떨어진다고 울고불고 난리를 쳤어요.

합창단 선생님이 여자였는데 저를 많이 예뻐해주셔서 그 선생님 마음에 그게 많이 걸리셨나봐요. 한 달 후엔가 그 선생님이 말씀을 잘해줘서 입양에서 뺄 수 있었다고 했어요. 그 선생님은 중대장이나 소대장 와이프였던 걸로 기억해요. 내 동생 후원자 중 한 사람이 외국 사람이었는데 나중에 형제복지원에 온 적도 있어요. 입양을 하려던 사람이었어요. 그때 대대적 행사를 벌였어요. 애들도 다 씻고 깨끗한 옷 입고 사람들이 줄 서서 국기 같은 거 흔들고 그랬어요. 저도 앞에서 깃발 같은 거 흔들었어요.

동생도 2년 지나서 학교에 들어갔죠. 학교에서 만나거나 남는 시간에는 같이 놀았어요. 23소대 뒤에 조그만 공간이 있었어요. 뒤에 담이 있고. 거기서 구슬치기도 하고 벌레도 잡고. 거기선 가지고 놀 게 없으니까 지네나 쥐를 잡아서 놀았어요. 재밌었어요. 여자

애들은 고무줄놀이 하는데 전 남자들이 갖고 노는 모든 걸 했어요. 파란 트레이닝 안에 고무줄이 있었기 때문에 풀어서 놀 수 있었어요. 나중에 친언니한테 들으니까 저는 형제복지원 가기 전에도 남자애들처럼 쥐 잡고 놀았다고 하더군요.

동생을 매일 만나지는 못했어요. 동생이 거기서 얼마나 꼴통 짓을 했는지 모르지만 눈이 시퍼렇게 멍이 들어 있었어요. 24소대에서 동생보고 꼴통, 꼴통 그랬거든요. 얼굴에 항상 멍이 있었어요. 그 안에서 동생을 챙길 수 있는 게 많지 않았어요. 기껏해야 먹을 거 좀 챙기는 거. 다친 데에 약도 발라줄 수 없으니…… 동생한테 미안해서 많이 울었어요. 지금까지도 동생을 데리고 나간 게 미안해요. 형제복지원에서도 남자들 쉬는 시간에 보니까, 눈치껏 만나야 하니까, 무슨 일 있었니? 어디 맞았니? 이런 걸 간단히 주고받기만 하고…… 동생이랑 많은 시간을 보내지는 못했어요.

제가 형제복지원 들어갈 때 어떤 남자가 횡단보도에서 끌려왔다고 했잖아요. 그 오빠를 거기서 만났어요. 그 오빠랑 같이 다니는 삼총사가 있었는데 오빠들은 안에 있는 공장에서 자개 하는 걸 배웠어요. 그 오빠들이 저를 특별히 예뻐했어요. 오빠들이 어디서 구해 오는지 모르겠지만 제 생일날이라든가 특별한 날이면 초코파이나 새로운 먹을 것을 줬어요. 애들은 먹을 수 없는 음식을 항상 저한테 주고 그랬거든요. 그 오빠 통해서 형제복지원 사건 터진 것도 미리 알았어요.

소대 경비를 서는 할아버지가 계셨는데 가끔 저한테 말을 시켰어요. 그 할아버지가 맛있는 것도 몰래 주고 그랬어요. 경비 서는 사람들은 한 달에 한 번씩 사회에 나갔다 오는 경우가 있어요. 그 분한테 우리 집 주소랑 약도를 드린 적이 있거든요. 할아버지는 집을 찾아주겠다고 그랬어요. 매월 한 번씩 사회에 나가니까 알아봐주겠다고.

죽을 때까지 여기서 못 나갈 거 같아

거기 생활은 맨날 똑같았어요. 아침이 되면 조장 언니가 깨워요. 호루라기로도 깨우고 고함 지르면서도 깨우고. 처음에 들어오는 애들은 아침에 일찍 일어나는 게 익숙하지 않잖아요. 나중에는 자동으로 일어나게 돼요. 호루라기 소리만 들어도 깜짝 놀라서 자동으로 침대 앞에 내려가 일자로 서야 해요. 순번을 불러요. 거기는 이름으로 불리지 않고 번호순으로 불렸던 거 같아요. 맨날 누가 도망가는지 안 가는지 체크하기 위해서 불침번을 서요. 자는 시간은 항상 정해져 있지만 교회에서 외우라는 거나 국민교육헌장을 외우느라 잠을 안 자는 애들도 많았어요. 잠을 못 자더라도 다 외워야 해요. 그렇지 않으면 맞아 죽으니까. 형제복지원에서의 기억은 맞고 또 외우고, 맞고 또 외우고. 그 기억이 정말 많이 남아요. "외워!" 세뇌당하듯이 검사받고 안 되면 두들겨맞고. 국민교육헌장을 왜 외우라고 했는지 아직도 이해를 못하겠어요. 지금은 앞부분만 기억나는데…… 전 어렸을 때부터 남들보다 똑똑하다는 소리를 듣기도 했고 승부욕도 강해서 외우는 건 잘했어요. 제가 잘 외우기도 하고 합창단 애들은 잘 못 건드리기도 해서 다행이었어요. 합창단 선생님이 높은 사람의 와이프이다보니까 건드리지 못한 거 같아요.

합창단이라고 해도 일상생활은 연습하는 시간 빼고는 다 똑같아요. 옷도 파란색 트레이닝복 하나를 늘 빨아 입었어요. 나이가 많고 적고 간에 그 안에서 빨래는 각자 해야 해요. 트레이닝복이든 속옷이든 본인이 입는 옷은 본인이 빨아야 해요. 찬물에다가 빠니까 동상도 걸리고 부스럼 같은 것도 많이 생기고 이는 말할 것도 없고. 이는 거기서 처음 옮았어요. 아직도 제 머리 뒤에 부스럼 자국이 있어요. 같은 소대 안에 있는 어떤 애는 고름이 막 흐를 정도로 부스럼이 심했는데도 치료해주지 않았어요.

한번은 23소대 전원이 연탄가스를 맡은 적이 있어요. 연탄을 때던 시절이니까. 전부 다 아침에 죽다 살아났어요. 날이 밝아올 때 눈을 떴는데 건물 밖에서 정신 차리라고 누군가 나를 때리고 있더라구요. 눈뜨자마자 김칫국물을 마시라고 해서 그걸 마셨어요. 백 몇 명이 한꺼번에 조그만 문으로 나오는데 얼마나 시간이 오래 걸렸겠어요. 빠져나오는 시간도 그렇고 연기가 자욱했을 때 나왔기 때문에 누군가 죽은 사람도 있었을 거예요. 더군다나 문이 잠겨 있는 상태였으니까.

사회에 나가본 적은 한 번 있어요. 제가 열병을 앓았거든요. 23소대 여자 중에 제가 처음 앓았어요. 열병이 전염병이잖아요. 열이 사십 몇 도까지 올라가는데 안에서는 어떻게 할 수 없으니까 사회로 보낸 적이 있어요. 저 때문에 23소대 사람들이 다 열병을 앓았어요. 마지막 애가 죽었다는 얘기를 들었던 거 같아요. 병원에 갔다

와서 열을 내린다고 귀한 얼음을 여자 샤워실에 있는 탕 같은 데 넣고 나를 거기에 넣었던 기억이 나요. 보통 열이 사십 몇 도까지 오르면 귀머거리가 되거나 하는데 나는 멀쩡하게 나아서 사람들이 신기해했어요. 선생님이 "넌 살 운명인가보다"라고 말씀하셨어요.

거기선 일단 배고픔이 제일 힘들었던 거 같아요. 한창 먹을 나이잖아요. 거기서 먹는 거는 정해져 있으니 항상 배가 고팠죠. 그리고 매일 두드려맞는 게 힘든 시간이었던 거 같아요. 초반에는 '언젠가는 부모님이 찾으러 오겠지' 했다가, 나중에는 '죽을 때까지 여기서 못 나갈 거 같아' 그런 생각이 들었어요. 2년쯤 지나서 그랬던 거 같아요. 자포자기했던 거 같아요. 늘 똑같은 생활의 반복이다보니까 여기서 살다 죽나보다 그랬던 거 같아요.

평소에 죽는 사람을 많이 봤거든요. 23소대가 위쪽에 있으니까 소리가 들려요. 위에서 밑에 보면 상황이 보여요. "아, 얘 죽었다……" 그렇게 말하는 것도 들리고. 어르신들 중에 도망가는 사람들 있잖아요. 그런 사람들이 잡히면 멍석말이라고 하는 걸 당해요. 이불 같은 걸로 말아갖고 대여섯 명이 막 때리고 몽둥이로 두들겨 패고. 그러면 멍석 말았던 게 피범벅이 됐어요. 멍석말이를 해서 끌려 나가는 걸 정말 많이 봤어요.

여자애들 중에도 도망간 애들이 있었던 걸로 알고 있어요. 한번은 애들이 밧줄을 묶어서 담장에 던져서 타고 올라가는 걸 봤어요. 담장이 꽤 높은데 그걸 어떻게 던져가지고 어떻게 걸려 있는지, 또 그걸 잡고 올라가는지…… 애들이 툭 떨어지는 것도 봤어요. 우리 신은 고무신이잖아요. 그러니 미끄럽죠. 아니면 맨발로 올라가야 하는데. 쉽게 도망가게끔 안 해놨거든요. 전 그게 무모하다고 봤어요. 그냥 여기 사는 게 낫지. 저러다 잡히면 죽음인데, 죽거나 반송장처럼 살아야 하는데, 왜 저 짓을 할까, 그런 생각을 했어요.

기댈 수 있는 사람

개금분교 옆에 부대가 있었는데요, 한번은 어떤 사람들이 부대 안에서 몰래 우리 형제복지원을 찍으려고 취재를 나왔어요. 거기서 촬영을 하면서 소대로 가는 저희를 불러요. 그런데 우리는 사회 사람들하고 절대 대화를 하면 안 되잖아요. 안 된다고, 안 된다고 했는데도 자꾸 물어서 여기는 어떤 곳인지 몇 마디 말해줬어요.

그러고 며칠 있다가 친한 오빠가 저를 따로 불러서 얘기할 게 있다고 했어요. 뭐냐고 했더니 조금 있으면 "너희들 더 좋은 곳으로 갈 거야, 자세한 건 얘기 못해주겠는데, 더 천국으로 갈 거야"라고 했어요. 조금 있으면 무슨 사건이 터져가지고 여긴 폐쇄될 거라고. 아무한테도 말하지 말고 동생한테도 말하지 말라고 해서 말 안 했어요. 거짓말 말라고, 어떻게 여기서 빠져나가냐고 했어요.

안 믿었는데 정말 얼마 안 있다가 갑자기 문이 열렸어요. 동시에 이름을 몇 번 몇 번 부르고 애들을 봉고차에 태웠어요. 다들 짐 대충 챙겨 가라고 해서 얼른 챙겨 나갔어요. 차 안에서 무슨 일인지 들었어요. 여기가 어디인데 이후에는 어디서 생활할 것이고 학교도 더 좋은 곳으로 갈 것이다, 그런 얘기를 해줬어요. 그때 실감

했죠, 오빠가 말한 폐쇄를.

동생하고 같이 남광아동복지원에 갔어요. 거기서도 부유한 후원자가 있어서 주말마다 후원자 집에 가서 잤어요. 합창대회에도 나가고. 학교도 밖에 있는 학교에 다녔어요. 중학교 3학년 때까지 거기 살았거든요. 형제복지원에서 초등학교 4학년까지 다녔잖아요. 이후에는 범어사 근처에 청룡초등학교라는 데 다녔어요. 거길 갔는데 선생님이 대충 테스트를 몇 개 하더니 갑자기 6학년으로 올려보낸 거예요. 고아원 애들이 "야야" 하다가 갑자기 언니라고 해야 하니까 초반에 저를 너무 싫어했어요. 지금도 사람들한테 5학년은 다닌 적 없다고 말하면 안 믿어요. 제가 고아원 얘기를 별로 하지 않기도 했지만 어떻게 그런 일이 있냐고 해요. 아무튼 전 6학년 한 학기만 다닌 거죠. 중학교는 동래여중으로 들어갔어요. 같은 고아원이라도 중학교를 동래로 가는 애들이 있고 금호로 가는 애들이 있었어요.

톨게이트에서 고아원도 보이지만 저희 학교도 딱 보여요. 도시고속도로 타는 방향으로 보면 저희 학교가 보여요. 부산에 놀러 가면 남광아동복지원을 지나가야 하고 저희 학교를 항상 거쳐가야 하기 때문에 잊을 수가 없지요.

들어간 지 얼마 안 돼서 학교 갔다 왔는데 누가 찾아왔다고 하는 거예요. 누가 찾아온다면 우리 부모님밖에 없잖아요. 그런데 찾아온 사람이 가족이 아니라 그 오빠인 거예요. 너무 놀랐죠. 사건 터질 것을 말해준 오빠, 그 삼총사 중에 한 명인 오빠였어요. 너무 보고 싶어서 왔다고, 오늘은 맛있는 것도 먹고 놀이동산도 가자고 해서 그렇게 말하고 나왔어요. 그런데 고아원에서 출발하자마자 오빠가 사실은 니들 집 찾아주려고 데리고 나왔다고 얘기하는 거예요. 너무 놀랐고 너무 고마웠죠.

바로 기차역으로 가서 기차를 탔죠. 우리 집이 영등포 신길동이었거든요. 할머니 집도. 우리 둘 다 거기서 태어났어요. 내 기억에는 영등포역 바로 뒤니까 찾기 쉬울 거라고 생각했어요. 오빠, 나, 동생 이렇게 3명이서 기차를 타고 서울에 도착했는데 도착과 동시에 머리가 어지러웠어요. 거리를 봤더니 전부 많이 바뀐 거예요. 길들이며 건물이며 뭐 어디가 어딘지를 모르겠더라구요. 오빠랑 일단 무작정 골목 뒤로 왔는데 아무리 돌아다녀도 할머니 집을 찾을 수 없는 거예요. 찾을 수가 없었어요. 오빠한테 주어진 시간이나 우리한테 주어진 시간은 하룻밤만 자고 오겠다는 거였으니 24시간밖에 없는 거잖아요. 찾다 찾다 내려왔는데 오빠는 우리를 바로 고아원 숙소로 안 데려다주고 오빠가 생활하는 사장님 집으로 데려갔어요. 가니까 사장님이랑 사모님이랑 있더라구요.

오빠는 사장님한테 얘네 동생들인데 내가 데리고 살아야겠다고, 책임지겠다고 했어요. 난 기분이 좋았어요. 고아원이 아닌 곳에서 오빠가 데리고 산다고 하니까 좋았죠. 기댈 수 있는 사람이 있다는 게 정말 좋았어요. 그런데 거기 사장님이 설득을 하더라구요. 네가 아직 어리고 모아놓은 돈이 많은 것도 아니고 아직 결혼도 하지 않았는데 어떻게 얘네를 건사할 거냐고. 네가 지금 잠깐 젊은 나이 생각으로 그러는 거다, 다시 한 번 생각해보라고 했어요. 결국 우리랑 이틀 밤을 새우고 남광아동복지원에 가서 오빠는 선생님한테 사실대로 말을 했어요. 선생님이 오빠한테 아무 말 안 했어요. 오빠가 나쁜 일 하려고 데려간 거는 아니니까요. 그래서 오빠는 그냥 갔어요. 오빠가 돈 많이 벌어서 니들 다시 데리러 오겠다고 애기를 하고 갔는데……

그 오빠가 보고 싶어요. 오빠 이름이랑 얼굴은 지금도 기억하는데. 형제복지원 피해생존자모임에 그 오빠 이름이 나오면 나한테 연락하라고 대표에게 말했어요. 정말 찾고 싶어요. 어떻게 사는지도 궁금하고요. 장가를 가서 잘 살고 있는지, 평탄한 길을 가고 있는지 궁금해요.

8년 만에 만난 아빠

중학교 3학년 초반일 때였어요. 어느 날은 남광아동복지원 선생님이 얼핏 "너희 아빠한테 연락 왔어" 그러는 거예요. 선생님이 하도 장난을 많이 치시니까 거짓말이라고 생각했어요. 선생님이 무서우면서도 평소에 우리한테 거짓말을 많이 하시니까 "됐어요!" 그랬어요. 며칠 있다가 니들 찾으러 온다고 했는데도 안 믿었어요. 월요일에 학교 갔다 오면 항상 사무실 들러서 인사를 하고 숙소로 가요. 그날 사무실에 가면서 계단을 올려다보는데 어디서 많이 본 사람이 있는 거예요. '어디서 봤지' 하고 들어가려고 하는데 저를 딱 치면서 "너, 나 모르겠어?" 그러는 거예요. "누구세요?" 하면서도 속으로는 '어디서 봤지?' 그러는데 "너, 나 몰라?" 그러는 거예요. 전

"모르는데요" 그러고 사무실 안에 들어갔는데 우리 아빠가 앉아 있는 거예요. 정말 놀랐어요. 보자마자 울고불고 했어요. 계단에 있던 사람은 삼촌이었던 거예요. 아빠 얼굴이랑 엄마 얼굴이랑 잊을 수가 없으니 딱 알아봤지요. 저는 기억을 다 하고 있기 때문에 아빠인 걸 알았어요. 내 동생은 어려서 엄마 얼굴을 기억을 못해요. 부모님들은 어린애들 얼굴을 기억해도 변하면 못 알아보지만 저 같은 경우는 얼굴이 그대로였어요. 전 엄마 얼굴 복사판이거든요. 처음에 찾으러 왔을 때 아빠 옆에 여자분이 있었는데 그분이 새엄마였어요. 그런데 엄마 얼굴이랑 비슷해서 제가 엄마인 줄 알고 바로 엄마라고 불렀어요. 새엄마는 아빠랑 나이차가 많이 나요. 새엄마는 우리한테 잘해줬어요. 그날 바로 집에 왔어요.

아빠가 저희를 8년 동안이나 찾으러 다니셨는데, 그렇게 힘든 시간을 보낸 줄은 몰랐어요. 그냥 어릴 때는 왜 안 찾으러 오지, 왜 안 찾으러 오지, 그렇게만 생각했어요. 정말 우리를 못 찾는 걸까, 왜 못 찾는 걸까, 그랬어요. 분명히 집 주소랑 약도까지 다 그려줬는데, 파출소에서도 그려줬고 경비 할아버지한테도 그려줬는데. 남광아동복지원에 가서는 중간에 오빠랑 집 찾으러 간 적이 있다고 했잖아요. 그때도 왜 데리러 오지 않을까 했어요.

아빠 얘기를 들어보니까 아빠 친구가 방송국에도 계시고 해서 방송국에 광고 내고 신문에도 광고 내고 전국 곳곳에 안 가본 곳이 없더라구요. 삶을 포기하다시피, 돈을 포기하다시피 다 돌아다니신 거예요. 돈이 떨어질 때까지, 돈을 빌려서까지 그렇게 다녔더라구요. 거의 마지막 쯤이 부산 형제복지원이었대요.

부산 무슨 구청에서 형제복지원을 가보라고 해서 간 거래요. 두 번이나 갔대요. 근데 거기서 그런 데 아니라고, 그런 사람들 살지 않는다면서 바로 쫓아냈대요. 일반 고아원이 아니라는 말인지, 부랑인만 있는 곳이라는 말인지는 모르겠지만 그렇게 말하며 쫓아냈대요. 처음에는 아빠 친구랑 같이 갔대요. 두 분이서 갔다가 아니라고 해서 돌아왔는데, 아빠는 뭔가 찝찝하고 느낌이 안 좋아서 그 다음날 다시 갔대요. 무작정 아니라고 잡아떼고 못 들어가게 하니까 아빠가 원장이라도 보게 해달라고 했는데 안 된다고 했대요. 거의 맞을 뻔했대요. 그 후로는 안 갔다고 하더라구요.

나중에 알고 보니까 못 찾을 수밖에 없었어요. 주민등록번호가 아예 다르게 되어 있었어요. 76인데 75로 되어 있더라구요. 복지카드 같은 게 있는데 그 번호가 잘못 쓰여 있었어요. 아예 찾을 수 없게 해놓은 거죠. 왜냐면 부모들이 애를 잃어버렸으면 찾을 거 아니에요. 부모가 애를 찾으면 지원을 못 받으니까 바꿔놓은 거 같아요.

동생은 끊임없이 집을 나갔어요

처음에는 아빠를 만났다는 사실에 울기도 많이 울었는데 크면서 아빠를 원망하기도 많이 원망했어요. 어렸을 때는 아빠가 사우디 갔다 와서 부유하게 자랐는데 아빠를 다시 만나고 나서 집안 형편이 힘들었던 적이 있거든요. 그럴 때마다 아빠한테 나를 대체 왜 데리고 온 거냐고 했어요. 나를 그냥 거기 놔뒀으면 후원자도 빵빵

하고 도와주는 손길도 있으니 잘 살았을 텐데 왜 데려왔냐고 했어요. 어쩔 때는 그동안 왜 안 찾으러 왔냐고 많이 따지기도 했어요. 그때는 아빠가 어떤 고생을 했는지, 어떤 마음이었는지 몰랐는데 방송 인터뷰를 하면서 알게 됐어요. 제가 인천에서 먼저 인터뷰를 했고 두 번째 인터뷰를 아빠하고 하자고 해서 대구에 갔어요. 아빠가 대구에 사시거든요. 그때서야 아빠 마음을 알았어요. 아빠가 우는 모습을 그때 처음 봤어요.

언니는 8년 만에 만났는데 처음엔 서로 그냥 울기만 했던 거 같아요. 우리 친척들이 대전, 서울, 인천에 흩어져 있으니까 우리를 찾았다고 여기저기 인사하러 다녔어요. 큰 고모가 아직 살아 계시는데요, 절 만나자마자 한 얘기가 기억에 남아요. "동생 안 잃어버리고 손을 안 놓아서 너무 고맙다"고. 중학교 때 그 말을 하셨는데 아직도 뇌리에 꽂혀 있어요.

동생은 언니하고 정이 별로 없어요. 아빠하고도 정이 별로 없어요. 저하고 정이 있어요. 동생이 생각하기에 피붙이는 저였던 거지요. 지 딴에는 제가 엄마 같은 존재이기도 하고 누나이기도 하고…… 아빠하고 연락은 하지만 그래도 마음속에 있는 건 저밖에 없는 거죠. 마음이 힘들 때나 여자 문제로 힘들 때도 저한테 연락을 해요. 힘든 시간을 같이 보냈잖아요. 언니는 어찌됐든, 친척집에서 자랐든 나중에 아빠 밑에서 컸든 저희하고 너무 다른 삶을 살았잖아요. 그래서 동생이랑 저는 정이 남다르죠.

집에 오고 나서 한 번도 형제복지원에 대해서 동생하고 얘기를 해본 적이 없어요. 그건 추억거리가 아니잖아요. 고통거리지. 그래서 말을 안 했던 거 같아요. 입을 열지를 않아요. 형제복지원 생활이 다들 비슷하지만 아마 남동생이 저보다 더 많은 걸 알고 있을지도 몰라요. 남자애니까.

동생이랑 남광아동복지원에 있을 때는 많이 얘기했어요. 그 고아원은 엄청 천국이었거든요. 사회에도 보내주고 학교에도 보내주고. 여름에는 피서, 극장, 야구장도 다녔거든요. 동아대학교, 부산대학교, 간호전문대에서 언니 오빠들이 와서 공부도 가르치고 맛있는 것도 사줬어요. 사실 동생은 두 번째 고아원에서도 정말 도망을 많이 갔어요. 항상 탈출하고 싶었던 마음이 간절했나봐요. 맨날 선생님하고 저하고 찾으러 다녔어요. 비가 오나 눈이 오나 찾으러 다녔어요. 맨날 고아원에서 튀쳐나갔다가 잡혀와서 맞고. 고아원에서도 맞긴 맞아요. 기합받는 수준이죠. 형제복지원처럼 무지막지하게 때리지는 않았어요. 늘 동생을 잡으러 다니면서 제발 도망가지 말라고, 혼자 어디 가서 살 거냐고, 누나를 놔두고 가서 어디 가서 살 거냐고 그랬어요. 그러면 대답을 안 해요. 동생은 말이 별로 없어요. 사고는 많이 치는 편인데 말은 많은 편이 아니에요.

집에 와서도 동생은 도망을 다녔어요. 그러면 아빠가 찾으러 다니고 또 찾으러 다니고. 갇혀 있는 게 싫은가봐요. 그게 트라우마인가봐요. 걔는 완전 애기 때 형제복지원에 간 거잖아요. 다섯 살때 들어간 거니까, 늘 갇혀서 지낸 거니까…… 8년 만에 집에 왔을때 동생은 중1, 난 중3이니까 구속이 느껴졌나봐요. 집에 와서도 학생이고 부모님 동의하에 있어야 하니까. 학교 갔다 와서 친구들하고 놀 시간이 충분히 됐는데도 끊임없이 집을 나갔어요. 사고 칠 때마다 다 내 탓이구나 싶었어요. 내가 동생 데리고 엄마한테 간다고 집을 나간 거니까, 나 때문에 그렇게 된 거니까. 내가 내 동생을 저렇게 만들었구나, 그런 생각을 항상 했어요. 제가 동생을 데리고 가지 않았다면 동생이 지금처럼 그렇게 살지는 않겠다 싶었어요. 내 동생한테 제일 미안하죠. 동생이 조선소에서 돈을 많이 벌기 전까지는 항상 그 마음이 떠나지 않았어요.

지금은 괜찮아요. 그러다가 최근 마음속에 담아둔 걸 다시 꺼내들 때나 인터뷰를 해야 할 때 그때가 떠올라서 힘들어요. 한동안 내 동생한테 미안했던 것도 밀려오고.

거기에 있었던 게 부끄러운 일인 줄 알았어요

학교를 졸업하고 나서부터 형제복지원에 대한 시나리오를 쓰고 싶었어요. 그냥 알리고 싶었어요, '난 이런 데 살았어'라고. 친한 사람들한테 말했는데 늘 안 믿어줘서 일기장처럼 쓰다 말고 쓰다 말고 계속 반복을 했어요. 그러다가 형제복지원 피해생존자모임 카페에서 종선이가 형제복지원 문제로 일인 시위를 하는 모습을 봤어요. 그걸 보면서 글을 쓸 용기를 얻었어요. 그러다가도 문득 어디에서 날 잡으러 오지 않을까, 그런 걱정이 생기고. 몰래 날 납치해가지고 어떻게 하지 않을까, 그런 생각을 정말 많이 했어요. 또 감금시키지 않을까, 또 잡아가지 않을까 하는 생각이 자꾸 들었어요.

아빠도 제가 형제복지원에 있었다는 걸 알고 있었어요. 남광아동복지원 선생님이 먼저 말했대요. 삼촌이 경주시청 공무원이신데 형제복지원이 어떤 곳인지 알아봤나봐요. 아빠도 해박하신 분이라 형제복지원에 대해 여기저기서 많이 들었나봐요. 그렇지만 억울하고 화가 나도 들출 수 없는 게 정권 때문이었어요. 군부정권이었잖아요. 아빠도 말을 하고 싶었는데 말을 할 수가 없었던 거죠.

저도 초반에는 학교 친구들한테는 말을 못했구요. 사회 친구들이나 아는 오빠나 언니나 선배들을 접하게 되면서 가끔 정말 친한 친구들한테만 말했는데 믿지를 않았어요. 그런 데가 있다는 게 말이 안 된다고, 우리나라에 그런 데가 어딨냐고, 양치기 소녀 취급을 당했지요.

처음에는 거기 있었다는 사실이 부끄러운 일인 줄 알았어요. 뭔가 숨겨야 되는 부분인 걸로 알고 친한 사람들에게만 말했어요. 저한테 마음을 열 수 있는 사람들에게만 말해줬어요. 남들하고 다른 생활을 했잖아요. 고아원에서 살았다는 거 자체가 부끄럽다고 생각했어요. 형제복지원도 저희한테는 어찌됐든 고아원이었잖아요. 어린 나이에 고아원이니까 부끄럽다는 생각이 들었나봐요. 지금도 인식이 좋지 않지만 고아원 자체가 옛날에는 인식이 더 안 좋았잖아요. 거의 부모님한테 버려지거나 그런 사람들이 가는 거니까. 그래서 지금까지도 남들한테 말을 못했던 거 같아요.

그러다가 형제복지원 사건이 다시 세상에 알려지고 종선이를 알게 되면서 생각이 조금 바뀌었어요. 저는 부모한테 버려진 게 아니라 잡혀간 거잖아요. 내가 왜 이걸 쉬쉬해야 하지, 하는 생각이 들더라구요. 그래서 주변 애들한테 다 얘기했어요. 나 조금 있으면 텔레비전에 나오니까 다 방송 봐야 해, 몇 월 며칠에 하니까 꼭 봐야 해, 그랬어요. 카카오스토리에까지 올려놨어요. 그걸 보고 친구들이 아직도 믿을 수가 없대요. 정말 대단하대요. 어떻게 저런 데 살 수 있냐고 해요. 우리나라에서 저런 데가 가능한 거냐고. 방송을 보고도 이게 사실인가 해서 다시보기를 했다는 애들도 있고. 끌려간 거는 부끄러운 일이 아니라는 걸 최근에 알게 된 거지요. 그때 형제복지원에 있던 사람들 중에는 형편이 어려운 사람들도 많고 고아인 분들도 많아서 지금도 밝히길 꺼려한다고 들었어요.

여자 피해자들을 찾는 게 쉽지 않다고 들었어요. 그래서 여자 피해자 중 최초로 인터뷰하게 된 거예요. 아무래도 여자이기 때문에 더 부끄럽게 여겨서겠죠. 아니면 그 악몽을 되살리고 싶지 않아서일 수도. 결혼한 사람이라면 신랑이나 애들이 알아서 좋을 게 없다고 생각할 수 있고. 각 개인마다 사정이 있을 거 같아요. 그래도 용기를 내어 나타나면 좋겠어요. 계속 남자들만 나타난다고 되는 게 아니거든요. 거기에는 분명 여자소대가 있었으니까.

그리고 여자들을 만나면 '아, 그때 그런 일이 있었지' 하며 서로 기억을 되찾을 수 있는 기회들이 생길 수도 있잖아요. 내가 기억하고 있지 못하는 걸 다른 사람이 알고 있을 수도 있고 내가 모르는 것도 있을 테니까.

더 파헤칠 수 있다면 다 파헤치면 좋겠어요. 끝까지 파헤쳐서 우리나라 사람들이 다 알았으면 좋겠어요. 그리고 그 사실을 드러내서 고통을 덜어냈으면 좋겠어요. 혼자 고통을 가지고 있는 거보다 같이 나누면 좀 마음이 편안해지잖아요. 좀 더 나서주면 사람들이 좀 더 많은 것을 알게 될 거고, 좀 더 그 사람들의 고통이 씻겨 나가지 않을까 하는 생각을 해요.

2부 | 시간을 찾는 사람들

그녀는 얼마 전까지만 해도 형제복지원에 있었던 게 부끄러운 일
인 줄 알았다고 했다. 반면 형제복지원의 박인근은 명예회복을 하
겠다며 2010년 14권짜리 자료집을 발간할 정도로 당당했다. 심지어
얼마 전 방송된 시사 프로그램에서 그의 아들은 "우리 아버지는 인
권이 없냐!"며 성을 내기도 했다. 화가 났다. 가해자보다 피해자가
오히려 부끄러워하는 현실은 성폭력 사건과 닮아 있다.

그럼에도 그녀의 부끄러움의 동인이 무엇인지 궁금했다. 아마
도 형제복지원 입소자에 대한 편견, 여자라는 사실 등등이 섞여 있
겠지만 그녀가 말한 부끄러움은 '고아원'이라는 시설에서 살았다는
사실에서 비롯됐다. 아니, 더 정확히 말하면 고아원에 대한 편견 때
문이었다. 그녀에게 형제복지원은 고아원일 뿐이었다. 게다가 형제
복지원을 나와서도 고아원에 4년을 더 살았기 때문에 가족들을 만
나고서도 친구들에게 어디에서 자랐는지 말하지 못했다. 가족들의
사랑을 받으며 자라야 한다는 이른바 정상성의 기준에 그녀의 성
장기는 속하지 않으니까. 그리고 그 기준은 가족과 사랑은 언제나
등치되지 않는다는 현실을 가린다. 그 정상성의 기준에 얽매이지
않고 어떻게 사랑하고 사랑받는 관계를 만들 것인가에 대한 근원

적 질문을 던지는 일은 쉬운 일이 아니다.

　그래도 그녀는 폭력의 공간에서 특별한 대우를 받을 수 있었다. 매일 당하는 기합이나 매를 피할 수는 없어도 심각한 폭력을 당하지는 않았다. 그녀의 예쁜 외모는 형제복지원 일가에게 '돈'이 되었기 때문이다. 후원자를 모으기에도, 입양을 하기에도 그녀는 상품 가치가 있었던 셈이다. 그것은 그녀에게 다행일 수 있으나 형제복지원에서 그녀는 관리해야 할 상품이었다는 의미이기도 하다.

　우리 사회에서 어떤 사람을 어떻게 대우할 것인가는 인간 존엄성이나 인간관계에 의해 결정되는 것이 아니라 철저히 '권력의 필요' '자본의 필요'에 따라 결정된다는 것을 새삼 깨닫는다. 이렇듯 형제복지원이라는 엄청난 폭력에는 한국 사회복지'사업'의 성격이 고스란히 담겨 있다. 부의 축적 수단이 된 사회복지사업, 사유화된 사회복지법인 때문이다. 그리고 그것을 가능케 하는 국가의 공모, 탄탄한 지역적 네트워크는 그들의 폭력을 제어하기보다는 확대 재생산한다. 그 폭력 때문에 그녀는 여전히 동생 이야기만 나와도 눈가가 촉촉해진다.

여전히 지옥 속에 사는 생존자들, 형제복지원 특별법을 제정하라

'위탁'이라는 형식으로 만든 '아우슈비츠'

생존자들의 기억 속 형제복지원은 형제도, 복지도 없는 지옥 그 자체였다. 국가가 '위탁'이라는 형식으로 만든 '아우슈비츠', 형제복지원. 지옥에서 살아남은 자들의 눈빛에는 어느 누구도 손잡아주는 이 없는 절망에서 아우성치는 분노, 절규, 원망이 담겨 있다.

누군가는 '또다시' 또는 '이제 와서' 형제복지원 문제가 왜 '문제가 되느냐'고 되묻는다. 그러나 사람들은 잊었을지 모르지만 살아남은 자들은 아직도 그 지옥에서 벗어나지 못하고 있다. 비록 30여 년 전의 일이라 하더라도 오늘의 고통으로 재생산되면서 스스로를 갉아먹고 있다. 그렇기에 생존자들은 한 번도 잊은 적이 없다. 아니 잊으려 노력했어도 잊어지지 않는 것이다.

1987년 형제복지원 문제는 형제복지원 박인근 개인의 횡령으로 왜곡, 축소되면서, 당시 원생 3,000여 명을 비롯한 많은 사람들이 왜 이곳에 강제로 격리되어 강제 노동을 당해야 했는지, 그리고 500여 명이 넘는 원생들이 어떻게 사망에 이르렀는지, 어떤 망자의 시신이 대학병원 해부용 시신으로 팔려나갔는지 전혀 밝혀진 바 없다. 박인근에 대한 특수감금죄가 무죄가 되었고, 피해자들에 대한 폭행, 치사 등의 조사도 이뤄지지 않았다. 그리고 생존자들은 버림받았고 잊혀졌다. 그렇기에 아직도 형제복지원은 여전히 생존자들의 지옥으로 남아 있는 것이다.

형제, 복지원이라는 이름의 허위

박인근은 중학교를 졸업하고 군 입대 후 1962년 6월 육군 상사로 전역했다. 그는 31세였던 1960년 7월, 부산 남구 감만동에 장인이 세운 형제육아원에 드나들면서 사회복지사업에 관심을 가지게 되었다고 한다. 1965년에 재단법인 형제육아원을 설립한 후 1975년 7월에 부산시와 부랑인 일시 보호 위탁계약을 맺고 국비 지원하에 소위 사회복지사업에 뛰어들기 시작했다.

특히 1975년 12월 15일 내무부 훈령 제410호로 발령한 '부랑인의 신고·단속·수용·보호와 귀향 및 사후 관리에 관한 업무처리 지침'은 박인근의 '사회복지사업'에 축복과 같은 것이었다. 훈령에 따르면 "일정한 정주가 없이 관광업소, 접객업소, 역, 버스터미널 등 많은 사람들이 모이거나 통행하는 곳과 주택가를 배회하거나 좌정하여 구걸 또는 물품을 강매함으로써 통행인을 괴롭히는 걸인, 껌팔이, 앵벌이 등 건전한 사회 및 도시 질서를 해하는 모든 부랑

'내무부 훈령 제410호'에 따라 소위 '부랑인'으로 취급되는 사람들을 마구잡이로 잡아가두는 것이 용인됐다. (출처: 형제복지원 운영자료집)

인"(제1장 제2절)을 대상으로 단속조치를 했다. 말하자면 이들은 사회복지사업의 더없는 임상 실험 대상이었고 먹잇감이었다.

특히 박인근은 1987년 당시 매년 20억 이상의 국고 지원을 받았는데, 국고 지원의 근거는 수용 인원이었다. 수용 인원이 많으면 비례해서 국고 지원 또한 많았다. 그래서 박인근이 원생을 인근 복지원에 '잠시 빌려주었다'는 증언도 있다. 어떻든 봉제, 벽돌, 나전칠기 등 강제 노동을 통해 얻어진 수익은 원생들에게 돌아가지 않았다. 일당 300~500원, 요양원은 3일에 토큰 1개(100원) 상당의 임금 기준이 있었다고 하지만 정상적인 임금을 받았다는 생존자는 없다. 그럼에도 생존자들에게는 일한 대가를 받지 못한 것에 대한 원망보다 폭력에 대한 거친 기억만이 남아 있다. 폭력에 시달려온

가혹한 폭력에 시달렸던 형제복지원 원생들은 극한의 강제 노역 또한 수행해야 했다. (제공: 형제복지원사건진상규명을위한대책위원회)

원생들에게, '일한 대가를 달라'는 것은 상상할 수도 없는 사치였던 것이다.

국가에 의한 국가의 폭력

국가는 위탁이라는 형태로 복지원에 수용 등에 관한 권한을 부여했고, 사회복지재단 등은 이 권한을 이용해 '사회복지사업'이라는 미명하에 체포, 감금, 수용 과정에서 폭력을 자행했다. 수많은 생존자들의 기억은 대부분 '폭력'에 대한 공포였다. 그것은 통상적으로 한국 남성들이 겪는 군대에서의 기합이나 폭력을 훌쩍 뛰어넘는, 상상할 수 없는 폭력의 연속이었다. 원생들은 판결문 없는 무기징역을 살아야 했다. 군대식 위계질서와 원생이 원생을 통제하도록 하

형제복지원이 10년 넘게 유지된 것은 박인근 개인의 폭력성뿐만 아니라 대통령을 위시한 국가와 부산시의 적극적인 비호 때문이다. (출처: 박인근 자서전《형제복지원 이렇게 운영되었다》)

는 '대리 통치'를 통해 철저히 원생들끼리 폭력을 쓰도록 조종했다.

죽어야 비로소 나갈 수 있는 지옥과 같은 형제복지원이 10년 넘게 유지된 것은 박인근 개인의 폭력성 탓도 있겠지만, 국가 그리고 부산시의 조직적 비호가 있었기 때문에 가능했다. 특히 1981년 4월 10일 자 전두환이 총리에게 보낸 지휘서신에 따르면, "총리 귀하. 근간 신체장애자 구걸 행각이 늘어나고 있다는 바, 실태 파악을 하여 관계 부처 협조하에 일정 단속보호조치하고 대책과 결과를 보고"하도록 해서 전국적으로 부랑인 검속을 강화하도록 지시했다.

결국 내무부 훈령이 존속하는 한 대통령의 이러한 지시는 복지원 수용 인원을 대폭 증가하게 하는 한편, 복지원의 수용·감금을 정당화함으로써 반사적으로 인권침해가 대폭 확대되었음을 의미한다.

특히 당시 신민당 보고서에 따르면, 당시 경찰 내부 근무 평점이 구류자 1명당 2~3점, 형제원 입소자 1명당 5점으로 매겨져 있었으며, 1986년 전체 원생 3,975명 중 경찰이 수용을 의뢰한 것이 3,117명, 구청이 의뢰한 것이 253명이었다. 또한 집 주소를 멀쩡히 경찰관에게 알려주었음에도 끌려왔다는 생존자들의 증언 또한 많다. 이는 복지원의 강제 격리·수용이 원생의 자발적 의사가 아닌 경찰 내지 관공서에 의해 조직적으로, 정화 차원에서 강제로 이루어졌음을 말해주는 것이다.

말하자면 소위 부랑인 한 명 한 명이 경찰에게는 근무 평점이었으며, 형제복지원에게는 국비 지원금이었던 것이다.

형제복지원, 묻혀버린 진실

당시 수사 검사 김용원 변호사는 1987년 1월 16일 주례동 형제복지원을 방문했을 때를 이렇게 회고한다. "건물마다 출입문에는 안팎으로 견고한 자물쇠 장치가 되어 있었다. 이 시설은 사회복지시설이 아니고 완벽한 감금 시설이었다. 병동이라고 하는 것도 있었다. 안에 사람들이 있는데도 밖으로 자물쇠가 채워져 있었다. 안내하던 사람이 이곳은 중증 결핵 환자들이 수용되어 있는 곳이니까 들어가지 말라고 하였으나 나는 자물쇠를 열게 한 후 들어가보았다. 그곳에는 죽음의 그림자들이 짙게 드리워진 흉측한 몰골의 사람들이 수십 명 여기저기 모여 있었다." 말하자면, 본인의 자유의사에 따라 출입할 수 없는 구조였다는 것이다.

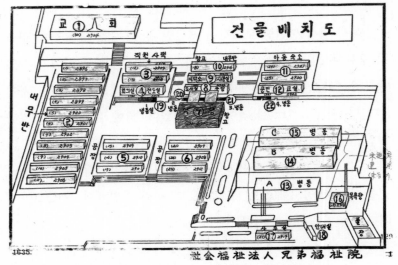

형제복지원은 사회복지시설이 아니라 완벽한 감금 시설이었다. (제공: 부산특별시)

또한 신민당 조사보고서에서는 1975년부터 1986년까지 형제복지원 기관지 《새마음》 분석을 통해 총 인원 1만 8,521명 중 513명이 사망했으며, 특히 재소자가 3,000명을 초과했던 1985년, 1986년에는 각 89명, 95명에 이르는 사망자가 발생했다고 밝혔다. 또한 1986년 사망자 95명 중 구포남 등 6명은 연고자에게 사체가 인계되었다고 기록되어 있으나 본적 주소가 불상으로 되어 있었다면서, "사체가 병원 등에 실험용으로 팔려간다는 면담자 주장에 유의하지 않을 수 없으며, 적어도 《새마음》지에 기재된 사인과 사체 인계 등의 기록이 많은 경우 허위 기재"였다고 밝혔다. 결국 생존자들이 증언하는 바와 같이, 사망 경위는 원내의 폭행이며, 사체 또한 병원에 불법으로 매도되었음을 반증하고 있는 것이다.

누가 박인근을, 형제복지원을 무죄라 하는가

형제복지원이 지상에 화려하게 등장한 것은 1987년 1월 16일경이다. 박인근 등을 특수감금죄, 특가법 등으로 구속하고 검찰 수사가 개시되었다. 그러나 수사는 주례동 형제복지원 담을 넘지 못하고 겨우 울주 작업장에서 발생한 폭행 치사 사건을 중심으로 마무리되었다. 형제복지원 자체 내에서 발생한 감금, 폭행 치사 등에 대해서는 조사도, 기소도 전혀 이뤄지지 않았다. 당시 수사 검사였던 김용원 변호사의 증언에서도 알 수 있듯, 당시 박종철 고문치사 사건으로 위기에 몰린 전두환 정권은 수사 확대를 적극적으로 막았다.

박인근에 대한 재판은 기이함 그 자체였다. 특히 박인근에 대한 울주 작업장에서의 특수감금죄는 부산지방법원 울산지원 유죄 → 대구고등법원 유죄 → 대법원 무죄, 파기환송 → 대구고등법원 유죄 → 대법원 무죄 → 대구고등법원 무죄 → 대법원 무죄 확정을 거치는 등 3년 동안 세 번이나 대법원에 오르내리는 치열한 유무죄 싸움이 있었다. 결국 처음 부산지방법원 울산지원에서 징역 10년, 벌금 6억 8,000만 원이었음에도, 최종 벌금은 없고 징역 2년 6월로 확정 종결되었다.

쟁점은 울주 작업장에서 원생들의 도주를 방지하기 위하여 외부에서 잠금장치를 하고 감시견을 사용한 것 등이 원생들의 자유로운 의사에 반한 것인지 등이었고, 이에 대해 마지막 대구고등법원(1989.3.15.선고 88노593판결)은 아래와 같이 판시했다.

앞서 본 내무부 훈령 410호나 이에 근거한 부산직할시장
과 형제복지원 사이의 위탁계약 및 이에 따른 부산직할지
사의 지도 또는 지시 가운데 피보호자의 도주 방지를 위
한 경비, 경계를 철저히 하도록 한 부분은 적어도 피보호
자의 자유로운 의사에 반하는 범위 내에서는 위 법 규정
들에 저촉되어 그 효력을 갖지 못하는 것으로 볼 여지가
있고…… 그것이 훈령이나 보호 기관인 부산직할시장의
지시에 따른 것이라 하더라도 수용인들의 의사에 반하는
한 위법이 아닌가 하는 의문을 떨칠 수 없다.
　그러나 이 사건에 있어서 두 차례에 걸친 대법원의 환송
판결은…… (수용이) 사회적 상당성이 인정되는 행위라고
못 볼 바 아니어서 형법 제20조에 의하여 그 위법성이 조
작된다고 판시하고 있으므로 하급심인 당심으로서는 대
법원 환송판결의 사실상 및 법률상 판단에 기속되지 않을
수 없어 이에 따르기로 하여 피고인들에 대한 공소사실
중 특수 감금의 점은 위 환송판결의 취지대로 그 위법성
이 조각된다고 보기로 하고……

　대구고등법원 판사의 고민이 묻어난다. 즉 여전히 감금 행위는
유죄임을 떨칠 수 없다. 그러나 대법원이 두 번이나 파기환송을 했
고 기속될 수밖에 없어 '이에 따르기로 하고', 무죄로 '보기로' 했다
는 것이다. 즉 여전히 유죄이지만 어쩔 수 없이 '무죄로 보기로' 했
다는 고백인 것이다.

국가, 사회가 내미는 따뜻한 손

경찰에 의해 불법 체포·연행되어 형제복지원에 인계되고, 갖은 폭력하에 강제 노동을 당하다 사망하면 버려지거나 해부용으로 팔리는 운명. 그러나 이러한 지옥은 단 한 번도 햇빛을 보지 못했다. 운 좋게 살아남은 생존자들 또한 정신적, 육체적으로 지옥 같은 나날을 숨죽여 살고 있다. 생존자 박경보 씨의 증언이다.

> 형제원 피해자들은 가슴속에 억울함과 분함이 있어요. 그걸 묻고 사니까 화병이 생기는 거예요. 다들 조금씩 피해망상이 있을 거예요. 누가 자기한테 조금만 서운하게 해도 굉장히 크게 상처받아요. 별것 아닌 일에도 크게 화를 내고요. 형제원 나와서 처음 몇 년은 나도 그것 때문에 고생을 많이 했어요. 사람들하고 많이 싸우고 문제도 많이 일으켰어요.
>
> (……)
>
> 우리에게 진짜 따뜻한 위로는 사회로부터 인정받는 거예요. 이 사건은 박인근 개인의 문제가 아니에요. 부산시 공무원, 경찰 몇몇의 문제도 아니고요. 그 시대, 부산시, 언론, 지식인들, 경제인들 모두가 한통속이 돼서 묵과했어요. 87년에 형제원 사건이 터졌을 때 잠깐 시끄러웠다가 결국 다 침묵했잖아요.

형제복지원은 인권침해의 '모든 것'이다. 소위 부랑인이라는

형제복지원 사건의 진상이 제대로 규명되고 책임자가 처벌받지 않는 이상, 피해생존자들은 여전히 그곳에 사는 것과 마찬가지다. (출처:《형제복지원 이렇게 운영되었다》)

이유로 체포하고 강제로 격리시켰으며, 본인의 의사에 반해 감금하고 노동을 시켰으며, 폭행, 성폭력 그리고 이로 인한 치사(살인), 정신적 장애 등 이루 말할 수 없는 고통을 가했다. 그렇기에 생존자들은 형제복지원을 '감옥보다 더한 곳' '생지옥'이라고 서슴없이 부른다.

그럼에도 자신의 형제복지원 수용 경력을 당당히 말하는 생존자는 드물다. 아니, 이러한 형제복지원 진상 규명을 한다는 소식조차도 접하지 못한 사람들이 많을 것이다. 아직도 많은 형제복지원 원생들은 사망으로 인해, 또는 여전히 남아 있는 복지원의 악몽으로 인해, 또는 아직도 벗어나지 못한 가난과 무지로 인해 스스로 자기표현조차 하지 못하고 있다. 그들은 비록 형제복지원에서 벗어났지만 현실의 삶은 여전히 형제복지원에 갇혀 있는 것이다.

다행히 피해생존자 한종선이 쓴《살아남은 아이》이후 많은 생존자들이 어렵게 자신을 드러내기 시작했고, 생존자모임과 형제복지원대책위도 꾸려지면서 작고 서툴지만 지옥에서 벗어나기 위한 몸부림을 하고 있다. 이 증언집《숫자가 된 사람들》은 그 몸부림의 작은 결과이며 생존자들이 '생존'하기 위해 얼마나 많은 피눈물을 흘렸는지 보여주는 역사가 될 것이다.

최근 진선미 의원 등의 발의로 형제복지원 피해 사건의 진상규명과 피해자·유족의 명예 회복 등을 위한 '내무부 훈령에 의한 형제복지원 피해 사건의 진상 및 국가 책임 규명 등에 관한 법률안'이 국회에 상정되었다. 형제복지원 사건은 좌우, 진보와 보수의 문제가 아닌 인간의 보편적 인권문제이다. 또한 과거 한때의 문제가 아니라 현재 피해자들의 고통 속에서 여전히 계속되고 있는 '현재형'의 문제다.

국가와 사회가 아직도 절망과 분노의 눈빛을 하고 있는 생존자에게 할 수 있는 일, 그것은 따뜻한 위로와 이들의 거친 손을 잡아주는 것, 그리고 그 첫걸음은 형제복지원 특별법을 제정하는 것이다.

2015년 6월

변호사·형제복지원 대책위 집행위원장

조영선

부록

국가에 의해 버려졌던 삶,
사람에서 짐승으로, 짐승에서 사람으로
다시 돌아가려 합니다

형제복지원 피해생존자(실종자, 유가족)모임
진상규명 촉구 및 출범 기자회견문

우리는 형제복지원 피해생존자들입니다. 우린 지옥 같은 형제복지원에서 살아남은 이들이고, 돌아가신 분들과 그 유가족, 그리고 실종자들도 우리와 같은 맘으로 함께하고 있다고 생각합니다. 우리 형제복지원 피해생존자(실종자, 유가족)들은 87년 폐쇄 이후 28년간 고통 속에서 지울 수 없는 폭력의 기억, 사회의 냉대와 두려움, 배움의 기회조차 없는 현실 속에서 지금껏 살아남았습니다.

형제복지원 사건은 헌법 정신을 위배하는 내무부(현, 안전행정부)훈령 제410호에 의거 '사회정화' 명목의 국가 정책에 의거, 선량한 시민을 부랑아로 둔갑시켜, 국가 및 각 기관과 복지시설이 결탁하여 인권유린을 자행하고, 1987년 당시 문제가 되자 사건을 축소 은폐하여, 흐지부지 처리한 사건입니다. 우리는 명백히 국가에 의해 인간 청소가 자행되었음을 밝히고자 합니다. 우리는 거리에서 깨끗이 청소되었습니다. 경찰과 각 공무원들에 의해 인간쓰레기가 되어 형제복지원에 갇혔고, 그 안에서 인간이 아닌 지독한 폭력과 인권유린으로 차마 말할 수 없는 짐승의 삶을 살았고, 여전히 짐승의 삶을 살고 있습니다.

　　대한민국 헌법 제10조에는 '모든 국민은 인간으로서의 존엄과 가치를 가지며, 행복을 추구할 권리를 가진다. 국가는 개인이 가지는 불가침의 기본적 인권을 확인하고 이를 보장할 의무를 진다'라고 되어 있습니다. 또한 제12조 1항에는 '모든 국민은 신체의 자유를 가진다. 누구든지 법률에 의하지 아니하고는 체포·구속·압수·수색 또는 심문을 받지 아니하며, 법률과 적법한 절차에 의하지 아니하고는 처벌·보안처분 또는 강제노역을 받지 아니한다'라고 되어 있습니다. 그리고 제34조 1항에는 '모든 국민은 인간다운 생활을 할 권리를 가진다'라고 되어 있습니다. 또한 제37조 2항에는 '국민의 모든 자유와 권리는 국가안전보장·질서유지 또는 공공복리를 위하여 필요한 경우에 한하여 법률로써 제한할 수 있으며, 제한하는 경우에도 자유와 권리의 본질적인 내용을 침해할 수 없다'고 되어 있습니다.

　　하지만 우리는 적법한 절차에 의하지 않고 형제복지원에 이유 없이 끌려갔으며, 우리는 인간다운 생활을 하지 못하고 짐승 같은 생활을 했습니다. 때리면 맞아야 하고, 고문하면 고문당해야 하고, 굶어라 하면 굶었습니다. 이것이 짐승 같은 생활이 아닙니까. 과연 우리가 헌법에서 보장하는 존엄한 인간으로서 인간다운 생활을 하였는지 궁금하고 그곳에서 권리가 과연 우리에게 존재했는지 의문입니다.

우리 형제복지원 피해생존자(실종자, 유가족)모임은 내무부(현 안전행정부) 훈령 제410호에 근거한 국가사업 중 하나인 사회정화사업에 의해 인간 청소가 자행되고 국가, 경찰과 각 공무원들에 의해 인간쓰레기가 되어간 이들이 지금 현 시대에 인간쓰레기가 아닌 "우리도 사람이다, 우리도 인권이 있는 인간이다!"라는 것을 알리기 위해, 한 사람 한 사람의 피해생존자들이 모여 형제복지원 피해생존자(실종자, 유가족)모임의 출범을 알리고자 합니다.

우리 형제복지원 피해생존자모임은 이 형제복지원 사건이 조속히 진상규명될 때까지 우리는 끝까지 지옥 속에서 생환했던 과거의 이야기를 할 것입니다. 그리고 우리가 어떻게 버려졌고, 어떻게 살아남았는지 끝까지 살아남아 증언할 것입니다. 우리는 철저한 진상규명과 국가의 진심 어린 사과를 요구합니다.

형제복지원 피해생존자(실종자, 유가족)모임인 우리는 국가에 묻습니다!!!

1. 우리가 바라는 것은 단지 최소한 우리가 왜! 그 형제복지원에 들어가 있어야 했는지 그 이유에 대해 알고 싶습니다. 단지 가난해서? 단지 몸이 불편해서? 단지 나이가 어리고 길을 잃어버린 아이라서? 도대체 왜! 왜! 우리가 무엇 때문에 형제복지원에 갇혀야 했던 것입니까.

2. 사회정화사업이란 무엇입니까? 내무부 훈령 410호는 무

엇입니까? 왜 시설에 사람들을 가두게 하였습니까?

3. 수사할 때 수사 외압은 왜 했습니까? 형제복지원 폐쇄할 때 어떤 이유로 어떻게 하였습니까?

4. 그곳에 수용되어 있던 이들은 어떻게 처리했습니까? 최소한의 인권유린에 대해 피해배상은 하였습니까?

5. 왜 형제복지원 원장인 박인근에게 국가는 아무런 추징을 하지 않았습니까?

6. 형제복지원에 갇혀 있던 이들은 지금 현재 어떻게 살고 있습니까?

알고 싶습니다. 28년이 흐른 지금 우리는 지금도 하루하루 생각합니다. '왜 그때 거기 있었을까"거기만 가지 않았더라면' 하고.

국가의 정책에 국민은 따라야 한다는 밑도 끝도 없는 국가가 하는 일엔 오로지 따를 뿐이라는 마음으로, 당시의 국가정책에 아무것도 모르는 이들은 그렇게 지금까지도 자신을 탓하고만 있습니다. 알려주십시오. 왜 국가는 그런 정책을 폈으며, 왜! 형제복지원 원장은 지금까지도 호의호식하며 지금까지도 법인을 소유한 1천억대 자산가가 되었고, 왜 국가는 형제복지원을 살려주었는지 말입니다.

형제복지원 사건을 알고 있는 대한민국 국민들은 지금도 이해하지 못합니다. 국가가 지금껏 이 형제복지원 사건에 어떻게 대처해왔는지 말입니다. 어느 날 갑자기 사라졌던 가족 구성원, 어느 날 갑자기 죽어서 돌아온 가족, 다시는 찾을 수 없는 가족들, 살아남았어도 어디 누구에게도 말 못하고 살아왔던 형제복지원 생존자들…… 지금이라도 우리 형제복지원 피해생존자(실종자, 유가족)모임은 국가에 다음과 같이 요구합니다.

1. 지금이라도 형제복지원 인권유린 사건을 명명백백하게 진상규명하라.

2. 진상규명특별법은 복지부 소관이 아닌 안행부 차원에서 진상규명하라!*

3. 더 이상 안행부는 이 사건에 회피하려 하지 말고 진상규명에 적극 나서라.

4. 형제복지원 인권유린 사건에 여야가 따로 없다. 조속히 진상규명에 임하라!

5. 국가는 형제복지원 피해생존자 및 실종자, 유가족에게 진심으로 사과하라!

형제복지원 사건은 독재정권의 사회정화사업에 의해 빚어진 명백한 인권유린과 대감금의 역사입니다. 지금 대한민국 정부는 역사적으로 대한민국 정부가 아닙니까? 맞다면 역사적으로 비극으로 빚어진 일에 지금의 정부는 허리 숙여 성찰하는 모습을 보여야 할 때입니다.

우리들 기억 속에 이 끔찍한 형제복지원 안에서의 인권유린 참상의 기억이 영원히 남아 있을지라도 우리는 지금이라도 최소한의 인간으로 돌아가고 싶습니다. 그것은 그 어떠한 금전적 배상으로도 치유가 되지 않을 한 가정이 풍비박산난 사건이고, 다시는 가정을 꾸리기 위한 행복한 꿈도 꾸지 못하게 하는 이 참상에 정부는 지금이라도 진상규명을 통해 우리들의 명예를 살려주는 데 진심을 다해 힘을 쏟아야 할 것입니다.

2014년 4월 8일
형제복지원 피해생존자/실종자/유가족모임**

---

* 이유는 내무부 훈령 410호에 의해 경찰과 공무원으로부터 잡혀갔기 때문이고 국가정책 중 하나인 사회정화 사업으로부터 빚어진 인권유린 사건이기 때문이며, 복지부는 단지 시설만 조사할 뿐 정책이나 행정에는 조사할 권한도 없기 때문이다.

** 2013년 12월 28일 첫 번째 정기 모임이 시작되었으며, 첫 집행부는 공동대표 한종선·박태길, 총무 임인자, 선언문은 한종선 대표 작성.

형제복지원 연혁

1960. 7. 20	형제육아원 설립(남구 감만동 84)
1962. 6. 9	원사 이전(남구 용당동 2번지)
1965. 1. 6	재단법인 형제육아원 설립인가
1971. 12. 27	보육 시설을 부랑인 시설로 변경, 사회복지법인으로 변경
1975. 7. 25	부랑인아 일시보호사업 위탁계약(부산시)
1975. 12. 15	부랑인 신고, 단속, 수용보호와 귀향 및 사후관리에 관한 업무지침(내무부 훈령 410호) 제정
1976. 6. 24	법인 소재지 변경(북구 주례2동)
1979. 1. 5	대표이사 변경 : 박광성→박인근
1979. 4. 25	법인 명칭 변경 : 형제복지원
1984. 1. 1	형제정신요양원 개원
1986. 12. 21	형제복지원 내사 시작
1987. 1. 16	형제복지원 수사착수(1.17 박인근 등 구속)
1987. 6. 4	임시이사회 구성(박옥봉 변호사 등 5인!)
1987. 6. 30	원생 전원 퇴소
1988. 2. 5	법인 명칭 변경 : 재육원(정신질환자)
1989. 7. 20	박인근 출소

1990. 1. 11	북구청, 중증장애인시설 신축사업비 교부
1991. 7. 8	법인 명칭변경 : 욥의마을
1991. 12. 19	실로암의집 중증장애인요양원 개원
1999. 7. 28	기장군 정관면 달산리로 원사 이전 착공(현재 위치)
2002. 1. 4	제1사업부 빅월드레포츠 매입
2002. 8. 5	법인 명칭 변경 : 형제복지지원재단
2004. 1. 9	제2사업부 사상해수온천 매입
2004. 4. 7	형제복지지원재단 대표 변경 ; 박인근 : 박천광(3남)

글쓴이 소개

명숙

사람을 만나고 이야기를 듣는 걸 좋아한다. 나도 모르게 우리네 삶이
지닌 참혹하게 아름다운 그 무엇에 끌렸기 때문이리라. 폭력의 현실과
사람의 존엄성, 둘 다 전하고픈 마음으로 그 '끌림'을 기록하고 있다.
《밀양을 살다》《금요일엔 돌아오렴》을 함께 썼으며, 인권기록활동네트
워크 '소리'에서 기록활동을 이어가고 있다.

박희정

드러나지 않는 삶을 주목하고, 국가와 사회적 폭력에 고통당하는 이들
의 목소리를 기록하는 일에 관심이 있다. 여성주의저널 〈일다〉 편집장
으로 퇴사 후《밀양을 살다》《금요일엔 돌아오렴》기록에 참여했다. 인
권기록활동네트워크 '소리'에 함께하고 있다.

서중원

역사교육을 전공하다 늘 시대를 반 발짝이나 한 발짝씩 앞서가는 예술
의 역사에 눈떠 미술 이론(실기를 뺀 모든 것!)으로 갈아탔다. 분명 예
술은 전복적인 것일진대 이상하게 이 세상의 예술은 추상의 세계를 헤
매느라 오히려 철벽같은 보호막을 치고 스스로 안전했다. 꺾여 크게 앓
는 동안, 가장 평등한 매체로서 '구술'을 고민하기 시작하다. 바야흐로
구술프로젝트팀을 만나다.

유해정

목소리가 주는 울림에 매료됐다. 동그랗게 모여 앉는 세상을 위해 고통

과 희망의 뿌리를 삶의 언어로 기록하고 전하고 싶다. 《나를 위한다고 말하지 마》《밀양을 살다》《금요일엔 돌아오렴》을 함께 만들었으며, 인권기록활동네트워크 '소리'로 세상을 만나길 꿈꾼다.

이묘랑

인권교육이 가려지고 묻혀버린 인권을 만나는 통로가 되고 인권을 풍성하게 만드는 너른 들이 되기를 바라며 교육활동을 하고 있다. 사람들과의 만남을 통해 한 사람 한 사람의 삶이 갖는 힘을 확인하게 되기에 더 많은 사람들을 만나고 싶다. 《밀양을 살다》를 함께 썼다.

조영선

어떠한 이유로도 인간이 목적을 위한 수단으로 사용되어서는 안 된다. 과거사사건의 해결이 오늘의 정의를 바로세우는 길임을 인식해야 한다. 한센, 재일동포, 긴급조치, 한국전쟁 민간인 학살, YH 등의 과거사사건 소송을 통해 살아남은 자들이 해야 할 과제가 무엇인가 고민하고 있다. 그리고 한 맺힌 피해자들의 역사를 기록으로 남기려 하고 있다.

홍은전

차별에 저항해온 장애인들의 이야기 《그럼에도 불구하고 수업합시다》를 펴낸 후 자꾸만 글을 쓰는 일에 연루되고 있다. 《금요일엔 돌아오렴》을 함께 썼으며, 교육과 삶이 분리되지 않는 현장에서 교사로 살아가길 꿈꾼다.

숫자가 된 사람들

초판 1쇄 펴낸날   2015년 7월 1일
초판 2쇄 펴낸날   2021년 8월 9일
지은이   형제복지원구술프로젝트
펴낸이   박재영
편집   이정신·임세현·한의영
디자인   조하늘
제작   제이오
펴낸곳   도서출판 오월의봄
주소   경기도 파주시 회동길 363-15 201호
등록   제406-2010-000111호
전화   070-7704-2131
팩스   0505-300-0518
이메일   maybook05@naver.com
트위터   @oohbom
블로그   blog.naver.com/maybook05
페이스북   facebook.com/maybook05
인스타그램   instagram.com/maybooks_05

ISBN   978-89-97889-64-8 03300

만든 사람들
책임편집   양선화
디자인   조하늘